Le capitalisme a-t-il un avenir ?

Immanuel Wallerstein
Randall Collins
Michael Mann
Georgi Derluguian
et Craig Calhoun

Le capitalisme a-t-il un avenir ?

Traduit de l'anglais (États-Unis)
par Marc Saint-Upéry

La Découverte / Poche
9 *bis*, rue Abel-Hovelacque
75013 Paris

Cet ouvrage a été précédemment publié en 2014 aux Éditions La Découverte dans la collection « L'Horizon des possibles ».

Titre original: *Does Capitalism Have a Future?*, Oxford University Press, 2013.

ISBN 978-2-7071-8953-0

INTRODUCTION

Le prochain grand tournant

Immanuel Wallerstein, Randall Collins,
Michael Mann, Georgi Derluguian et Craig Calhoun

Les prochaines décennies nous réservent de grosses surprises et d'énormes défis. Certains auront un air de déjà vu, d'autres seront complètement inédits. Nous aurons à faire face à des choix difficiles et à des dilemmes politiques sans précédent. Ces bouleversements ne sauraient tarder et affecteront certainement la vie d'adulte des jeunes générations actuelles. Ce n'est toutefois pas une raison pour sombrer dans un pessimisme unilatéral. Les décennies à venir nous offrent également la possibilité de faire les choses différemment de ce qui a été fait par le passé. L'objet de ce livre est d'analyser, sur la base de notre connaissance sociologique de l'histoire mondiale, la nature probable des défis et des opportunités qui se présenteront à nous, et d'en débattre. En fin de compte, l'aspect le plus troublant du monde de l'après-guerre froide, c'est que, depuis près de trois décennies, il n'est plus de bon ton – et il est même carrément embarrassant – de débattre des avenirs possibles de notre monde et surtout des perspectives d'évolution du capitalisme.

C'est la conviction que quelque chose d'énorme se profile à l'horizon qui a motivé l'effort collectif des cinq auteurs de ce livre : nous avons affaire à une crise structurelle bien plus importante que la grande récession de 2008, laquelle risque de passer rétrospectivement pour le simple prologue d'une période de troubles et de transformations bien plus profonds. D'après Immanuel Wallerstein, il y a de bonnes raisons de croire à un effondrement prochain du système capitaliste. Au cours des trois ou quatre prochaines décennies, il se pourrait bien que les capitalistes du monde entier, après avoir complètement saturé les marchés planétaires de leurs produits, ne puissent plus faire face aux coûts sociaux et environnementaux de leur production et se voient confrontés à une véritable paralysie en matière de décision d'investissement. Tout au long des cinq derniers siècles, le capitalisme s'est caractérisé comme une économie marchande cosmopolite et organisée de façon explicitement hiérarchique à l'échelle mondiale, au sein de laquelle des acteurs privilégiés opérant depuis le centre géographique du système ont été en mesure de faire d'énormes profits dans des conditions de risque raisonnables et limitées. Or, souligne Wallerstein, malgré son dynamisme, cette réalité historique ne peut manquer de se heurter à des limites systémiques, ainsi qu'il en va de tous les systèmes historiques. Si l'on accepte cette hypothèse, le capitalisme devrait finir par déboucher sur une impasse du point de vue des capitalistes eux-mêmes.

Randall Collins met l'accent sur un mécanisme plus spécifique qui représente un défi pour l'avenir du capitalisme : les conséquences politiques et sociales du chômage structurel de masse qui guette une proportion importante – jusqu'aux deux tiers – des classes moyennes éduquées sous l'impact des nouvelles technologies de l'information et de la communication, et ce dans les pays du Nord comme dans le reste du monde. Ce n'est que depuis peu que les analystes économiques des médias ont découvert ce phénomène, mais ils ont tendance à se contenter d'évoquer très vaguement de possibles remèdes politiques conjoncturels. Collins analyse de façon systématique les cinq soupapes de sécurité qui, par le passé, ont permis au capitalisme de surmonter les coûts sociaux de sa dynamique irrépressible d'innovation technologique. Aucune d'elles ne semble aujourd'hui suffire pour compenser la tendance au chômage technologique qui menace le secteur de l'administration et les services. Les capitalismes des XIXe et XXe siècles avaient mécanisé le travail manuel, mais ils avaient compensé cette mécanisation par la croissance des emplois de classe moyenne, nécessitant une formation supérieure. Or la nouvelle vague d'innovation technologique du XXIe siècle tend à rendre cette classe moyenne superflue. Ce qui nous amène à une autre hypothèse : la fin du capitalisme pourrait être provoquée par la disparition de sa base politique et sociale au sein de la classe moyenne.

Pour sa part, Craig Calhoun estime qu'un capitalisme réformé pourrait être sauvé. Il s'appuie pour le démontrer sur le fait, reconnu par nous tous, que le capitalisme n'est pas seulement une économie de marché, mais aussi une économie *politique*. Son cadre institutionnel est façonné par des choix politiques. Le fonctionnement de marchés complexes est peut-être marqué par des contradictions structurelles, mais c'est sur le terrain de la politique que celles-ci peuvent être surmontées, ou bien au contraire laissées libres de déployer leurs effets destructeurs. Autrement dit, soit une fraction suffisamment éclairée des décideurs capitalistes assumeront leur responsabilité et affronteront les coûts systémiques de leurs actions, soit ils continueront à faire cavalier seul et à adopter un comportement irresponsable, celui-là même qui les caractérise depuis le déclin de la contestation du système par la gauche au cours du dernier quart de siècle. La question du degré de radicalité de la transition du capitalisme contemporain vers un futur système remanié reste ouverte. On peut toujours envisager le retour d'une économie socialiste centralisée, mais l'émergence d'un capitalisme d'État de type chinois paraît encore plus probable. Il y aura sans doute toujours des rapports marchands, même si les formes spécifiquement capitalistes de propriété et de gestion financière cessent de prédominer. Il se peut que le capitalisme survive tout en perdant une partie de sa capacité à contrôler l'intégration économique mondiale.

Michael Mann est favorable à une solution de type social-démocrate aux problèmes du capitalisme, mais il met aussi en évidence des problèmes encore plus profonds qui sont liés au caractère multicausal des sources du pouvoir. Parallèlement au capitalisme, il faut prendre en compte la politique, la géopolitique et la géostratégie, l'idéologie et la diversité régionale du monde contemporain. C'est cette complexité qui, selon Mann, rend l'avenir du capitalisme très difficile à prévoir. La menace la plus importante, pour le coup tout à fait prévisible, est une crise écologique qui ne peut que s'aggraver au cours des prochaines décennies. On imagine facilement comment elle pourrait déboucher sur des conflits autour de l'eau et des ressources alimentaires et entraîner une pollution massive et des déplacements de populations majeurs. Tout cela augmenterait le risque de réactions politiques de type totalitaire, voire de conflagrations armées mobilisant les arsenaux nucléaires. Mann relie tous ces phénomènes à la préoccupation centrale de ce livre : l'avenir du capitalisme. D'après lui, si la crise du changement climatique est si difficile à surmonter, c'est qu'elle a partie liée avec l'ensemble des institutions mondialisées : le capitalisme en tant que poursuite effrénée du profit, des États-nations autonomes jaloux de leur souveraineté et les droits des consommateurs individuels, qui légitiment tout à la fois l'État et le marché modernes. Pour résoudre la crise écologique, il faudra une transformation majeure du cadre institutionnel de notre existence actuelle.

Il s'agit là de pronostics structurels qui ne sont pas sans parenté avec ce qu'on appelle les « tests de résistance » dans le domaine de l'ingénierie civile, mais aussi, nous le savons aujourd'hui, dans celui du système financier. Il n'est pas question pour nous de condamner ou de défendre le capitalisme. Chacun d'entre nous a ses propres convictions morales et politiques, mais, en tant que pratiquants de la sociologie historique, nous savons que le sort des sociétés humaines – c'est du moins le cas depuis la dizaine de milliers d'années qui nous séparent du niveau élémentaire de subsistance des petits groupes de chasseurs-cueilleurs – ne dépend pas de la quantité de biens ou de maux sociaux qu'elles engendrent. La question n'est pas de savoir si le capitalisme est meilleur ou pire que toutes les autres sociétés ayant existé jusqu'à nos jours. La question est de savoir s'il a encore un avenir.

Cette question fait écho à une vieille prédiction. L'idée d'un effondrement prochain du capitalisme était au cœur même de l'idéologie officielle de l'Union soviétique, dont le système s'est lui-même effondré. Ce paradoxe est-il en soi une garantie d'avenir pour le capitalisme ? Georgi Derluguian réinscrit l'expérience soviétique dans le cadre global de la géopolitique mondiale, cause profonde de son autodestruction. Il explique aussi comment la Chine a évité l'effondrement du communisme en devenant le nouvel enfant prodige de la croissance capitaliste. Le communisme n'était pas une alternative viable au capitalisme. Pourtant, la manière dont le bloc soviétique s'est effondré subitement en 1989, au terme de grandes mobilisations à la base et d'une panique paralysante au sommet, a peut-être quelque chose d'important à nous suggérer sur l'avenir politique du capitalisme.

Notre propos n'est pas ici d'élaborer des scénarios catastrophes. Contrairement aux experts en prospective économique ou en sécurité qui essaient d'anticiper des évolutions à court terme en modifiant quelques variables de la situation existante, il nous paraît futile de faire des prédictions trop spécifiques. La diversité des aspirations humaines et la variabilité des circonstances font que le cours des événements est contingent et imprévisible. Tout ce qu'on peut tant bien que mal prévoir, ce sont les dynamiques structurelles profondes. Deux des auteurs de ce livre, Collins et Wallerstein, qui ne voient pas d'issue possible pour le capitalisme, avaient déjà prédit la fin du communisme soviétique dans les années 1970. Ce que personne ne pouvait prévoir, c'était la date précise ou le fait que ce serait les anciens membres du Comité central eux-mêmes qui démoliraient de façon irrationnelle leur propre position de superpuissance industrielle et militaire. Si ce résultat était imprévisible, c'est parce qu'il n'y avait aucune raison qu'il se produise exactement de cette façon.

C'est précisément le caractère sous-déterminé de notre avenir politique qui nous empêche de succomber au désespoir de l'apocalypse. Un des effets de la crise systémique est de desserrer, voire de briser, des contraintes structurelles elles-mêmes héritées des dilemmes du passé et des décisions institutionnelles des générations antérieures. Elle engendre des bifurcations historiques qui font qu'il n'est plus possible de s'en tenir aux routines habituelles. Non seulement le capitalisme a entraîné la destruction créatrice de technologies et de formes de production plus anciennes, mais il a engendré des inégalités et dégradé l'environnement. La profondeur de la crise capitaliste peut être une occasion de réorganiser les affaires planétaires de l'humanité de façon à promouvoir une plus grande justice sociale et un environnement plus vivable.

Notre argument central, c'est qu'il y a pour les systèmes historiques diverses façons – plus ou moins destructrices – de dépérir tout en se transformant en quelque chose d'autre. L'histoire des sociétés humaines est passée par des moments d'explosion révolutionnaire, des phases de développement expansif et des périodes souvent bien trop longues de stagnation, voire d'involution. Ce dernier scénario, aussi indésirable qu'il soit, reste à terme une des issues possibles de la crise mondiale. Il se pourrait tout simplement que le dynamisme des structures économiques et politiques du capitalisme actuel s'essouffle face à la hausse des coûts et des pressions sociales. D'un point de vue structurel, cela pourrait entraîner la fragmentation du monde en plusieurs blocs hostiles, oppressifs et xénophobes. D'aucuns y verront l'incarnation du fameux « choc des civilisations », d'autres la réalisation d'une anti-utopie orwellienne à la *1984* fondée sur les technologies de surveillance électronique les plus avancées. Pour rétablir l'ordre social dans un contexte très conflictuel, on peut tout aussi bien imaginer un recours à des moyens qui évoqueront le fascisme qu'un approfondissement substantiel de la démocratie. C'est sur cet aspect que nous avons voulu mettre l'accent dans ce livre.

Au cours des dernières décennies, l'opinion dominante dans les milieux politiques et au sein même des sciences sociales hégémoniques était qu'il ne valait même pas la peine de réfléchir à des changements structurels majeurs. L'économie néoclassique fonde ses modèles sur l'hypothèse d'un univers social fondamentalement immuable. En cas de crise, il suffirait de quelques ajustements politiques et d'une dose d'innovation technologique pour relancer le capitalisme. Il ne s'agit pourtant que d'une extrapolation à partir de l'expérience empirique : 500 ans d'existence du capitalisme ne prouvent pas pour autant que le système soit éternel. Les diverses critiques philosophico-culturelles d'obédience postmoderne qui ont émergé pendant les années 1980 en réaction à l'enlisement des espoirs utopiques de 1968 et à la crise manifeste du communisme soviétique ont elles aussi fini par accepter, non sans une certaine dose de désespoir existentiel, l'hypothèse de la permanence du capitalisme. De ce fait, les théoriciens postmodernes ont eu tendance à détourner le regard des réalités structurelles. Nous présenterons dans notre chapitre de conclusion une analyse plus détaillée de la situation mondiale actuelle et du climat intellectuel qui l'accompagne.

Nous avons délibérément rédigé ce livre dans un style relativement accessible, dans le but d'ouvrir un espace à la discussion la plus ample possible. On trouvera des arguments plus élaborés, ainsi que toutes les notes bibliographiques nécessaires, dans les monographies que chacun d'entre nous a publiées individuellement. Notre principal domaine de recherche universitaire est généralement connu sous le nom d'analyse des systèmes-mondes ou de macrosociologie historique. Les « macrosociologues » étudient les origines du capitalisme et de la société moderne, ainsi que la dynamique des anciens empires et des civilisations antiques. En adoptant une perspective de longue durée sur les faits sociaux, ils constatent que l'histoire humaine progresse à travers une série de contradictions et de conflits qui se cristallisent sur de longues périodes dans des configurations structurelles éphémères et entrelacées. Nous nous entendions suffisamment entre nous sur ce point pour nous permettre de rédiger de façon collective les premier et dernier chapitres de ce livre. Cela dit, chacun d'entre nous possède aussi sa propre approche théorique et son domaine d'expertise spécifique, et les jugements qui en découlent trouvent leur expression dans les chapitres individuels. Ce petit livre n'est pas un manifeste chanté à l'unisson. Il est un débat entre égaux qui discutent sur la base de leur connaissance du passé et du présent des sociétés humaines. Il nous invite par conséquent à poser sérieusement et ouvertement la question de savoir quel pourrait être le prochain grand tournant de l'histoire mondiale.

Sommes-nous au fond en train de prophétiser l'avènement d'une forme de socialisme ? Au lieu de nous livrer à des polémiques inutiles sur la base d'un acte de foi idéologique, nous préférons répondre à cette question de façon raisonnée et en deux parties. En premier lieu, il n'est pas question de prophétiser ; nous insistons en effet sur le respect des règles de l'analyse scientifique. Cela signifie en l'occurrence montrer avec un niveau de précision raisonnable pourquoi les choses peuvent changer et comment on passe d'une situation historique à une autre. La destination finale sera-t-elle le socialisme ? Nos arguments concernent un moyen terme qui pourra durer quelques décennies. La question que pose Randall Collins est celle du déclin imminent des classes moyennes, dont le rôle dans l'organisation du marché et de la quête du profit est devenu technologiquement superflu. Comment l'éviter ? On pourrait imaginer une forme de réorganisation socialiste de la production et de la distribution – une économie politique coordonnée de façon consciente et collective au service de la majorité de la population. C'est justement l'aggravation structurelle des problèmes du capitalisme avancé qui font du socialisme le candidat le plus plausible à sa succession. On ne peut pas oublier pour autant les leçons de l'expérience des États communistes et sociaux-démocrates au XXe siècle. Le socialisme a ses propres problèmes, dont le principal est une forme d'organisation hypercentralisée qui a largement ouvert la voie au despotisme politique et au déclin progressif du dynamisme économique. Même si la solution à la crise du capitalisme passe par une forme de socialisme, ce sont dès lors les problèmes spécifiques du socialisme qui reviendront au premier plan. Se risquant à formuler un pronostic à plus long terme, Collins suggère que le socialisme lui-même ne durera pas éternellement et que le monde oscillera entre diverses formes de capitalisme et de socialisme au fur et à mesure que ces systèmes seront confrontés à leurs carences respectives.

Craig Calhoun et Michael Mann offrent chacun à leur façon des perspectives plus optimistes, telles que la possibilité d'une alliance entre États-nations contre la menace d'une catastrophe écologique ou nucléaire. La vitalité du capitalisme pourrait dès lors être garantie par une version sociale-démocrate moins agressive de la mondialisation. Quant à Georgi Derluguian, il estime que la société qui remplacera le capitalisme, qu'elle qu'en soit la forme, ne ressemblera pas au modèle communiste. Heureusement, les conditions historiques du « socialisme de forteresse » à la soviétique ont disparu, de même que les conflits géopolitiques et idéologiques du siècle dernier. Immanuel Wallerstein estime toutefois intrinsèquement impossible de prédire ce qui pourrait remplacer le capitalisme. On peut imaginer soit un système non capitaliste qui conserverait toutefois les fonctions hiérarchiques et polarisantes du capitalisme, soit un système relativement démocratique et égalitaire. Peut-être que plusieurs systèmes-mondes différents émergeront de la transition. Calhoun avance l'hypothèse que, pour faire face tant aux menaces externes qu'aux risques internes qui perturbent le fonctionnement du capitalisme, des systèmes moins étroitement connectés pourraient voir le jour. Il dément par là même l'idée largement répandue d'une irréversibilité de la mondialisation, qui n'est qu'une affirmation idéologique sans réel fondement théorique.

Les penseurs et les dirigeants politiques du XXe siècle, de quelque bord qu'ils fussent, ont eu tort de croire qu'il n'existait qu'une seule voie vers l'avenir. Cette conviction idéologique, d'ardents défenseurs du capitalisme, du communisme ou du fascisme l'ont soutenue et ont tenté de l'imposer. Si aucun d'entre nous ne souscrit à l'idée utopique que tout est possible grâce à la seule volonté humaine, on peut toutefois démontrer qu'il existe diverses façons possibles d'organiser la société. Le résultat final dépend largement des conceptions et des aspirations politiques suscitées par les grandes crises qui fonctionnent comme moments fondateurs de l'histoire. Par le passé, de tels moments se sont souvent traduits par des effondrements et des révolutions politiques. Mais les cinq auteurs de ce livre s'accordent à penser qu'il est fort peu probable que les développements politiques de la crise mondiale du capitalisme débouchent sur des révolutions semblables à celles du passé, à savoir des mouvements survenant séparément dans tel ou tel État-nation et marqués par un niveau de violence considérable. C'est d'ailleurs ce qui nous permet de cultiver l'espoir que les choses pourront se faire autrement, et de meilleure façon, à l'avenir.

Le capitalisme n'est pas un espace physique, tel un palais royal ou un quartier financier qui pourrait être investi par une foule révolutionnaire ou devenir la cible de manifestations idéalistes. Il ne se résume pas non plus à un ensemble de politiques « raisonnables » susceptibles d'être adoptées ou corrigées conformément aux prescriptions des éditorialistes de la presse économique. Nombre de progressistes et de marxistes partagent la vieille illusion idéologique selon laquelle le système capitaliste se résume à l'équation « économie de marché + travail salarié ». C'est d'ailleurs ce que presque tout le monde s'accordait à penser tout au long du XXe siècle. Nous pouvons constater aujourd'hui les conséquences néfastes de cette croyance universelle. Les rapports marchands et le travail salarié ont existé bien longtemps avant l'émergence du capitalisme, et il est plus que probable que la coordination sociale par le biais du marché survivra au capitalisme. De notre point de vue, le capitalisme est simplement une configuration historique spécifique des rapports marchands et des structures étatiques au sein de laquelle l'obtention d'un gain économique privé par tous les moyens, ou presque, est un objectif primordial et la mesure de tout succès. L'émergence d'une organisation différente et plus satisfaisante du marché et de la société humaine n'est nullement exclue.

On trouvera dans cet ouvrage et dans nos nombreux écrits antérieurs une série de raisons permettant de soutenir cette affirmation. Mais proposons pour l'instant au lecteur une brève fable historique. Il y a fort longtemps que les êtres humains rêvent de voler, au moins depuis aussi longtemps qu'ils rêvent de justice sociale. Pendant plusieurs millénaires, ce rêve est resté une chimère. Et puis, un jour, on est entré dans l'ère des montgolfières et des dirigeables. Pendant près d'un siècle, ces appareils ont donné lieu à diverses expérimentations, avec comme on le sait des résultats plutôt mitigés, voire parfois carrément désastreux. Mais parallèlement s'était créée une couche d'ingénieurs et de scientifiques, ainsi qu'une forme de structure sociale susceptible d'alimenter et de stimuler leur créativité. La véritable percée technologique eut lieu grâce à l'invention de nouveaux types de moteur et des ailes en aluminium. Aujourd'hui, nous pouvons tous voler, mais la majorité d'entre nous restent prisonniers des sièges exigus de la classe touriste, tandis que seule une poignée d'audacieux ont accès à l'ivresse du vol autonome en pilotant de petits avions ou des parapentes. En outre, l'aviation, c'est aussi l'horreur des bombardements aériens et la menace sournoise des drones. La technologie propose, mais les êtres humains disposent. La réalisation de rêves très anciens impose aussi souvent de nouveaux choix difficiles. Pourtant, l'optimisme est une condition historique nécessaire à la mobilisation des énergies passionnelles dans un monde confronté à des choix structurellement divergents entre divers avenirs possibles. Les grandes avancées ne deviennent possibles que lorsque la réflexion et le débat sur la gamme des options alternatives conquièrent une audience suffisamment large.

CHAPITRE 1

La crise structurelle du capitalisme : pourquoi les capitalistes risquent de ne plus y trouver leur compte

Immanuel Wallerstein

Mon analyse repose sur deux prémisses : premièrement, le capitalisme est un système, et tous les systèmes ont une durée de vie, ils ne sont pas éternels. Deuxièmement, affirmer que le capitalisme est un système revient à dire que, durant ce que je définis comme ses cinq siècles d'existence, il a obéi à un ensemble de règles spécifiques que je vais essayer de décrire brièvement.

Les systèmes ont une durée de vie. Ilya Prigogine a exprimé cette vérité de façon succincte : « Nous avons un âge, notre civilisation a un âge, notre univers a un âge [1] [...] » Ce qui signifie, me semble-t-il, que tous les systèmes, du plus infinitésimal au plus gigantesque dont nous ayons connaissance (l'univers), y compris les systèmes sociohistoriques de taille moyenne, doivent être analysés comme composés de trois moments qualitativement différents : le moment de leur naissance, celui de leur fonctionnement « normal » courant (la phase la plus longue) et celui de leur dépérissement (la crise structurelle). Notre analyse

---

1 Ilya Prigogine, *La Fin des certitudes. Temps, chaos et les lois de la nature*, Odile Jacob, Paris, 1996, p. 193.

de la situation actuelle du système-monde moderne ne se penchera pas sur l'explication du premier moment, celui de la venue à l'existence. En revanche, les deux autres phases – les règles de fonctionnement du capitalisme au cours de son existence « normale » et les modalités de son dépérissement – sont les questions centrales auxquelles nous serons confrontés.

L'idée que nous défendons, c'est qu'une fois que nous aurons compris quelles ont été les règles qui ont permis au système-monde moderne de fonctionner en tant que système capitaliste, nous comprendrons aussi pourquoi il traverse actuellement la phase terminale de sa crise structurelle. Dès lors, nous pourrons offrir une description des modalités opératoires de cette phase terminale telle qu'elle s'est manifestée jusqu'à présent et telle qu'elle continuera à se manifester dans les vingt ou quarante prochaines années.

Quelles sont les signes distinctifs, les conditions *sine qua non*, de l'existence du capitalisme en tant que système, le système-monde moderne ? Pour de nombreux analystes, ce système repose essentiellement sur une et une seule institution fondamentale : tantôt il s'agira du travail salarié, tantôt de la production pour l'échange et/ou pour le profit, tantôt encore de la lutte des classes entre les entrepreneurs/capitalistes/bourgeois et les travailleurs salariés/prolétaires sans propriété, voire la simple présence d'un marché « libre ». De mon point de vue, aucune de ces définitions ne tient vraiment la route.

Les raisons en sont simples. Le salariat existe sous une forme ou un autre dans diverses parties du monde depuis des milliers d'années, et pas seulement dans le monde moderne. En outre, au sein du système-monde moderne, il existe bien des emplois et des fonctions qui ne relèvent pas du travail salarié. De même, cela fait des milliers d'années qu'il existe des secteurs de l'économie où prévaut la production pour le profit, même si elle n'a jamais été la réalité dominante d'aucun système historique avant l'avènement du capitalisme. Quant au « libre marché », nul doute que le système-monde moderne en ait fait un véritable mantra, mais les marchés modernes réellement existants n'ont jamais échappé aux considérations politiques, ni à un certain niveau de régulation étatique, et il n'aurait pas pu en être autrement. Quant à la lutte de classes, elle existe bien dans le système-monde moderne, mais la réduire à un conflit entre bourgeois et prolétaires revient à en faire une description beaucoup trop lacunaire.

À mon avis, pour qu'un système historique puisse être considéré comme un système capitaliste, il doit avoir pour caractéristique dominante ou décisive la recherche persistante de l'accumulation *sans fin* du capital – à savoir l'accumulation du capital afin d'accumuler encore plus de capital. Et pour que cette caractéristique soit décisive, il faut qu'il existe des mécanismes qui pénalisent les acteurs cherchant à fonctionner sur la base d'autres valeurs ou d'autres objectifs. Ces acteurs hétérodoxes seront tôt ou tard éliminés de la scène, ou du moins leur capacité d'accumulation d'un volume significatif de capital se verra-t-elle sévèrement entravée. Les nombreuses institutions du système-monde moderne visent toutes à promouvoir l'accumulation sans fin du capital, ou du moins sont-elles fortement contraintes à le faire.

À mes yeux, la préséance de l'accumulation du capital en vue d'accumuler encore plus de capital est un objectif tout à fait irrationnel. Parler d'irrationalité, du point de vue de ce que je crois être une rationalité matérielle ou substantive (la *materielle Rationalität* de Weber), cela ne veut pas dire que cette dynamique est incapable de soutenir le fonctionnement d'un système historique sur une durée plus ou moins longue (la rationalité formelle selon Weber). Le système-monde moderne a cinq siècles d'existence, et le principe d'accumulation sans fin du capital y a fort bien fonctionné jusqu'ici. Cependant, comme nous allons le montrer, sa capacité de continuer à fonctionner de la même manière est en train de s'épuiser.

Le capitalisme durant sa phase de fonctionnement « normal »

Comment fonctionne le capitalisme dans la pratique ? Tous les systèmes connaissent des fluctuations. Autrement dit, le fonctionnement du système s'écarte constamment de son point d'équilibre. Pour la plupart des gens, l'exemple le plus familier de ce phénomène est la physiologie du corps humain. Nous aspirons et nous expirons. Aspirer et expirer est pour nous une nécessité vitale. Mais il existe dans le corps humain, tout comme dans le système-monde moderne, des mécanismes qui assurent son retour à l'équilibre, un équilibre certes mobile, mais un équilibre tout de même. Nous considérons comme une période de fonctionnement « normal » la phase pendant laquelle la pression exercée en direction du retour à l'équilibre est supérieure à toute autre pression susceptible d'éloigner ledit système de son point d'équilibre.

De tels mécanismes sont très nombreux au sein du système-monde moderne. Les deux plus importants – au sens où leur influence sur l'évolution historique du système est la plus décisive – sont ce que je désignerai comme les cycles de Kondratiev et les cycles hégémoniques.

Examinons d'abord les cycles de Kondratiev : pour pouvoir accumuler un volume suffisamment important de capital, les producteurs doivent pouvoir exercer un quasi-monopole. Ce n'est que s'ils jouissent d'un quasi-monopole qu'ils peuvent vendre leur produit à un prix largement supérieur à son coût de production. Dans les systèmes vraiment compétitifs où les facteurs de production sont aisément disponibles, tout acheteur intelligent sera susceptible de trouver un vendeur qui commercialisera son produit pour un prix dérisoire, voire en dessous de son coût de production. Il ne peut pas y avoir de véritable profit dans un système de concurrence parfaite. Pour faire du profit, il faut qu'il y ait des limites à la liberté du marché, c'est-à-dire une situation de quasi-monopole.

Toutefois, deux conditions sont nécessaires pour pouvoir instaurer un quasi-monopole : 1) le produit commercialisé devra être une innovation pour laquelle il existera un nombre suffisant d'acheteurs effectifs ou potentiels, et 2) un ou plusieurs États puissants seront prêts à utiliser leur pouvoir administratif pour empêcher (ou du moins limiter) l'accès au marché d'autres producteurs. Autrement dit, les quasi-monopoles ne peuvent exister que si le marché n'est pas « libre » de toute intervention de l'État.

On appelle généralement ces produits quasi monopolistiques des « produits de pointe », au sens où ils constituent un pourcentage important de l'activité économique du système-monde, que ce soit directement ou par l'intermédiaire des produits qui leur sont associés en aval et en amont. Chaque fois que s'instaurent de tels quasi-monopoles, il s'ensuit une phase expansive de « croissance » au sein de l'économie-monde, phase généralement perçue comme une période de « prospérité ». Il s'agit aussi en général de périodes de forte croissance de l'emploi au niveau mondial, elles-mêmes liées à deux facteurs : d'une part, les besoins personnels des producteurs des quasi-monopoles et des unités de production et de service qui leur sont associées en aval et en amont ; d'autre part, les dépenses de consommation de leurs employés. Même si certaines régions du système-monde et certains groupes s'en tirent bien mieux que les autres, ces phases de croissance globale de la production profitent à la plupart des individus et des collectivités : « La marée montante soulève tous les bateaux », comme on dit.

Il est toutes sortes de choses que l'État peut faire pour engendrer et préserver ce type de quasi-monopoles. Il peut le faire par la voie réglementaire, par le biais d'un système de brevets ou par d'autres formes de protection de ce qu'on appelle la « propriété intellectuelle ». Il peut offrir des aides directes aux industries jouissant de quasi-monopoles, en particulier dans le domaine de la recherche et du développement. Il peut acheter massivement leur production, souvent à des prix supérieurs à ceux du marché. Il peut exercer sa puissance géopolitique pour essayer d'empêcher que ces quasi-monopoles soient menacés par les producteurs d'autres pays.

Les avantages d'un quasi-monopole ne durent pas éternellement. Le problème systémique auquel se heurtent les producteurs, c'est qu'à terme les quasi-monopoles ont tendance à s'autodétruire. Là encore, la raison en est simple. C'est précisément la forte rentabilité de ces quasi-monopoles qui incite d'autres producteurs à tout faire pour accéder au marché et s'y tailler leur part de profit. Pour ce faire, ils peuvent procéder de diverses façons. Si la situation de quasi-monopole repose sur une innovation technologique qui est tenue secrète, des concurrents peuvent essayer de dérober ce secret ou de copier la technologie en question. S'ils sont tenus à l'écart du marché par la puissance géopolitique de l'État qui protège le quasi-monopole, ils peuvent essayer de gagner à leur cause une force géopolitique rivale. Ils peuvent aussi mobiliser les sentiments antimonopolistiques dans le pays dont ils visent le marché.

En outre, le souci numéro un d'un producteur quasi monopolistique est d'éviter les arrêts de travail, qui impliquent des pertes importantes et même irrécupérables dans le cas où les producteurs oligopolistiques concurrents ne connaîtraient pas les mêmes inconvénients. C'est là une situation qui profite grandement aux travailleurs dans leur aspiration constante à améliorer leurs conditions. Pour cette raison, les producteurs trouvent souvent moins coûteux de faire des concessions aux travailleurs que de risquer des arrêts de travail. Mais, au bout d'un certain temps, cette stratégie se traduit par une augmentation rampante du coût de la main-d'œuvre qui réduit la marge de profit.

D'une façon ou une autre, des producteurs concurrents potentiels finiront par saper le quasi-monopole des fabricants de produits leaders. Jusqu'à présent, une telle érosion des positions quasi monopolistiques des industries dominantes prenait en moyenne vingt-cinq à trente ans pour faire son effet. Mais quelle que soit la durée de ce délai de grâce, il arrive tôt ou tard un moment où le quasi-monopole est mis en échec. Et, comme l'ont toujours prédit les thuriféraires du capitalisme, la conséquence en est une baisse des prix, phénomène sans doute positif pour les consommateurs, mais certainement négatif pour les producteurs. Un produit de pointe rentable au niveau mondial voit sa rentabilité décliner fortement dès que le contexte devient plus compétitif.

Face à cela, quelles options ont les producteurs ? Ils peuvent substituer aux faibles coûts de transaction des coûts de production inférieurs, ce qui implique généralement la délocalisation de l'essentiel de la production des pays « centraux » vers d'autres régions du système-monde où le coût « historique » de la main-d'œuvre est moins élevé. Pour les habitants de ces régions, cette entrée dans la chaîne de production mondiale est susceptible d'être perçue comme une forme de « développement » national, et d'être célébrée en tant que telle. Il est plus juste de la considérer comme un transfert par dissémination d'industries jadis hyper-rentables (mais qui ne le sont plus aujourd'hui).

Mais il existe d'autres réponses que la délocalisation industrielle. Il est possible de maintenir une partie de la fabrication des produits de pointe dans les pays où cette production était traditionnellement implantée en se spécialisant dans des productions de niche plus pointues et plus difficiles à reproduire rapidement. Une autre solution consiste à négocier avec les salariés pour obtenir une baisse de leur rémunération (directe et indirecte) en agitant justement la menace de la délocalisation et du chômage. En général, la capacité des travailleurs à défendre les avantages acquis pendant la phase d'expansion de l'économie-monde est fortement menacée lorsque le marché mondial devient plus compétitif.

Il est enfin possible de changer de stratégie d'accumulation en abandonnant totalement ou partiellement la sphère productive, voire la sphère commerciale, pour le domaine des profits strictement financiers. Aujourd'hui, nous avons tendance à parler de la « financiarisation » comme s'il s'agissait d'une invention des années 1970. Mais il s'agit en fait d'une pratique très ancienne dans toutes les phases B du cycle de Kondratiev. Comme l'a montré Braudel, les capitalistes les plus performants ont toujours été ceux qui ont refusé de se « spécialiser » dans le domaine de l'industrie, du commerce ou de la finance et préfèrent être des « généralistes » qui se déplacent entre ces différentes sphères en fonction des opportunités.

Comment gagne-t-on de l'argent dans la sphère financière ? Le mécanisme de base consiste à prêter de l'argent et à se le faire rembourser avec intérêt. Pour les créanciers, les dettes les plus profitables sont celles où les débiteurs ont emprunté au-delà de leurs moyens et peuvent rembourser les intérêts, mais pas le capital. Il s'ensuit une augmentation systématique et exponentielle des revenus des créanciers, et ce jusqu'à ce que le débiteur soit acculé à la faillite.

Ce type de mécanisme financier ne crée pas vraiment de la valeur, ni même de nouveaux capitaux ; il se contente pour l'essentiel de redistribuer le capital existant. Il exige également la création constante de nouvelles cohortes de débiteurs pour remplacer les débiteurs en faillite et maintenir le flux du crédit et de l'endettement. Il s'agit là d'une dynamique financière qui peut être extrêmement rentable dès lors que vous êtes du bon côté du manche, celui des créanciers.

Le cycle prêt-endettement a toutefois un inconvénient du point de vue du fonctionnement « normal » du système capitaliste. Il finit par assécher la demande effective. Il s'agit là d'une menace tout à la fois économique et politique pour le système, qui exige donc un retour à l'équilibre, à savoir un retour à une situation dans laquelle l'accumulation du capital passe essentiellement par de nouvelles productions. Schumpeter en a décrit de façon très claire la dynamique économique : une invention donne lieu à une innovation, qui entraîne elle-même l'émergence d'un nouveau produit de pointe, lequel relance l'expansion de l'économie-monde.

Quant à l'aspect politique de cette transformation, elle a fait l'objet de nombreux débats. Il semble bien qu'elle ait pour corollaire un renforcement de la position des travailleurs dans le contexte de la lutte de classe. Cela suppose éventuellement qu'un secteur des classes productrices soit prêt à faire des concessions dans ce sens, sacrifiant les profits individuels à court terme au bénéfice de leur intérêt collectif.

Cette dynamique d'expansion et de contraction du capitalisme n'est possible que parce qu'on a affaire à un système qui n'est pas circonscrit dans les limites d'un seul État, mais qui s'insère dans un système-monde, soit un cadre supranational par définition. Si cette dynamique était purement nationale, rien n'empêcherait les détenteurs du pouvoir d'État de s'approprier la plus-value, ce qui éliminerait (ou du moins réduirait considérablement) l'incitation des entrepreneurs à développer de nouveaux produits. Mais d'un autre côté, si les différents États n'existaient pas parallèlement au marché, il serait impossible d'instaurer des quasi-monopoles. Ce n'est que lorsque le capitalisme s'insère dans une « économie-monde » – laquelle se caractérise par une multiplicité d'acteurs étatiques – que les entrepreneurs peuvent poursuivre l'accumulation sans fin du capital.

C'est aussi ce qui explique l'existence de ce qu'on appelle les cycles hégémoniques, qui sont beaucoup plus longs que les cycles de Kondratiev. Dans le cadre d'une économie-monde, on désigne par le terme d'hégémonie la capacité qu'a un État d'imposer un ensemble de règles à l'action de tous les autres États, créant ainsi un ordre relatif au sein du système-monde. L'importance de cette notion d'ordre « relatif » a été amplement soulignée par Schumpeter. Il existe toujours des secteurs spécifiques de la population mondiale qui sont susceptibles de tirer bénéfice de troubles et de désordres inter- et intra-étatiques tels que les guerres (civiles), les rackets mafieux, la corruption politique et institutionnelle généralisée ou l'explosion de la délinquance. Mais, en même temps, ces phénomènes tendent à entraver la maximisation de l'accumulation du capital au niveau mondial, car ils entraînent la destruction d'une bonne partie des infrastructures nécessaires au maintien et à l'expansion de l'accumulation capitaliste.

Il s'ensuit que l'imposition d'un ordre relatif par une puissance hégémonique constitue un avantage pour le fonctionnement « normal » du système capitaliste dans son ensemble. Elle est aussi extrêmement avantageuse pour la puissance hégémonique elle-même, pour son appareil d'État, ses entrepreneurs et ses citoyens ordinaires. On peut douter que ces avantages systémiques (et ceux dont bénéficie la puissance hégémonique) soient aussi évidents pour les autres États, leurs entreprises et leurs citoyens. D'où l'existence d'une tension qui explique que ce type d'hégémonie soit si difficile à obtenir et préserver, et si peu fréquent.

Jusqu'à présent, les cycles hégémoniques répondaient à peu près au modèle suivant : au terme d'une « guerre de trente ans » passablement destructrice entre les deux puissances les mieux placées pour se disputer la domination du système-monde, l'une des deux l'emportait de façon décisive. On débouchait alors sur une phase où l'économie d'un seul État jouissait simultanément d'une avance considérable dans les trois sphères de l'activité économique : la production, le commerce et la finance. Grâce à la solidité de sa base économique et à sa victoire dans la phase de lutte précédente, cet État bénéficiait en outre d'un très net avantage sur le plan militaire. Enfin, pour couronner le tout, il exerçait une domination culturelle et géoculturelle en définissant les principaux axes de la culture mondiale (où l'on rejoint le concept proprement gramscien d'hégémonie).

Quiconque obtient ce type de prééminence dans toutes les sphères du système-monde est capable de réaliser presque tous ses objectifs et d'imposer sa volonté la plupart du temps. On peut parler dans ce cas de quasi-monopole du pouvoir géopolitique. Dans sa phase initiale, cette domination hégémonique engendre de fait un ordre et une stabilité relatifs au sein du système-monde. Le problème c'est que, tout comme dans le cas des quasi-monopoles industriels, les quasi-monopoles géopolitiques sont voués à l'autodestruction, et ce pour plusieurs raisons.

En premier lieu, dans une situation de relative stabilité, il y a toujours des perdants nets qui ont tendance à se rebeller d'une façon ou d'une autre. Pour contenir ces rébellions, la puissance hégémonique se voit obligée d'exercer une activité répressive, souvent de type militaire. À court terme, la répression est souvent au moins partiellement couronnée de succès, mais le recours à la force entraîne toujours deux conséquences négatives. Le succès d'une action militaire est rarement total ou définitif, mettant à nu les limites de la capacité répressive de la puissance hégémonique, ce qui tend à encourager les rébellions ultérieures.

En deuxième lieu, l'emploi de la force répressive a un coût pour l'appareil militaire et les institutions de la puissance hégémonique. Un coût en vies humaines d'abord (qu'il s'agisse de morts ou de blessés), lequel ne cesse d'augmenter, et aussi un coût financier croissant. Lentement mais sûrement, la répression perd le soutien du peuple à mesure que celui-ci perçoit plus clairement où vont les gains (qui bénéficient de façon généralement disproportionnée à une seule fraction de la population de la puissance hégémonique) et les pertes (généralement souffertes par la majorité). Les autorités de la puissance hégémonique finissent dès lors par sentir peser sur elles des contraintes internes qui entravent leur capacité d'imposer l'ordre au niveau mondial.

En troisième lieu, d'autres États, jadis tombés dans une situation de grande faiblesse géopolitique face à la puissance hégémonique au début de sa période de domination, commencent à reprendre des forces et à revendiquer un rôle géopolitique plus ample. Le système-monde passe d'une situation d'hégémonie incontestée à une situation d'équilibre des pouvoirs. Étant donné le caractère cyclique de ce processus, on commence à voir surgir plusieurs candidats au rôle de successeur de la puissance hégémonique. Mais la complexité de cette phase de transition explique pourquoi les cycles hégémoniques sont beaucoup plus longs que les cycles de Kondratiev [2]. Quoi qu'il en soit, tout cela fait que la puissance hégémonique commence à connaître un lent déclin.

Reste à mettre l'accent sur un dernier élément de cette description des processus en cours au sein du système-monde moderne. Bien que nous parlions de cycles dans les deux cas de figure – cycles de Kondratiev et cycles hégémoniques –, il ne s'agit pas vraiment de mouvements cycliques au sens strict dans la mesure où le point d'arrivée du cycle ne coïncide pas avec son point de départ initial. Les phases A de ces deux types de cycles sont en effet des phases de croissance – que ce soit en termes de valeur réelle, d'extension géographique ou d'intensité de la marchandisation. Or, dans la phase B, cette croissance initiale n'est jamais complètement effacée. Le retour à l'équilibre représenté par la phase B n'est en fait qu'une forme de régression partielle, mieux décrite comme une « stagnation » du système plutôt que comme un retour intégral à la situation initiale, quels que soient les paramètres qui nous permettent de l'évaluer.

On pourrait parler d'un effet de cliquet : deux pas en avant, un pas en arrière. C'est ainsi que les rythmes cycliques du système historique engendrent un équilibre mouvant, caractérisé par une tendance séculaire à la hausse de ses principales courbes. Si nous représentons cette dynamique sur un plan, en

---

2 J'explique ce processus dans « The concept of hegemony in a world-economy », avant-propos à l'édition de 2011 de *The Modern World-System, II. Mercantilism and the Consolidation of the European World-Economy*, 1600-1750, University of California Press, Berkeley, 2011, p. XXII-XXVII (trad. fr. *Le Système du monde du xve siècle à nos jours. Tome II : Le mercantilisme et la consolidation de l'économie-monde européenne, 1600-1750*, Flammarion, Paris, 1984).

reportant divers phénomènes, en pourcentage, sur l'axe *y* des ordonnées et leur évolution dans le temps sur l'axe *x* des abscisses, nous obtiendrons des courbes asymptotes (qui se rapprochent lentement de la valeur 100 sur l'axe *y*). À mesure que le système se rapproche de ces asymptotes, il s'éloigne peu à peu de l'équilibre ; on ne peut en effet jamais franchir une asymptote. Il semble bien qu'à partir du moment où les courbes s'approchent de la valeur 80, le système commence à osciller rapidement et de façon répétée, devienne « chaotique » et tende à bifurquer. Nous pouvons définir ce moment comme le début d'une crise structurelle. Nous allons maintenant essayer de montrer comment cette dynamique s'est manifestée concrètement au sein de notre système historique.

Le système-monde moderne, de 1945 aux environs de 1970

La dernière grande lutte pour l'hégémonie a vu s'affronter l'Allemagne et les États-Unis. On peut considérer qu'elle s'est initiée aux alentours de 1873 et qu'elle a abouti à une « guerre de trente ans » qui a duré de 1914 à 1945. La « capitulation sans condition » de l'Allemagne en 1945 a fait des États-Unis le vainqueur incontesté de ce conflit.

À l'issue de ce que nous appelons la Seconde Guerre mondiale, les États-Unis ont atteint un niveau de puissance économique sans précédent. Leur potentiel et leur compétitivité étaient déjà impressionnants avant le début du conflit, mais la guerre les a renforcés de deux façons. D'une part, la base industrielle de toutes les autres puissances du système-monde – de la Grande-Bretagne au Japon en passant par l'Union soviétique – a été gravement endommagée. Les destructions engendrées par la guerre ont en outre affecté leur production agricole, ce qui explique que la plupart de ces pays ont connu de graves pénuries alimentaires dans l'immédiat après-guerre. Le contraste ne saurait être plus grand avec les États-Unis, qui, de leur côté, ont été entièrement préservés de tout dégât matériel et dont le potentiel industriel et agricole a continué à se développer pendant toute la durée du conflit. Ce ne sont pas seulement les puissances de l'Axe vaincues mais les alliés des États-Unis eux-mêmes qui durent recourir à l'aide américaine dès le lendemain de la guerre pour leurs efforts de reconstruction.

Il existe une façon très simple de mesurer cet avantage initial. Pendant les dix ou quinze premières années d'après guerre, dans les principales branches industrielles, les États-Unis ont pu vendre leurs produits dans tous les autres pays industrialisés à un coût inférieur (y compris le coût de transport) à celui des producteurs locaux.

Le seul domaine dans lequel les États-Unis ne bénéficiaient pas d'un avantage excessif était le domaine militaire. L'Union soviétique possédait en effet des forces armées très puissantes et ses troupes occupaient de vastes territoires en Europe centrale et orientale et en Asie nord-orientale (Mandchourie et Mongolie intérieure en Chine, la moitié nord de la Corée, ainsi que le sud de l'île de Sakhaline et les îles Kouriles au Japon). Il est vrai qu'à partir de 1945 Washington disposait de l'arme nucléaire, mais cet avantage allait s'évaporer dès 1949.

Il s'ensuit que, pour pouvoir jouer le rôle de puissance hégémonique, les États-Unis devaient affronter la question soviétique et trouver un moyen de neutraliser la force militaire de leur rival. C'était d'autant plus vrai que, du fait de la pression politique interne, on avait assisté à une démobilisation relativement rapide des forces terrestres américaines dans le monde entier.

D'après moi, la conséquence de cette situation fut l'instauration d'un « pacte » tacite entre les États-Unis et l'Union soviétique, connu sous le nom métaphorique de « Yalta ». Il me semble que ce pacte comportait trois volets. Premièrement, une division *de facto* de la planète en deux sphères d'influence correspondant plus ou moins à la zone occupée par les troupes de chacun des deux pays à la fin de la guerre. Les frontières du bloc soviétique suivaient la ligne Oder-Neisse en Europe centrale et le 38e parallèle en Corée (après la défaite définitive du Kuomintang face aux forces du Parti communiste chinois en 1949, elles inclurent la Chine continentale).

Ce sur quoi les États-Unis et l'Union soviétique s'étaient en fait mis d'accord, c'était sur le droit primordial (et pratiquement exclusif) de chacun des deux partenaires de décider des questions relevant de sa propre sphère. Un élément crucial de cet accord *de facto* était qu'aucun des deux ne chercherait à modifier ces frontières par des moyens militaires (ou même politiques). Après 1949, le pacte a été renforcé par la notion de « destruction mutuelle assurée », soit le fait que les deux parties disposaient d'une force nucléaire suffisante pour répondre à toute attaque et détruire leur agresseur.

En deuxième lieu, ce pacte tacite reposait sur le découplage économique des deux zones. Les États-Unis n'offriraient aucune aide à la reconstruction au bloc soviétique et se limiteraient à intervenir dans leur propre sphère d'influence – d'où le plan Marshall en Europe occidentale et, en Asie orientale, des programmes comparables à destination du Japon, puis de la Corée du Sud et de Taiwan. L'aide américaine ne relevait pas simplement d'une forme d'altruisme philanthropique. Les États-Unis avaient besoin de clients pour leurs industries florissantes, et la reconstruction de l'économie de leurs alliés faisait d'eux à la fois de bons clients et des satellites politiques fidèles. L'Union soviétique développa à son tour ses propres structures économiques régionales, qui renforcèrent le caractère autarcique de la zone soviétique.

Enfin, le troisième volet de ce « pacte » consistait à nier qu'il y ait eu le moindre accord entre les deux puissances. Les deux camps proclamaient haut et fort, chacun avec sa rhétorique spécifique, qu'ils étaient engagés dans une lutte idéologique à mort avec leur adversaire. C'est ce qu'on a appelé la « guerre froide », dont il est important de souligner, justement, qu'elle est toujours restée « froide », et ce jusqu'à la fin. Si la rhétorique était aussi virulente, ce n'était pas vraiment pour chercher à convaincre l'adversaire, du moins pas avant le moment supposé très lointain de son possible effondrement. En ce sens, aucun des deux ne cherchait vraiment à « gagner » la guerre à court terme. Il s'agissait plutôt d'obliger les satellites (désignés comme des « alliés » par euphémisme) à ne pas dévier de la ligne politique très stricte dictée par chacune des deux superpuissances. De même, aucune des deux superpuissances n'a jamais soutenu de façon significative les forces rebelles du camp adverse, ce qui aurait pu contrevenir à l'accord primordial de préservation du *statu quo* militaire entre elles.

Une fois garanti ce *statu quo* militaire, les États-Unis allaient pouvoir s'employer à mettre en œuvre leur domination politique et culturelle globale du système-monde, entre autres grâce aux majorités automatiques dont ils disposaient à l'assemblée de l'Organisation des Nations unies et dans plusieurs autres institutions transnationales. La seule exception à cette règle était l'unique organisme en charge des questions militaires, à savoir le Conseil de sécurité des Nations unies, où le pouvoir de veto de chacune des deux superpuissances préservait le *statu quo* militaire.

Au début, ce dispositif a fort bien fonctionné. Et puis la nature autodestructrice de tout quasi-monopole géopolitique a commencé à faire sentir ses effets. Les deux changements géopolitiques les plus significatifs des deux décennies postérieures à 1945 sont les révoltes du tiers monde et la reprise économique de l'Europe occidentale et du Japon.

Les pays du tiers monde, comme on les appelait alors (on dit maintenant le « Sud »), n'avaient pas grand-chose à gagner au *statu quo* géopolitique que les deux superpuissances tentaient d'imposer au monde, et certains d'entre eux commencèrent à le défier. Les dirigeants du Parti communiste chinois refusèrent de conclure un accord avec le Kuomintang, comme le souhaitait l'Union soviétique. Au lieu de quoi, ils écrasèrent les troupes de Tchang Kaï-chek et s'emparèrent du pouvoir. Le Viet Minh et le Viet Cong suivirent eux aussi leur propre voie en mettant en déroute successivement les Français et les Américains. L'arrivée au pouvoir de Fidel Castro et de ses guérilleros faillit provoquer une crise planétaire en 1962. Les Algériens empruntèrent la voie de l'indépendance au grand dam du Parti communiste français, du moins au début. Et Nasser reprit avec succès le contrôle du canal de Suez.

Ni les États-Unis ni l'Union soviétique ne voyaient toute cette agitation d'un bon œil, et tous deux essayèrent de s'adapter à la situation de façon similaire. Initialement, chaque camp insista sur l'obligation absolue de loyauté de ses alliés dans la guerre froide. Comme le disait le secrétaire d'État américain de l'époque, John Foster Dulles, « la neutralité n'existe pas ». Mais, ultérieurement, tous deux se virent contraints d'assouplir leur position et d'essayer de séduire les partisans de la neutralité. C'est dans le cadre de cette nouvelle dynamique que l'Union soviétique « perdit » la Chine et que le conflit vietnamien fit payer aux États-Unis un prix politique et économique très lourd.

Une autre évolution affecta bien plus fortement les États-Unis que l'Union soviétique, à savoir les conséquences politiques de la reprise économique liée à la croissance exceptionnelle de la phase A du cycle de Kondratiev. Au début des années 1960, il n'était déjà plus vrai que les États-Unis pouvaient vendre des automobiles (par exemple) en Allemagne ou au Japon à un coût inférieur à celui des producteurs locaux. C'était même l'inverse qui commençait à se produire : les voitures allemandes et japonaises pénétraient avec succès le marché américain.

Le nouveau dynamisme économique des anciens satellites de Washington fit d'eux de véritables concurrents sur le marché mondial. À la fin des années 1960, les États-Unis ne possédaient plus d'avantage économique significatif sur leurs principaux alliés dans la sphère de la production mondiale, ni même au niveau du commerce international. La base de leur hégémonie géopolitique commençait à s'effriter.

À partir de 1945, le système-monde moderne a connu ce qui fut de loin la plus forte phase d'expansion de l'accumulation capitaliste depuis ses débuts au cours du long XVIe siècle. Il a également connu, sous la forme de l'hégémonie américaine, la plus forte phase d'expansion du pouvoir géopolitique depuis la même époque. Ces deux cycles ont été simultanés et ont atteint leur seuil d'autodestruction plus ou moins au même moment. Aux phases d'expansion les plus spectaculaires ont succédé les phases de récession les plus profondes. En tant que système historique, le système-monde s'est très fortement écarté de son point d'équilibre. Ses mécanismes autocorrecteurs ne semblaient plus en mesure de fonctionner. Il était désormais entré dans une crise structurelle.

La crise structurelle, de 1970 à... ?

Deux évolutions cruciales ont contribué à cette crise structurelle. La première relève des tendances à très long terme de l'économie-monde, qui rendent désormais très difficile le processus d'accumulation sans fin du capital. La seconde est d'ordre conjoncturel et est liée à la fin de la domination de la culture mondiale par un consensus libéral-centriste, entraînant dès lors une érosion de la stabilité politique du système-monde.

Les tendances structurelles à long terme

Dans un système capitaliste, comment fait-on pour accumuler indéfiniment du capital ? La principale méthode, même si ce n'est pas la seule, passe par la production : l'entrepreneur-producteur conserve la différence entre le coût de production de sa marchandise et le prix auquel il peut la vendre. Plus ce coût est faible et le prix de vente élevé, plus les profits sont substantiels et peuvent être réinvestis.

Mais comment maximiser l'écart entre coût de production et prix de vente ? Deux conditions sont nécessaires. Pour maximiser le prix de vente, il est nécessaire d'exercer un quasi-monopole, sujet que nous avons déjà traité. C'est donc la façon dont on peut par ailleurs minimiser les coûts qui nous intéresse ici. Commençons par signaler qu'il y a toujours trois types de coûts génériques dans tout processus productif. Ce sont les frais de personnel, le coût des intrants et les impôts.

Le personnel que le producteur/propriétaire doit rémunérer se subdivise lui-même en trois secteurs : les travailleurs non qualifiés et semi-qualifiés, les travailleurs qualifiés et les cadres moyens, et enfin les cadres dirigeants. Le coût de la main-d'œuvre la moins qualifiée a tendance à augmenter pendant la phase A du cycle sous l'effet des revendications collectives formulées par le biais de l'action syndicale. Au cours de cette phase, il est fréquent que les employeurs fassent des concessions au personnel non qualifié, car il peut être moins coûteux d'éviter les arrêts de travail ou les grèves perlées que d'augmenter les salaires. Mais, dans les phases ultérieures, ce coût salarial est souvent trop élevé, en particulier dans les industries dominantes.

En général, pendant la phase B, la solution choisie par les employeurs est de déménager, à savoir de relocaliser la production dans les zones où les salaires sont traditionnellement bas. Les travailleurs y sont recrutés sur des sites (généralement ruraux) où leur revenu réel est encore plus bas que celui que leur offrent les nouvelles industries (généralement urbaines). Apparemment, il s'agit d'une situation de type gagnant-gagnant pour les deux parties. Mais, au bout d'un certain temps, le niveau d'information des travailleurs augmente et ils prennent conscience de la faiblesse de leurs salaires par rapport au reste du monde. Ils commencent dès lors à s'organiser sur le plan syndical et, tôt ou tard, leur employeur estime que les coûts sont de nouveau devenus trop élevés. D'où une nouvelle délocalisation.

Cette migration de la production est coûteuse mais efficace. Elle se heurte toutefois à un effet de cliquet au niveau mondial. Les baisses de salaire ne peuvent jamais totalement éliminer les augmentations. Au bout de 500 ans, ce processus répété a pratiquement épuisé les sites possibles de délocalisation. On peut mesurer ce phénomène par le biais du degré de « déruralisation » du système-monde, qui a augmenté de façon spectaculaire au cours des cinquante dernières années et ne semble pas en voie de ralentir.

L'augmentation du salaire des cadres répond pour sa part à deux considérations différentes. Premièrement, la taille croissante des unités de production exige un personnel intermédiaire de coordination de plus en plus nombreux. Deuxièmement, la menace politique qui résulte de l'organisation syndicale systématique des salariés relativement peu qualifiés peut être contrée par la création d'une strate intermédiaire plus nombreuse qui constituera tout à la fois un allié politique pour la couche dirigeante et un modèle de possible mobilité sociale ascendante pour la majorité non qualifiée. C'est une façon de neutraliser la mobilisation politique des salariés subalternes, mais la masse salariale des cadres moyens augmente de manière significative l'ensemble des frais de personnel.

Quant à l'augmentation des coûts de rémunération des cadres supérieurs, elle est le résultat direct de la complexité croissante des structures de l'entreprise, et en particulier du phénomène bien connu de la séparation de la propriété et de la gestion. Cela permet aux cadres dirigeants de jouir d'une rente et de s'approprier une fraction croissante des revenus de l'entreprise, réduisant la part destinée aux « propriétaires » (aux actionnaires) et aux investissements. Ce phénomène a été tout à fait spectaculaire pendant les deux dernières décennies.

Le coût des intrants est à la hausse pour des raisons analogues. Les capitalistes cherchent à externaliser au maximum les coûts de production, façon élégante de dire qu'ils ne paient pas la facture intégrale de ces intrants. Parmi les coûts qu'ils sont en mesure d'externaliser, mentionnons principalement l'élimination des déchets toxiques, le renouvellement des matières premières et la construction des infrastructures nécessaires au transport et à la communication. Pendant la majeure partie de la durée d'existence du système-monde moderne, cette pratique d'externalisation des coûts était considérée comme parfaitement normale et ne préoccupait guère les autorités politiques.

Mais, pendant les dernières décennies, l'atmosphère politique a évolué de façon radicale. Le changement climatique est désormais au centre du débat public, d'où l'émergence d'une forte demande de produits « verts » et « organiques ». La « normalité » de l'externalisation des coûts n'est plus qu'un lointain souvenir. La nouvelle sensibilité politique envers l'élimination des déchets toxiques s'explique assez simplement par la pénurie croissante d'espaces vacants pour les décharges publiques, un phénomène analogue à la disparition progressive de la main-d'œuvre d'origine rurale, source de nouvelles couches de travailleurs à bas salaires. Les effets de l'accumulation de ces déchets sur la santé publique sont importants et manifestes. D'où l'émergence de mouvements sociaux revendiquant le contrôle et le nettoyage des dégâts environnementaux.

Deuxièmement, le fait que les gens soient préoccupés par l'épuisement des ressources non renouvelables – une autre nouveauté politique – est pour une bonne part la conséquence de l'explosion démographique. On commence depuis peu à prendre soudainement conscience d'une série de pénuries réelles ou potentielles : sources d'énergie, eau, forêts, poissons et viande. La question de savoir qui possède quoi, qui consomme quoi, et à quelles fins les ressources sont utilisées, est désormais l'objet de vifs débats.

Troisièmement, le fonctionnement du capitalisme en tant que système exige une infrastructure considérable. Les produits destinés à être commercialisés sur le marché mondial doivent être transportés. La communication est un élément crucial du commerce. De nos jours, transport et communication sont beaucoup plus efficaces et beaucoup plus rapides que jadis, mais cela se traduit également par une augmentation considérable des coûts. Qui paie la facture de ces progrès ? Par le passé, les producteurs auxquels les infrastructures ont le plus bénéficié n'en finançaient qu'une infime partie, et c'est la société qui payait le reste.

Il existe aujourd'hui une forte pression politique pour que l'État assume un rôle direct dans la dépollution, le renouvellement des ressources et l'expansion des infrastructures. Pour ce faire, les gouvernements devraient fortement augmenter les impôts, mais cette mesure resterait par ailleurs inutile si l'on n'intervenait pas aussi sur les causes profondes de ces phénomènes négatifs. Les pouvoirs publics devraient donc exiger des entrepreneurs une plus grande internalisation des coûts. Mais, que l'on augmente les impôts ou que l'on internalise les coûts, il y aura une forte réduction des marges de profit des entreprises – ce que les producteurs ne manquent pas de souligner avec insistance.

Enfin, les prélèvements fiscaux sous toutes leurs formes n'ont cessé d'augmenter pendant toute la durée d'existence du système-monde moderne. À tous les niveaux, l'appareil administratif est un gros consommateur d'impôts, qu'il s'agisse de payer les fonctionnaires ou de financer l'expansion des services que l'État est censé fournir. On assiste également à l'expansion de ce qu'on pourrait appeler la taxation privée, à savoir tout à la fois la corruption des fonctionnaires publics et les exigences prédatrices des mafias organisées. Pour les entrepreneurs, cette forme de fiscalité privée est tout aussi onéreuse que les taxes prélevées par l'État. Plus l'appareil d'État augmente en taille, comme cela a été le cas au cours des cinq dernières décennies, plus il y a de gens à corrompre. Et la croissance de l'activité économique mondiale a eu comme corollaire la multiplication des entreprises mafieuses.

Cependant, c'est surtout aux luttes politiques des mouvements antisystémiques au niveau mondial qu'on doit cette tendance à l'augmentation des impôts. Depuis deux siècles, leurs revendications ont entraîné la démocratisation de la politique mondiale. Fondamentalement, le programme des mouvements populaires a visé l'obtention par la population de trois garanties fondamentales : éducation, services de santé et revenus garantis tout au long de la vie. Au cours des deux derniers siècles, ces exigences n'ont cessé de croître, tant au niveau de la gamme de plus en plus ample des services requis – et par conséquent de leur coût – que de la diffusion géographique des revendications. Toutes ces dépenses constituent ce que nous appelons l'« État-providence », qui fait désormais partie de la routine politique de presque tous les pays du monde, même si le niveau des prestations fournies varie fortement, et ce largement en fonction des ressources de chaque nation.

Résumons : les trois coûts de production les plus fondamentaux n'ont cessé d'augmenter et de se rapprocher de leur asymptote, de telle sorte que le système ne peut pas revenir à son point d'équilibre par le biais des multiples mécanismes auxquels il a eu recours pendant près de cinq siècles. Pour les producteurs, la possibilité de l'accumulation sans fin du capital semble être désormais de plus en plus compromise.

Une évolution géoculturelle majeure

À la diminution des profits des producteurs capitalistes est venu s'ajouter un changement culturel colossal, à savoir la fin de la domination géoculturelle du libéralisme centriste. C'est d'ailleurs là le sens profond de la révolution mondiale de 1968. L'histoire de cette révolution est pour une bonne part celle des mouvements antisystémiques du système-monde moderne – celle de leur émergence, de leurs stratégies et de leurs avatars jusqu'en 1968, ainsi que de leur importance pour le fonctionnement politique du système-monde.

Tout au long du XXe siècle, la « vieille gauche » – telle qu'elle fut rebaptisée au cours de la révolution-monde de 1968 – s'est appuyée essentiellement sur deux grands mouvements sociaux mondiaux, le communisme et la social-démocratie, ainsi que sur les mouvements de libération nationale. L'essor de ces mouvements a été laborieux est s'est produit surtout pendant le dernier tiers du XIXe siècle et la première moitié du XXe siècle. Ils sont restés longtemps politiquement faibles et quelque peu marginaux, mais, entre 1945 et 1968, ils ont connu une croissance rapide et vigoureuse dans presque toutes les régions du système-monde.

Il pourrait sembler paradoxal que ce dynamisme ait justement coïncidé tout à la fois avec la remarquable phase A d'expansion du cycle de Kondratiev et avec l'apogée de l'hégémonie américaine. À mon avis, il ne s'agit pas d'une coïncidence fortuite. Souvenons-nous que, comme je l'ai signalé, les capitalistes sont mus par le désir d'éviter toute interruption du processus de production (arrêts de travail, grèves perlées, sabotages) pendant la phase d'expansion de l'économie-monde. C'est en particulier le cas des capitalistes impliqués dans les secteurs les plus profitables, à savoir les industries dominantes. Vu le niveau exceptionnel des profits accumulés pendant cette phase, les producteurs sont alors disposés à faire des concessions salariales substantielles à leurs travailleurs, estimant qu'elles leur coûteront moins cher que les pertes occasionnées par de telles interruptions. Bien entendu, cela entraîne une hausse à moyen terme des coûts de production, facteur important du déclin des quasi-monopoles à partir de la fin des années 1960. Mais, comme c'est le cas la plupart du temps, la majorité des entrepreneurs calculent leurs intérêts en termes de profits à court terme et se sentent incapables de prédire ou de contrôler ce qui pourrait se passer au-delà d'un horizon de trois ans.

La puissance hégémonique concevait alors ses intérêts de manière à peu près similaire. Sa principale préoccupation était la préservation d'une relative stabilité au niveau géopolitique.

Le déploiement d'une forte activité répressive contre les mouvements antisystémiques paraissait beaucoup trop coûteux. Là où c'était possible – ce qui n'était pas toujours le cas –, les États-Unis favorisaient une forme de « décolonisation » négociée favorisant des régimes dont on pouvait espérer qu'ils deviendraient plus « modérés » avec le temps. D'où l'arrivée au pouvoir d'une série de mouvements de libération nationaux/nationalistes dans une bonne partie des pays d'Asie, d'Afrique et des Caraïbes.

À l'occasion des grands débats internes des mouvements antisystémiques de la fin du XIXe siècle – marxistes contre anarchistes dans les pays industrialisés, nationalisme politique contre nationalisme culturel dans les pays coloniaux –, les marxistes et les nationalistes politiques défendaient l'idée que le seul programme crédible était une stratégie en deux étapes : premièrement, s'emparer du pouvoir d'État ; deuxièmement, changer le monde. En 1945, les marxistes et les nationalistes politiques l'avaient clairement emporté et contrôlaient les organisations les plus importantes [3].

L'attitude relativement permissive des méga-entreprises et de la puissance hégémonique a eu pour conséquence que, vers le

---

3 Il est vrai qu'à partir de la Révolution russe les « marxistes » s'étaient divisés en deux camps, les sociaux-démocrates (ou IIe Internationale) et les communistes (ou IIIe Internationale). Leurs divergences ne concernaient cependant pas la stratégie en deux étapes, mais plutôt la façon de mettre en œuvre la première étape, à savoir la conquête du pouvoir d'État. En outre, en 1968, les sociaux-démocrates avaient depuis longtemps cessé de se dire « marxistes », tandis que les communistes s'autodésignaient désormais comme des « marxistes-léninistes ». Pour les jeunes qui formaient le gros des troupes de la révolution-monde de 1968, ce débat entre adeptes des deux Internationales, si important pour les générations précédentes d'activistes, était pratiquement sans intérêt, tant les deux versions de la « vieille gauche » leur paraissaient dépassées.

milieu des années 1960, les mouvements de la « vieille gauche » avaient presque partout atteint leur objectif historique d'occupation du pouvoir d'État. Les partis communistes étaient au pouvoir sur un tiers de la planète, ce qu'on appelait à l'époque le bloc socialiste. Un autre tiers était plus ou moins contrôlé par des partis sociaux-démocrates qui alternaient au pouvoir – c'était la sphère paneuropéenne [4]. Et, à partir de 1968, dans presque tous les pays coloniaux, les nationalistes et les mouvements de libération nationale sont eux aussi parvenus au pouvoir [5].

Aussi « modérés » que fussent ces mouvements une fois au pouvoir, le système-monde était alors marqué par l'expression vigoureuse de leur triomphalisme : l'avenir était à eux, l'histoire était de leur côté – c'est du moins ce qu'ils ressentaient et proclamaient. Quant aux acteurs dominants du système-monde moderne, ils avaient bien peur que ce triomphalisme de leurs adversaires ne soit justifié. Ils craignaient le pire. De leur côté, les participants à la révolution-monde de 1968 n'étaient pas d'accord. Ils percevaient l'arrivée au pouvoir de mouvements de la « vieille gauche » non pas comme un triomphe, mais comme une trahison. Ils affirmaient en substance : vous

---

4 N'oublions pas qu'à l'époque la principale politique des partis sociaux-démocrates – l'instauration et la consolidation de l'État-providence – était acceptée par leurs rivaux conservateurs, qui se contentaient d'ergoter sur les détails. Je considère les partisans américains du *New Deal* comme une variété de sociaux-démocrates qui se sont simplement abstenus d'utiliser cette étiquette pour des raisons propres à l'histoire politique des États-Unis.

5 L'indépendance formelle de la plupart des pays d'Amérique latine date de la première moitié du XIXe siècle, mais au XXe siècle les mouvements populistes s'y sont développés avec la même vigueur que les mouvements de libération nationale dans les pays encore formellement coloniaux.

avez peut-être pris le pouvoir (première étape), mais vous n'avez pas du tout changé le monde (deuxième étape).

Si on écoutait attentivement le discours des révolutionnaires de 1968 en écartant ce qui relevait simplement des références locales (bien entendu différentes d'un pays à l'autre), trois thèmes dominaient les analyses des participants à ces multiples soulèvements, qu'ils aient lieu au sein du bloc socialiste, du monde paneuropéen ou dans le tiers monde.

Le premier thème concernait la puissance hégémonique. Les États-Unis n'étaient pas considérés comme le garant de l'ordre mondial, mais comme une tyrannie impérialiste qui avait outrepassé les limites de son expansion, ce qui les rendait désormais vulnérables. La guerre du Vietnam était alors à son apogée et l'offensive du Têt de février 1968 paraissait sonner le glas de l'intervention militaire américaine. Mais ce n'est pas tout : les révolutionnaires de 1968 accusaient l'Union soviétique d'être en collusion avec l'hégémonie américaine.

La guerre froide n'était selon eux qu'un conflit de façade. La principale réalité géopolitique était le pacte de Yalta en faveur du maintien du *statu quo*. Cette profonde suspicion s'était développée depuis 1956, l'année de Suez et de l'intervention soviétique en Hongrie : aucune des deux superpuissances n'avait alors agi en accord avec sa propre rhétorique de guerre froide. C'était également l'année du discours « secret » de Khrouchtchev devant le XXe congrès du Parti communiste de l'Union soviétique, qui allait à l'encontre de la rhétorique et d'une série de pratiques politiques de l'ère stalinienne, entraînant une vague de « désenchantement » chez les anciens adeptes de la foi communiste.

Le deuxième thème concernait les mouvements de la « vieille gauche », qui étaient accusés un peu partout d'avoir failli à leurs promesses (celles de la deuxième étape) après leur arrivée au pouvoir. Pour les activistes de l'époque, ces mouvements n'avaient pas été capables de changer le monde ; il fallait donc repenser toute la stratégie et leur substituer de nouveaux mouvements. Beaucoup voyaient dans la révolution culturelle chinoise un modèle, avec ses exhortations à purger les « partisans de la voie capitaliste » des postes clés du Parti et du gouvernement.

Le troisième thème concernait ce qu'on pourrait appeler les « peuples oubliés », à savoir tous ceux qui sont opprimés en raison de leur race, de leur genre, de leur origine ethnique, de leur orientation sexuelle ou de toute autre forme d'altérité. Les mouvements de la « vieille gauche » avaient tous un caractère fortement hiérarchique et insistaient sur le fait que, dans chaque pays, une seule et unique organisation pouvait assumer le rôle de mouvement révolutionnaire. En outre, ledit mouvement devait donner la priorité à un seul type de lutte – la lutte de classe dans les pays industrialisés (le Nord), la lutte nationale dans le reste du monde (le Sud).

D'après la logique de cette position, toute autre forme de regroupement cherchant à poursuivre une stratégie autonome contrevenait aux objectifs prioritaires de la lutte et était donc objectivement contre-révolutionnaire. Tous les différents secteurs devaient être organisés au sein de la structure hiérarchique du parti et subordonnés aux décisions tactiques édictées par le sommet.

Pour les révolutionnaires de 1968, en revanche, l'exigence d'égalité de traitement de tous ces secteurs ne pouvait plus être renvoyée à un avenir lointain et hypothétique, une fois acquise la « victoire » sur le front de lutte principal. Leurs revendications devaient être satisfaites ici et maintenant et l'oppression qu'ils combattaient était tout aussi importante que celle des supposés secteurs prioritaires. Au rang de ces « peuples oubliés », on pouvait compter en particulier les femmes, les minorités socialement définies (raciales, ethniques, religieuses), les individus à orientation sexuelle différente et les personnes pour qui les questions écologiques ou la lutte pour la paix étaient prioritaires. Il s'agissait d'une liste sans limite *a priori* qui n'a cessé de s'allonger et de se radicaliser depuis. À l'époque, les Black Panthers aux États-Unis étaient des représentants éminents de ce type de groupe.

La révolution-monde de 1968 (qui a duré en réalité de 1966 à 1970) n'a pas entraîné une transformation politique du système-monde. De fait, dans la plupart des pays, le mouvement a été réprimé avec succès et, avec le temps, nombre de ses participants ont renié leurs enthousiasmes de jeunesse. Elle a pourtant laissé un héritage durable. À partir de 1968, les libéraux centristes ont cessé de pouvoir affirmer que leur version de la culture mondiale était la seule légitime. Les défenseurs d'une idéologie vraiment conservatrice ou au contraire authentiquement radicale ont retrouvé leur autonomie tant sur le plan organisationnel que sur le plan politico-stratégique.

Les conséquences de cette évolution politico-culturelle pour le fonctionnement du système-monde sont énormes. Alors même que le système-monde moderne entrait dans une phase critique en termes de capacité à poursuivre l'accumulation sans fin du capital, sa stabilité politique n'était plus garantie par l'hégémonie écrasante du libéralisme centriste, avec ses promesses d'un avenir meilleur pour tous à condition que les masses se soumettent docilement aux sages décisions des spécialistes compétents.

L'ère du chaos

La révolution mondiale de 1968 a été un formidable succès politique. La révolution-monde de 1968 a été un formidable échec politique. Sa rapide propagation à travers le monde semble s'être soudainement arrêtée presque partout au milieu des années 1970. Quelles ont été les conséquences durables de ce fulgurant feu de brousse ? Elles sont loin d'être négligeables. Le libéralisme centriste a été détrôné en tant qu'idéologie dominante du système-monde, la seule idéologie légitime *de facto*. Il n'est plus aujourd'hui qu'une option parmi d'autres. En outre, les mouvements de la « vieille gauche » ont complètement perdu leur capacité d'être les acteurs d'un quelconque changement fondamental. Pourtant, le triomphalisme à courte vue des révolutionnaires de 1968, libérés de toute subordination au libéralisme centriste, s'est révélé superficiel et insoutenable.

La droite mondiale s'est elle aussi émancipée de toute attache avec le libéralisme centriste. Elle a profité de la stagnation de l'économie mondiale et de l'effondrement des mouvements de la « vieille gauche » (et de leurs gouvernements) pour lancer une contre-offensive. C'est ce que nous appelons la mondialisation néolibérale (qui est en fait très conservatrice). Il s'agissait avant tout de reconquérir tout le terrain gagné par les couches subalternes pendant la phase A du cycle de Kondratiev. Les objectifs de la droite mondiale étaient de réduire les principaux coûts de production, de démanteler l'État-providence sous toutes ses formes et de freiner le déclin de la puissance américaine au sein du système-monde. Cet essor de la réaction a semblé culminer en 1989. La fin du contrôle soviétique sur les satellites d'Europe centrale et orientale et le démantèlement de l'Union soviétique elle-même en 1991 ont entraîné une soudaine vague de triomphalisme au sein de la droite internationale.

L'offensive de la droite mondiale a été un grand succès. L'offensive de la droite mondiale a été un grand échec. Avec le début de la stagnation économique mondiale dans les années

1970 (la phase B du cycle de Kondratiev), les grands producteurs capitalistes ont délocalisé une bonne partie de leur activité vers de nouvelles régions, qui ont paru se « développer » de façon significative. Mais malgré les bénéfices accumulés par les couches moyennes de ces pays émergents, dont le nombre a considérablement augmenté, le volume total de l'accumulation du capital au niveau mondial n'est pas aussi impressionnant que ce que les entreprises capitalistes ont été capables d'accumuler tout au long de la période 1945-1970.

Pour pouvoir maintenir un niveau élevé d'appropriation de la plus-value mondiale, les capitalistes se sont vus obligés de se tourner vers le secteur financier : c'est ce qu'on a appelé la « financiarisation » du système-monde. Comme nous l'avons suggéré précédemment, cette financiarisation est une caractéristique cyclique récurrente du système-monde moderne depuis 500 ans.

Depuis les années 1970, l'accumulation du capital n'a pu se perpétuer qu'en ayant comme source de profits non plus l'efficacité productive mais les manipulations financières, à savoir la spéculation. Le mécanisme clé de la spéculation est l'incitation à la consommation par le biais de l'endettement, un phénomène qui s'est répété lors de toutes les phases B des cycles de Kondratiev. Ce qui différencie la phase actuelle, c'est l'ampleur et la sophistication des nouveaux instruments financiers auxquels a recours l'activité spéculative. À la plus forte phase d'expansion de l'histoire de l'économie-monde capitaliste a succédé la plus grande frénésie spéculative.

Il n'est pas difficile de retracer l'évolution des cibles successives de cet endettement, chacune d'entre elles ayant engendré une bulle spéculative suivie d'un effondrement. La première grande crise a correspondu à la forte hausse des prix du pétrole induite par l'OPEP entre 1973 et 1979. Ce n'étaient pas les membres radicaux de l'OPEP qui stimulaient cette hausse, mais l'Arabie saoudite et l'Iran (à l'époque du shah), à savoir les deux plus proches alliés de Washington au sein de cet organisme. Certains y voient d'ailleurs depuis longtemps de bonnes raisons de croire que ce sont les États-Unis eux-mêmes qui ont encouragé leurs initiatives.

Quoi qu'il en soit, les conséquences financières de la hausse des prix du pétrole sont indiscutables : une énorme manne d'argent s'est accumulée dans les coffres des pays de l'OPEP. Cela a eu un double effet négatif : sur les pays du Sud non exportateurs de pétrole et sur les États du bloc socialiste. Tous ont vu augmenter leur facture pétrolière ainsi que celle des produits dérivés du pétrole, tandis que leurs recettes d'exportation diminuaient sous l'effet de la récession en Amérique du Nord et en Europe occidentale. D'où un déficit de la balance des paiements et une recrudescence d'agitation sociale.

Incapables d'utiliser de façon immédiate l'intégralité de cette manne, les pays de l'OPEP en ont déposé une partie dans les banques occidentales. Ces dernières ont alors envoyé des émissaires dans les pays du Sud et du bloc socialiste pour leur proposer des crédits susceptibles d'alléger leurs difficultés de paiement. Ces propositions furent presque toutes acceptées sans réserve. Mais, par la suite, ces pays ont eu beaucoup de mal à payer les intérêts, provoquant ce qu'on a appelé la crise de la dette, qui se manifesta publiquement à l'occasion du défaut du Mexique en 1982. En réalité, c'est le défaut de la Pologne en 1980 qui l'avait inaugurée. Les mesures d'austérité mises en vigueur à l'époque par le gouvernement polonais pour pouvoir honorer ses paiements furent l'élément déclencheur de l'émergence du mouvement Solidarnosc.

La vague suivante de débiteurs date des années 1980, lorsqu'une série de grandes entreprises ont commencé à émettre les célèbres « obligations pourries » (*junk bonds*) pour remédier à leurs problèmes de liquidité. Elles sont bientôt devenues la proie d'un groupe d'investisseurs assoiffés de profits qui les ont dépouillées de leurs actifs matériels. Ensuite, on a assisté au cours des années 1990 à une forte hausse de l'endettement individuel, surtout dans les pays du Nord, favorisée par l'utilisation massive des cartes de crédit, puis par les investissements immobiliers. Pendant la première décennie du XXIe siècle, la dette publique des États-Unis est montée en flèche sous l'effet combiné du coût colossal des interventions militaires et d'une forte réduction des revenus fiscaux. À partir de 2007, l'effondrement du marché immobilier américain a entraîné une « crise », elle-même suivie d'initiatives politiques visant à « renflouer » les banques et, dans le cas des États-Unis, à imprimer de la monnaie. Il s'en est ensuivi une spirale d'endettement des États et une série de pressions en faveur de mesures d'austérité visant à réduire la dette publique. Ces dernières ont à leur tour eu des effets négatifs sur la demande effective.

La première décennie du XXIe siècle a également donné lieu à un déplacement géographique de l'appropriation du capital. L'essor des pays dits « émergents », notamment les BRICS (Brésil, Russie, Inde, Chine et Afrique du Sud), incarne une forme de lente réorganisation de la hiérarchie du système-monde moderne dont on connaît des précédents. Elle suppose toutefois qu'il y ait une place dans le système pour de nouvelles industries dominantes, ce que rend improbable la diminution générale des profits. En revanche, l'essor des BRICS a augmenté le nombre d'individus impliqués dans le partage de la plus-value mondiale, phénomène qui constitue un obstacle supplémentaire aux possibilités d'accumulation sans fin du capital et intensifie la crise structurelle du système-monde plutôt qu'il n'y remédie. Par ailleurs, la généralisation des mesures d'austérité réduit les débouchés pour les exportations des BRICS.

La conséquence financière la plus probable de la crise économique sera le déclin définitif du dollar américain en tant que monnaie de réserve mondiale. Il ne sera pas remplacé dans cette fonction par une autre monnaie unique, mais par un système à devises multiples qui entraînera une fluctuation constante des taux de change, laquelle aura un effet négatif additionnel sur les possibilités de financement de nouvelles activités productives.

Parallèlement et simultanément, le déclin de l'hégémonie des États-Unis a été rendu irréversible par le fiasco politico-militaire du programme néoconservateur de machisme militaire unilatéral impulsé entre 2001 et 2006 par l'administration du président George W. Bush. C'est de ce contexte qu'a émergé un monde désormais vraiment multipolaire, avec huit à dix centres de pouvoir régionaux suffisamment forts pour être capables de négocier de façon relativement autonome avec leurs rivaux. Mais cette multiplication des centres de pouvoir a des effets négatifs, entraînant de fréquents réalignements géopolitiques en fonction des bénéfices à court terme perçus par les uns et les autres. La fluctuation économique et monétaire est donc renforcée par une fluctuation des alliances géostratégiques.

Il en résulte une forme d'incertitude généralisée non pas seulement à moyen terme, mais aussi à court terme. Les effets sociopsychologiques de cette incertitude se manifestent en termes de confusion, de colère, de rébellion contre les élites et surtout de peur aiguë. Cette vague d'anxiété encourage la recherche d'alternatives politiques inédites. Les médias décrivent ce phénomène comme du populisme, mais il s'agit en fait de quelque chose de beaucoup plus complexe que ce que suggère ce mot. D'aucuns estiment que cette atmosphère de peur attise une vindicte irrationnelle contre une série de boucs émissaires. D'autres y voient au contraire la possibilité de déconstruire des préjugés profondément enracinés sur le fonctionnement du système-monde moderne. Aux États-Unis, par exemple, on peut considérer que c'est ce qui différencie le Tea Party du mouvement Occupy Wall Street.

La principale hantise des gouvernements du monde entier, des États-Unis à la Chine en passant par la France, la Russie ou le Brésil, sans parler de ceux des États les plus faibles sur la scène mondiale, est d'éviter un soulèvement des chômeurs alliés à une classe moyenne dont l'épargne et les retraites sont en train de s'évaporer. Un des effets de cette situation est que tout le monde est devenu protectionniste (même si tout le monde le nie vigoureusement). Cette poussée protectionniste s'explique par le fait que les gouvernements cherchent désespérément à obtenir de l'argent à court terme, n'importe comment et à n'importe quel prix. Mais comme une politique protectionniste ne suffit pas pour vaincre le chômage, ils sont aussi de plus en plus répressifs.

Cette combinaison d'austérité, de répression et de recherche d'argent à court terme entraîne une aggravation générale de la situation mondiale. Le système est désormais entré dans une impasse qui se traduira elle-même par des fluctuations de plus en plus erratiques et par une incapacité de faire des prévisions à court terme, tant au niveau politique qu'au niveau économique. Et cette incertitude ne fera à son tour que renforcer les appréhensions et la frustration des populations. On entre dans un cycle négatif.

La lutte politique pour les alternatives au système existant

La question de savoir comment réformer le système capitaliste de façon à relancer sa capacité à poursuivre efficacement l'accumulation sans fin du capital ne se pose plus aujourd'hui. Il s'agit d'un problème sans solution. La vraie question est désormais de savoir ce qui va remplacer ce système, et elle se pose tout à la fois aux 1 % et aux 99 %, pour reprendre la rhétorique d'Occupy Wall Street. Bien entendu, tout le monde n'est pas d'accord, y compris sur la formulation même de la question. De fait, la plupart des gens estiment que le système peut continuer à fonctionner en suivant les mêmes règles, ou en ne les modifiant qu'à la marge. Ce n'est pas faux en soi, mais le problème c'est que, dans le contexte actuel, la perpétuation de ces règles intensifie de fait la crise structurelle.

Certains acteurs sont cependant tout à fait conscients de la crise structurelle. Ils savent que si nous ne pouvons pas préserver le système actuel, nous pouvons en partie décider quelle voie emprunter face à cette bifurcation historique, quel nouveau système historique est susceptible d'être construit. Que nous le reconnaissions ou non, il s'agit aujourd'hui d'une lutte pour une alternative systémique. Si l'on s'en tient à une analyse en termes de complexité, l'issue de cette bifurcation est intrinsèquement imprévisible ; pour autant, les options qui se présentent à nous sont relativement simples, et on peut les décrire en termes généraux.

Une première possibilité est l'émergence d'un système stable qui conserverait les caractéristiques fondamentales du système actuel : hiérarchie, exploitation et polarisation de la société. Le capitalisme est loin d'être le seul système doté de telles caractéristiques, et le nouveau système pourrait être bien pire que le capitalisme. L'alternative logique est un système qui serait relativement démocratique et relativement égalitaire. Un tel système n'a encore jamais existé, il s'agit seulement d'une possibilité. Bien entendu, il ne nous est pas donné de concevoir en détail l'architecture institutionnelle de ces alternatives. Elle évoluera dans le mouvement même de l'émergence du nouveau système.

J'ai choisi de baptiser ces deux possibilités de deux noms symboliques : respectivement, l'« esprit de Davos » et l'« esprit de Porto Alegre ». Mais les noms eux-mêmes sont sans importance. Ce que nous devons analyser, ce sont les stratégies organisationnelles probables des forces en présence dans ce conflit qui a commencé plus ou moins dans les années 1970 et se poursuivra selon toute probabilité jusque vers 2040 ou 2050.

Les luttes politiques qui se nouent autour d'une crise structurelle ont deux caractéristiques fondamentales. En premier lieu, il existe une différence majeure par rapport au fonctionnement « normal » d'un système historique. À l'état « normal », on observe une très forte pression en faveur du retour à l'équilibre. C'est justement cela qui fait sa « normalité ». Pendant une crise structurelle, en revanche, les fluctuations sont amples et constantes, et le système tend à s'écarter de plus en plus de l'équilibre. C'est la définition même d'une crise structurelle. Il s'ensuit qu'aussi radicales que soient les « révolutions » pendant les périodes « normales », leur effet est limité. En revanche, pendant une crise structurelle, des mobilisations sociales de faible dimension peuvent avoir des effets très puissants. C'est ce que la théorie du chaos appelle l'« effet papillon », lorsque la contingence l'emporte sur le déterminisme.

La deuxième caractéristique politique importante d'une crise structurelle, c'est que les « esprits » en lutte ne peuvent pas être organisés de telle sorte qu'un unique petit groupe puisse déterminer le cours de leurs actions. Il y a toujours une pluralité d'acteurs représentant des intérêts divers, engagés dans des tactiques différentes à court terme, et il est difficile de les coordonner entre eux. En outre, les activistes des différents camps doivent dépenser beaucoup d'énergie à persuader la masse des indécis de l'utilité de leurs actions. Ce n'est pas seulement le système qui est chaotique, la lutte pour une alternative au système est elle aussi chaotique.

Pour l'instant, nous pouvons observer les options stratégiques qui ont émergé dans la pratique. Le camp de l'« esprit de Davos » est profondément divisé. Un secteur favorise une répression sévère à court et à long terme et a investi ses ressources dans l'organisation d'un réseau de forces militarisées visant à écraser toute opposition. Il existe toutefois un autre secteur qui estime qu'à long terme la répression ne fonctionne pas. Ils favorisent la stratégie du Guépard chère à Giuseppe Tomasi di Lampedusa : tout changer pour que rien ne change. Ils parlent de méritocratie, de capitalisme vert, d'équité, de diversité et de tendre la main aux rebelles, tout cela dans l'idée de prévenir l'instauration d'un système fondé sur une relative démocratie et une relative égalité.

Le camp de l'« esprit de Porto Alegre » est pareillement divisé. Un premier secteur souhaite adopter pour la période de transition des tactiques reflétant l'image du monde qu'ils aspirent à construire. On parle parfois à leur propos d'« horizontalisme ». Dans la pratique, ils cherchent à intensifier le débat et à construire un consensus relatif entre individus de milieux distincts et aux intérêts immédiats divergents. Ils s'efforcent d'institutionnaliser une forme de décentralisation fonctionnelle du monde et de leur propre mouvement. Ce secteur met aussi l'accent sur l'existence de ce qu'on appelle généralement une « crise de civilisation » : on entend en fait par là un rejet de la croissance économique comme objectif fondamental et la recherche d'une série d'équilibres rationnels entre objectifs sociaux susceptibles d'engendrer, précisément, un niveau relativement satisfaisant de démocratie et d'égalitarisme.

En opposition à cette tendance, il existe un autre secteur qui met l'accent sur le fait que, dans la lutte pour l'obtention du pouvoir politique, une forme d'organisation verticale est la condition *sine qua non* sans laquelle tout effort collectif est voué à l'échec. Ce secteur souligne également l'importance d'un niveau substantiel de croissance économique à court terme dans les régions les moins « développées » du monde actuel afin de se donner les moyens d'une redistribution des bénéfices.

Plutôt qu'un conflit binaire, nous avons donc un champ politique à quatre secteurs, ce qui est très déroutant pour tout le monde, tant du point de vue intellectuel que du point de vue moral et politique. Et cela rend l'issue finale d'autant plus incertaine.

Enfin, ce type d'incertitude aggrave les difficultés à court terme du système existant. Elle a un caractère à la fois exaltant (en donnant le sentiment qu'une action volontariste peut être décisive) et paralysant (au sens où nous craignons d'entreprendre quoi que ce soit étant donné l'imprévisibilité des conséquences à court terme). Cela est vrai à la fois pour ceux qui bénéficient du système actuel (les capitalistes) et pour la grande masse des secteurs subalternes.

Pour résumer, le système-monde moderne dans lequel nous vivons ne peut plus se perpétuer parce qu'il s'est trop écarté de l'équilibre et ne permet plus aux capitalistes d'accumuler indéfiniment du capital. Par ailleurs, les classes subalternes ne croient plus qu'elles sont du bon côté de l'histoire et que l'avenir leur appartient. Nous vivons donc une crise structurelle qui se caractérise par une lutte autour des alternatives systémiques. Bien que l'issue en soit imprévisible, nous percevons bien que l'un des deux camps en présence l'emportera au cours des prochaines décennies et qu'un nouveau système-monde relativement stable (ou un ensemble de systèmes-mondes) s'installera. Ce qui est en notre pouvoir, c'est d'essayer d'analyser les options historiques, d'exercer un choix moral quant au résultat le plus désirable et d'évaluer les tactiques politiques optimales pour y parvenir.

Nul ne peut prétendre être du bon côté de l'histoire. Nous pouvons tous nous tromper sur les actions à entreprendre. Étant donné que l'incertitude du résultat final a un caractère intrinsèque et non pas contingent, nous avons au mieux 50 % de chances d'instaurer le type de système-monde qui nous paraît le plus désirable. Mais 50 %, ce n'est pas rien.

CHAPITRE 2

Emploi et classes moyennes : la fin des échappatoires

Randall Collins

Une faiblesse structurelle à long terme du capitalisme est désormais manifeste : le remplacement du travail humain par des machines. Depuis une vingtaine d'années, sous la forme de l'informatisation et des technologies de l'information, ce phénomène s'est accéléré et menace l'existence même de la classe moyenne. Cette thèse n'a rien de très original. Marx décrivait lui aussi un mécanisme de déplacement technologique du travail humain, même s'il lui associait, au niveau théorique, un certain nombre d'autres mécanismes comme les cycles économiques et la baisse du taux de profit, à quoi la théorie néomarxiste contemporaine ajoute la financiarisation de l'économie et les crises financières. Mon argument spécifique, toutefois, c'est qu'à partir d'un certain seuil la dynamique de déplacement technologique seule est susceptible d'entraîner une crise à long terme du capitalisme, voire sa crise terminale, sans que les autres dynamiques décrites par la théorie marxiste et néomarxiste ne jouent un quelconque rôle. La durée et l'amplitude des cycles économiques peuvent être tout à fait variables et indéterminées. Même chose pour l'échelle globale des cycles de Kondratiev et les phases d'hégémonie du système-monde. Des mesures politiques adéquates peuvent permettent d'éviter ou de contrôler les crises financières. En revanche, la crise structurelle liée au chômage technologique transcende les cycles économiques et les bulles financières. Elle constitue la menace la plus sérieuse pour l'avenir du capitalisme. On ne peut nier l'existence des crises à court terme provoquées par des mécanismes d'ordre cyclique, financier ou autres, mais ce qui m'intéresse ici, c'est l'existence d'une évolution structurelle à long terme qui mènera très probablement le capitalisme à sa perte d'ici trente à cinquante ans.

Je n'ai aucune intention de défendre la pureté ou l'authenticité de ma référence à Marx. Si l'on peut attribuer une conviction fondamentale à la sociologie contemporaine, c'est l'idée qu'il existe une multiplicité de dynamiques, de causes et de paradigmes pour aborder les aspects du monde que nous souhaitons étudier. Dans un sens, la sociologie de Weber l'a emporté sur celle Marx, et nous sommes tous plus ou moins d'accord sur l'interpénétration des dimensions politiques, culturelles, de classe et de genre. Néanmoins, il y a des moments où ce qui nous intéresse est le facteur clé d'un changement structurel à long terme – surtout quand il s'agit d'une crise structurelle. C'est ici que notre apologie de la diversité intellectuelle et de la pluridisciplinarité atteint ses limites et qu'une ligne théorique spécifique prévaut selon moi sur toutes les autres pour analyser les mécanismes de la crise et la direction des évolutions structurelles à très long terme. La théorie que je souhaite ici mettre en avant n'est qu'une version allégée des aperçus fondamentaux que Marx et Engels avaient formulés dès les années 1840.

Il s'agit bien en effet d'un marxisme « allégé ». Je ne propose aucune théorie de la valeur-travail, ni ne fais la moindre référence à la séparation entre les travailleurs et les moyens de production, ou à l'aliénation de l'« être générique » (*Gattungswesen*).

Je n'ai aucune prétention ontologique, pas plus que je ne présuppose un moment d'émancipation finale au terme de la crise. Mon « marxisme » se réduit à une théorie des crises économiques de longue durée ; mais, pour comprendre les réactions à la crise et ses conséquences politiques et sociales, un autre type de sociologie est nécessaire. Je ne propose pas non plus une théorie de la conquête de l'État au lendemain de la crise économique, ni une théorie de la révolution, même si, en conclusion, je discuterai de ce que la sociologie peut nous apprendre sur les causes des révolutions. Enfin, même si mon analyse a des implications pour l'avenir du socialisme, ce n'est pas une théorie du socialisme et de ce qui pourrait en faire à l'avenir une option plus viable que par le passé. Il s'agit donc bien avant tout d'une théorie de la crise.

On appelle chômage technologique le mécanisme par lequel les innovations en matière d'équipement et d'organisation du travail permettent d'économiser de la main-d'œuvre : produire plus à un prix inférieur et avec moins de travailleurs. D'après Marx et Engels, les capitalistes s'efforcent d'augmenter leurs profits dans un cadre concurrentiel ; ceux qui n'y arrivent pas sont expulsés du marché. Mais, au fur et à mesure que les machines remplacent les travailleurs, le chômage augmente et la demande des consommateurs chute. La technologie promet l'abondance, mais les marchandises produites ne trouvent pas d'acheteurs parce que trop peu de gens disposent d'un revenu suffisant. C'est en extrapolant cette tendance structurelle sous-jacente que Marx et Engels ont prédit la chute du capitalisme et son remplacement par le socialisme.

Mais, depuis que cette théorie a été formulée voici cent soixante ans, rien de tel n'est encore arrivé. Comme on le sait, là où des régimes socialistes sont arrivés au pouvoir, leur avènement – pas plus que leur chute ultérieure – ne s'explique pas par une crise économique capitaliste. Le chômage technologique n'a pas entraîné jusqu'ici d'effondrement définitif du capitalisme. Marx et Engels s'intéressaient avant tout au remplacement de la main-d'œuvre ouvrière ; ils n'avaient pas prévu l'essor massif d'une classe moyenne d'employés en col blanc, de travailleurs administratifs et de professions libérales. Or c'est justement dans ce contexte que nous sommes désormais confrontés à une crise due au chômage technologique. Jusque dans les années 1980 ou 1990, la mécanisation concernait essentiellement le travail manuel. La vague actuelle d'innovation technologique affecte désormais le travail administratif et les emplois de la classe moyenne. Les technologies de l'information sont des technologies de la communication et la deuxième grande phase d'élimination du travail humain concerne justement les emplois dans le domaine de la communication, domaine réservé de la classe moyenne salariée. À la mécanisation viennent s'ajouter la robotisation et l'informatisation, autant de termes barbares à inscrire au lexique disgracieux qui régit notre avenir à long terme.

Tandis que les rangs de la classe ouvrière étaient décimés par la mécanisation, le capitalisme a été sauvé par l'essor de la classe moyenne. Mais, aujourd'hui, c'est la classe moyenne qui est menacée par l'informatisation, par Internet et par une masse de nouveaux outils microélectroniques. Le capitalisme pourra-t-il survivre à cette deuxième vague de chômage technologique ?

Historiquement, le système capitalisme a surmonté les crises dues au chômage technologique en ayant recours à cinq soupapes de sécurité. Je soutiens que ces cinq échappatoires sont désormais obsolètes, et qu'il s'agit plutôt d'impasses.

Première échappatoire : l'innovation technologique crée de nouveaux emplois et de nouvelles branches industrielles

Les réactions pessimistes à l'innovation technologique ont longtemps eu mauvaise presse ; elles étaient considérées comme tout à la fois futiles et erronées. Les luddites qui, en 1811, brisaient les machines susceptibles de détruire une série d'emplois artisanaux ne comprenaient pas que leur système de production était en train de céder la place à la manufacture moderne, laquelle allait multiplier le nombre des secteurs industriels et, pendant plus d'un siècle, celui des ouvriers d'usine. D'après la théorie des étapes du développement formulée au milieu du XXe siècle, la tendance naturelle de l'évolution de l'économie consiste à passer par plusieurs stades au cours desquels prédominent successivement le secteur primaire (activités extractives), secondaire (manufacture) et tertiaire (administration et services). Mais il s'agissait là d'une généralisation empirique à partir d'un moment spécifique de l'histoire ; rien ne garantit que cette dynamique se reproduise à l'avenir. Après avoir très largement dominé, le travail agricole ne représente plus qu'environ 1 % des emplois dans les économies avancées. Les activités manufacturières sont passées de près de 40 % à 15 % ou moins. Ces chiffres montrent l'ampleur des transformations qu'entraîne l'innovation technologique. On peut tout à fait imaginer une évolution à cette échelle dans le secteur des services.

Schumpeter est le meilleur théoricien de l'innovation capitaliste. D'après lui, les nouveaux produits – qui sont aussi les principales sources de profit – émergent à partir de nouvelles combinaisons des facteurs de production, un processus qui implique toujours une forme de « destruction créatrice ».

Néanmoins, les économistes d'inspiration schumpetérienne tendent eux aussi à se contenter d'extrapoler à partir des tendances passées pour soutenir que le nombre d'emplois engendrés par les nouveaux produits compensera la perte d'emplois due à la destruction des anciens marchés.

Aucune de ces théories ne tient compte du chômage technologique dans le secteur de la communication, qui avait permis par le passé de compenser le déclin des emplois manufacturiers. On dit parfois qu'au fur et à mesure que les opérateurs de téléphonie et les employés de bureau sont expulsés du marché du travail sous l'effet de l'automatisation et de l'informatisation, on assiste à l'essor d'un nombre équivalent d'emplois de développeurs de logiciels, de techniciens en informatique et de vendeurs de téléphonie mobile. Mais cette équivalence n'est nullement démontrée sur le plan théorique, pas plus qu'on ne nous explique pourquoi l'automatisation et l'informatisation de ces nouvelles tâches de type technique et communicationnel ne menaceraient pas la population des salariés des services. Le chômage technologique est un phénomène qui a lieu en ce moment même. Au cours des dernières années, les caissiers de magasin ont commencé à être remplacés par des caisses automatisées, réduisant ainsi un des plus grands réservoirs d'emplois subalternes dans les services. À un niveau de qualification plus élevé, les journalistes sont menacés par le déclin ou la disparition pure et simple de la presse papier, concurrencée par la presse en ligne, qui repose sur une poignée de professionnels payés et un grand nombre de blogueurs amateurs et non rémunérés.

L'informatisation des emplois de classe moyenne n'est pas compensée par une création quantitativement équivalente de nouveaux emplois. Ces derniers existent, mais ils ne suffisent pas pour remplacer les postes supprimés ou contrebalancer la perte de revenu qui en découle. C'est une des raisons pour lesquelles les programmes de formation et de recyclage des travailleurs licenciés n'ont pas eu d'impact sur le taux de chômage structurel. L'informatisation et Internet ont certes créé de nouveaux secteurs d'activité : conception de logiciels, construction de sites, travail en ligne à domicile dans le domaine de l'information et du consulting. Mais ce dernier type de service tend à n'être que pauvrement rémunéré, ce qui n'est pas surprenant si l'on songe au nombre croissant de concurrents existant sur un marché facile d'accès où beaucoup vont même jusqu'à offrir leurs services gratuitement. Bref, s'il est vrai que les technologies de l'information engendrent de nouvelles activités, elles ne créent pas d'emplois rémunérés au même rythme qu'elle en élimine. La prolifération des blogs d'opinion ne compense pas le déclin des emplois rémunérés dans les médias professionnels.

Comparons le volume d'emplois créés par les technologies de l'information au volume d'emplois supprimés et extrapolons les tendances existantes sur plusieurs décennies : est-il plausible que 70 % des emplois de demain au niveau planétaire soient des emplois de programmeurs et de concepteurs de logiciels et d'applications informatiques ? Et n'oublions pas que l'informatisation, si elle n'est plus dans son enfance, n'a pas encore atteint la maturité. Cette métaphore est sans doute trop biologique, mais je veux dire par là que des innovations toujours plus sophistiquées sont encore à venir, en particulier dans le domaine de l'intelligence artificielle, grâce à laquelle les machines seront capables de reproduire les processus cognitifs supérieurs de l'être humain. Le jour où la programmation informatique et la création de nouvelles applications elles-mêmes seront entièrement faites par des ordinateurs, l'extinction des emplois de classe moyenne sera inéluctable. Plus question de devenir programmeur pour échapper au chômage. De toute façon, la création d'emplois dans le secteur informatique n'a jamais vraiment compensé la destruction concomitante et, avec le temps, elle aura tendance à diminuer proportionnellement.

Dans une économie avancée comme les États-Unis, le secteur des services emploie environ 75 % de la population active, reflétant le déclin des emplois dans le secteur industriel et dans le secteur agricole et extractif [1]. Mais c'est justement le secteur des services qui est le plus affecté par les technologies de l'information, qui elles-mêmes n'ont guère plus de vingt-cinq ans d'existence. Les vendeurs et vendeuses sont en train d'êtres remplacés par les messageries informatisées et les achats en ligne ; dans les magasins, les scanners électroniques remplacent les caissières. Avec l'essor de l'intelligence artificielle, les postes de direction seront eux aussi progressivement affectés.

La substitution des machines et des ordinateurs au travail humain est un processus potentiellement sans fin. Le chômage technologique va continuer à croître non seulement dans les vingt prochaines années, mais tout au long du prochain siècle, voire du prochain millénaire, à moins qu'un facteur extrinsèque ne vienne modifier le mécanisme qui le sous-tend, à savoir la concurrence entre capitalistes.

Un monde futur géré par des ordinateurs ne ressemblera pas nécessairement à celui qu'a dépeint George Orwell dans *1984*, où la haute technologie est utilisée comme moyen de contrôle et de surveillance au service d'un État autocratique. La dimension économique du problème a échappé à Orwell : la technologie électronique de pointe n'affecte pas seulement la politique, mais aussi l'emploi. De même, dans la version

---

1 David Autor et David Dorn, « The growth of low-skill service jobs and the polarization of the US labour market », *American Economic Review*, vol. 103, 2013, p. 1553-1597.

bénigne du futur décrit dans les films de science-fiction, la question de savoir qui possède les robots et les ordinateurs n'intervient jamais. Dans le monde réel, la réponse est simple : les grands systèmes informatiques appartiendront (ils appartiennent déjà) aux grands propriétaires capitalistes. Ce sont des firmes capitalistes qui produisent les matériels et les logiciels. Le développement historique des entreprises de communication les plus populaires (Facebook, Google, Amazon, Twitter, et celles qui émergeront au cours des prochaines décennies) obéit à la même dynamique que celui des autres formes d'entreprise capitaliste : innovation rapide liée à une chaîne d'autres innovations concomitantes, prolifération des concurrents, élimination de la majorité d'entre eux sous l'effet d'une concentration enthousiaste des investissements financiers, et enfin pression financière et effondrement des firmes dominantes. À l'ère des technologies de l'information, on assiste à une consolidation d'oligopoles tout à fait similaire à celle des vagues précédentes d'innovation. Étant donné que cette ère n'en est qu'à ses débuts, on ne sait pas encore si le rythme de cette concentration oligopolistique sera différent de celui de l'ère des chemins de fer ou de l'industrie automobile ; pour l'instant, il semble beaucoup plus rapide. (Par rapport à la question du chômage technologique des classes moyennes, il s'agit d'un problème relativement secondaire ; c'est le phénomène de la concentration oligopolistique en soi plutôt que son rythme qui affectera la crise à long terme du capitalisme.)

On pourrait certes objecter que les technologies de l'information sont différentes des innovations du passé. L'informatisation n'est pas seulement un processus lié aux grandes entreprises et aux employeurs, c'est quelque chose que les gens ordinaires utilisent et apprécient. Ce ne sont pas seulement les capitalistes qui possèdent des ordinateurs, mais la masse des consommateurs. Mais cela reviendrait en gros à dire en 1925 ou en 1955 que les automobiles ne sont pas des produits capitalistes typiques, puisque j'en possède moi-même une. Je suis libre de me déplacer où je veux, de m'évader, de faire l'amour sur le siège arrière, de faire la course sur l'autoroute si ça me chante. Mais l'enthousiasme pour les produits de l'industrie capitaliste fait justement partie du succès du capitalisme. Alors tout ça est très bien, profitez-en tant que vous pouvez, mais le fait que vous puissiez écouter de la musique où vous voulez et quand vous voulez, poster et lire des images et des textes et bénéficier de toutes les autres fonctions que l'informatique grand public met à disposition des consommateurs contemporains n'a strictement rien à voir avec vos perspectives d'emploi à l'ère des technologies de l'information. La popularité de l'automobile n'était pas seulement un bonus pour les consommateurs, elle reflétait une activité industrielle qui, pendant plusieurs décennies, a créé un grand nombre d'emplois bien rémunérés. Mais, par la suite, le chômage technologique et la concentration capitaliste ont considérablement réduit le nombre de postes de travail dans le secteur automobile. L'ample gamme des gadgets informatiques qui suscitent aujourd'hui l'intérêt enthousiaste des consommateurs ne pourra rien contre la crise du capitalisme si ces mêmes consommateurs ne trouvent plus de travail. Il arrivera un moment où ils n'auront plus les moyens d'acheter tous ces produits, et les fabricants n'arriveront plus à les vendre. Tel est le profil même d'une crise structurelle profonde du capitalisme.

Deuxième échappatoire : l'expansion géographique des marchés

Nous avons défini la mondialisation comme l'expansion des marchés, mais il faut bien comprendre que la mondialisation est un phénomène qui ne se différencie du passé qu'en degré, pas en nature. Même dans les limites des États-nations, l'expansion géographique des marchés a fait pénétrer certains produits dans des territoires où ils étaient jadis inconnus ; les innovateurs venus d'autres régions rencontraient donc ainsi des conditions locales favorables pour faire du profit. L'expansion géographique a toujours fonctionné en tandem avec la création de nouveaux produits, définissant en permanence les frontières du marché. Les marchés émergents ont toujours le prestige de la nouveauté, ainsi que l'aura culturelle qui accompagne le fait d'être un centre de croissance ou de rivaliser avec le centre, ou du moins celui de commencer à échapper au sous-développement. Que ce soit à l'échelle nationale ou internationale, l'idéologie libérale interprète ce mécanisme à l'aune de la théorie de la modernisation ou de celle du développement : chaque région du monde doit traverser successivement toutes les étapes jusqu'au jour où tous les pays seront des économies tertiaires pleinement développées. C'est ce à quoi nous serions en train d'assister en ce moment en Inde et en Chine, ces grands pays du tiers monde qui s'acheminent de façon inexorable vers la modernité.

De leurs côtés, certains néomarxistes décrivent ce processus dans le cadre de la théorie du système-monde [2]. Il s'agit d'une ver-

---

2 Voir par exemple Giovanni Arrighi, *The Long Twentieth Century. Money, Power and the Origins of our Times*, Verso, Londres, 1994, Christopher Chase-Dunn, *Global Formation. Structures of the World Economy*, Blackwell, Oxford, 1989, ou encore Immanuel Wallerstein, *The Modern*

sion beaucoup moins irénique de la dynamique géographique des marchés capitalistes. La domination du marché mondial y est renforcée par la puissance militaire et l'influence politique du centre hégémonique, qui exploite le travail ou les matières premières de la périphérie à l'aide de régions de la semi-périphérie qui lui servent de courroie de transmission. La théorie du système-monde propose un modèle complexe caractérisé par une succession de cycles hégémoniques ponctués par des conflits armés majeurs et plus ou moins en phase avec des cycles longs d'expansion relative et de stagnation des marchés au niveau mondial, les cycles de Kondratiev. Ces phases d'hégémonie sérielle – celle de l'Espagne, des Pays-Bas, de la Grande-Bretagne, des États-Unis et, probablement, de la Chine – prennent logiquement fin lorsque la périphérie est entièrement investie et que toutes les régions du monde sont intégrées au marché capitaliste. Il n'existe dès lors plus aucune soupape de sécurité, plus de régions disponibles pour l'exploitation capitaliste, et les profits commencent à s'étioler.

Quels que soient les mérites spécifiques des prévisions de la théorie du système-monde, ce qui m'intéresse ici, c'est le fait que la mondialisation des marchés a désormais commencé à éliminer les emplois de la classe moyenne. Grâce à Internet, il est aujourd'hui possible pour des cols blancs indiens – ou pour leurs collègues n'importe où dans le monde – d'entrer en concurrence directe avec les professionnels des régions du centre dans le domaine des services aux entreprises informatiques. Par le passé, les employés de la classe moyenne étaient mieux protégés de la concurrence que les travailleurs manuels, mais ce n'est plus le cas. Internet multiplie les réserves de main-d'œuvre

---

World-System, vol. 1-4, University of California Press, Berkeley, 1974-2011

susceptibles d'occuper les emplois qui n'exigent pas une présence physique des travailleurs. La mondialisation se caractérise aussi par une beaucoup plus grande vélocité des déplacements internationaux. En voyageant, les cadres dirigeants et les membres des professions libérales peuvent désormais offrir leur expertise et leurs talents de négociateurs un peu partout dans le monde. Le marché des emplois de classe moyenne les plus qualifiés est désormais presque unifié au niveau mondial, avec comme corollaire potentiel une baisse des coûts de gestion et un chômage susceptible d'affecter même les technocrates de haut niveau. Plus d'interconnexion signifie plus de concurrence pour les emplois existants, avec pour effet d'éroder les salaires de la classe moyenne. Il s'agit d'un processus relativement récent ; le boom des turbo-cadres supérieurs nomades date de seulement quelques décennies mais se voit désormais menacé par les mêmes tendances structurelles dont ont été victimes les autres salariés mis au chômage par les experts de la réduction des coûts. Les techniciens et professionnels de haut niveau font face à un monde beaucoup plus compétitif et incertain que par le passé, où ils étaient protégés par les frontières nationales.

Jadis, les migrations internationales fournissaient une main-d'œuvre bon marché aux centres industriels des pays développés ; plus récemment, elles ont commencé à alimenter les niveaux inférieurs du secteur des services, avec des effets négatifs sur la classe ouvrière des pays riches. Les technologies de la communication tendent à homogénéiser le capital culturel au niveau planétaire, d'où l'érosion de la position des salariés des classes moyennes et supérieures.

Troisième échappatoire : les métamarchés de la finance

Si le chômage technologique affecte désormais tout autant la classe moyenne que la classe ouvrière, peut-on espérer que tout le monde puisse tirer son épingle du jeu en se transformant en petit capitaliste ? Depuis que les fonds de retraite de salariés ont commencé à jouer un rôle important sur les marchés boursiers et que les entreprises de services financiers ciblent de façon agressive le grand public, d'aucuns soutiennent cette thèse. Dans des pays comme les États-Unis, où les gens sont souvent propriétaires de leur domicile, l'inflation des prix du logement a permis non seulement de traiter la propriété comme un investissement spéculatif, mais de jouer sur les valeurs de cette inflation pour stimuler le crédit aux consommateurs. Ce type de pratiques financières est une des causes immédiates de la récente crise économique, et en particulier de la crise financière de 2008.

Je ne dis pas que ces problèmes récents sont le début de la fin du capitalisme. Il est probable que la présente crise, tout comme d'autres avant elle, finisse par être surmontée dans le court terme tout en faisant au passage pas mal de dégâts qui auront des conséquences à plus long terme. La crise financière a été amplement analysée. Mais ce qui m'intéresse ici, ce n'est justement pas le court terme, c'est la contribution de la financiarisation de l'économie au chômage technologique de la classe moyenne.

Les manipulations financières récentes ne sont qu'un exemple d'une tendance structurelle plus profonde du capitalisme : l'effet de « pyramide » engendré par la multiplication de métamarchés à caractère financier qui s'empilent les uns sur les autres. Depuis que la dynamique du capitalisme a atteint sa vitesse de croisière à travers une croissance auto-alimentée, le marché des biens et des services a toujours été lié à un marché des instruments financiers. Schumpeter[3] a défini le capitalisme entrepreneurial comme le fait de faire des affaires avec de l'argent emprunté. S'ils restent statiques, les marchés ne font que reproduire les stocks et la main-d'œuvre existants, et seules de nouvelles combinaisons de facteurs de production peuvent briser la circularité de cette reproduction. La solution est donc d'emprunter en pariant sur des actifs encore non réalisés. C'est pourquoi, toujours selon Schumpeter[4], les banques sont le quartier général du système capitaliste, ce sont elles qui décident de l'allocation des ressources à tel ou tel secteur. Mais, dans la mesure où cette offre financière est intrinsèquement spéculative, sa relation avec l'économie matérielle peut varier énormément. Les valeurs qui circulent au niveau de la stratosphère du système financier sont infiniment supérieures à la valeur des biens et des services matériels véritablement achetés et vendus sur le marché. Cela se manifeste par exemple dans le volume de la spéculation monétaire internationale par rapport à la taille du PIB, ou dans l'extraordinaire inflation des portefeuilles des fonds spéculatifs (*hedge funds*), en particulier avant le krach de 2008.

Ce que j'appelle l'« effet pyramide » des métamarchés, c'est la tendance historique des marchés financiers à engendrer des marchés de niveau supérieur qui spéculent sur les instruments financiers de niveau inférieur. En termes de pratiques sociales réelles, toutes les formes de crédit sont des promesses de paiement à un moment donné du futur. Les experts de la finance peuvent donc créer des promesses de payer des promesses de

3 Joseph A. Schumpeter, *Business Cycles. A Theoretical, Historical, and Statistical Analysis of the Capitalist Process*, McGraw-Hill, New York, 1939.

4 Joseph A. Schumpeter, *Théorie de l'évolution économique*, Dalloz, Paris, 1935.

paiement, et ainsi de suite jusqu'à un niveau de complexité exponentiel. Prêts, hypothèques, actions, obligations sont autant d'actifs qui circulent à un niveau relativement bas de la pyramide des métamarchés. Vente d'actions à découvert, titrisation de crédits hypothécaires, acquisitions avec effet de levier (*leveraged buy-out*), fonds mutuels, fonds spéculatifs sont autant de dispositifs complexes et d'acteurs financiers qui relèvent d'un niveau supérieur. En principe, il n'existe aucune limite au nombre de couches « méta » qui peuvent ainsi s'additionner. Il y a donc parfois création de valeurs très importantes à des niveaux très élevés, mais la conversion de ces sommes en biens et services de niveau inférieur est problématique. Si l'illusion persiste, c'est parce que toutes ces valeurs sont répertoriées dans la même unité de compte – dollars, livres ou euros –, mais ces montants nominaux peuvent atteindre des niveaux tellement stratosphériques qu'il devient littéralement impossible de les encaisser dans le monde réel.

Le fait que ces marchés financiers « pyramidaux » sont une construction sociale est particulièrement évident. Bien entendu, presque tous les phénomènes sociaux sont « construits » d'une façon ou d'une autre, mais certains ont un ancrage matériel beaucoup plus évanescent que d'autres. La dimension « socialement construite » d'une armée, par exemple, est certainement importante, notamment en situation de combat, où, comme le disait Napoléon, le moral des troupes compte en gros trois fois plus que leur condition matérielle ; il n'empêche qu'une armée ayant cinq fois la taille et l'armement de son adversaire sera presque toujours victorieuse, pour autant qu'elle préserve un degré minimal de cohésion. Dans l'univers pyramidal des instruments financiers, la proportion entre le « moral » (à savoir les processus d'interaction en réseau et les sautes d'humeur qui les accompagnent) et le « matériel » peut aller de six à un environ (soit la proportion entre le volume du crédit et le volume réel des dépôts bancaires), et même jusqu'à cent, deux cents, trois cents à un pour les opérations les plus intensément spéculatives. En tant que sociologues, nous devons considérer la construction sociale de la réalité non pas comme une constante philosophique mais comme une série de variations qui peuvent être théorisées tant dans leurs relations statiques avec des structures en réseau que dans leur dynamique d'expansion et de contraction au cours du temps.

L'idée principale que je défends ici, c'est que plus les méta-marchés financiers ont un caractère « pyramidal », plus ils sont volatils et sujets à des crises, avec des hauts et des bas complètement disproportionnés par rapport à ce qui se passe au niveau de l'économie matérielle. Mais ceux qui souhaitent préserver le capitalisme peuvent aussi en tirer une conclusion optimiste. Les marchés financiers sont intrinsèquement flexibles, comme des ballons magiques d'une élasticité infinie qui pourraient être gonflés jusqu'à atteindre une taille gigantesque. Ce qui revêt d'une certaine plausibilité l'idée que tout un chacun pourrait devenir un petit capitaliste et jouer le grand jeu des marchés financiers. Et de fait, à partir de la fin du XXe siècle et du début du XXIe, on observe une « démocratisation » des marchés financiers par le biais des fonds de pension de salariés, des millions de petits investisseurs qui jouent en Bourse et du véritable système de Ponzi que constitue la spéculation sur les crédits hypothécaires qui ont engendré la bulle immobilière.

Jusqu'où cela peut-il aller ? La finance « démocratisée » peut-elle sauver le capitalisme ? On imagine que cela ne se fera pas sans soubresauts, compte tenu de la volatilité inhérente aux marchés financiers. C'est même une de leurs caractéristiques historiques depuis la bulle spéculative créée par la tulipomanie hollandaise de 1637 et le krach de 1720 lié à la « bulle des mers du Sud [5] ». Ces effondrements spéculatifs sont si fréquents que Schumpeter [6] considérait les cycles économiques comme inhérents au capitalisme et percevait leur présence comme un indice historique de l'existence d'une dynamique proprement capitaliste. On pourrait d'ailleurs avoir recours à cet argument historique dans un sens optimiste : une fois atteint leur nadir, les crises provoquées par les bulles spéculatives ont toujours débouché sur une reprise économique et un nouveau boom des marchés financiers. Les crises financières sont dans la nature même du capitalisme, et l'expérience historique suggère que l'économie finit toujours par rebondir. Mais il s'agit là encore une fois d'une généralisation empirique sans base théorique solide. Que se passera-t-il lorsque la crise financière sera couplée à l'épuisement structurel des réserves d'emplois de la classe moyenne et à un chômage technologique affectant pratiquement toute la population active ? Les revenus du secteur financier sont-ils susceptibles d'augmenter au point de pouvoir remplacer les rémunérations de type salarial en tant que principale source de revenu de la population ?

On peut envisager deux possibilités : soit tous les citoyens deviennent des capitalistes vivant du rendement de leurs investissements, soit le secteur financier croît tellement qu'il devient lui-même le principal employeur. Dans le premier cas, il est bien difficile d'imaginer un avenir dans lequel tout le monde serait investisseur financier. Pour pouvoir commencer à investir, il

5 La Compagnie des mers du Sud était une société de commerce au long cours britannique fondée en 1711 qui s'était vu confier le monopole du commerce avec les colonies espagnoles d'Amérique. L'intense spéculation boursière à laquelle donnèrent lieu ses opérations d'échanges d'actions contre des titres de la dette publique britannique a entraîné le krach financier de 1720, un des premiers de l'histoire du capitalisme.

6 Joseph A. Schumpeter, *Business Cycles*, *op. cit.*

faut une certaine accumulation initiale de fonds propres : même au casino, il faut mettre quelque chose sur la table. En général, les petits investisseurs jouent une partie de leur salaire, de leur épargne ou de leur retraite ; mais, en cas de chômage technologique, ces sources de revenus tendraient justement à disparaître. Nous sommes ici à une frontière théorique, et il est possible que le ciel et la terre de l'économie politique en viennent à contenir demain plus de choses que n'en rêve notre philosophie. Mais est-il concevable que le jour où absolument tout sera automatisé, des populations entières passent leur vie à spéculer sur les marchés financiers, telle une gigantesque armée de réserve de clients de casinos ? Au long d'une carrière d'investisseur, tout le monde n'est pas toujours gagnant ; certaines personnes perdent de l'argent même pendant les périodes de boom, et beaucoup en perdent lorsque les bulles spéculatives explosent. Et une fois qu'ils seront expulsés des marchés spéculatifs, quelle chance auront nos petits investisseurs d'y reprendre pied s'ils n'ont pas d'autre emploi rémunéré ?

Les marchés financiers sont intrinsèquement inégalitaires ; un petit nombre de gros joueurs au sommet de la pyramide y raflent l'essentiel des bénéfices. C'est précisément parce qu'ils maîtrisent mieux les réseaux, qu'ils jouissent souvent d'une position d'initié, qu'ils agissent avec plusieurs longueurs d'avance et qu'ils savent mieux affronter les fluctuations que les gros joueurs intervenant sur les métamarchés de niveau supérieur sont capables d'exploiter à leur profit les investissements des petits et moyens joueurs sur les marchés de niveau inférieur. L'effet pyramide illustre la théorie de Viviana Zelizer[7] selon laquelle l'argent n'est pas une entité homogène mais un

7 Viviana Zelizer, *The Social Meaning of Money*, Basic Books, New York, 1994.

phénomène pluriel, une série d'unités monétaires distinctes circulant à travers leurs propres réseaux sociaux. Le circuit des *hedge funds*, par exemple, est réservé à un groupe très restreint d'individus et d'organisations ; du point de vue légal, les petits joueurs n'ont même pas le droit d'accéder à ce type de marchés. On nous dira que ce n'est pas la question : dans l'utopie financière idyllique de demain, les gros investisseurs principaux seront certes ultra-riches, mais les petits investisseurs recevront leur part. Cela suffira-t-il pour soutenir les dépenses de consommation dans l'ensemble de l'économie et donc permettre à la machinerie du capitalisme de continuer à fonctionner ? Pas si les marchés financiers tendent vers toujours plus de concentration et une plus forte exploitation des petits investisseurs.

Examinons la seconde possibilité : on peut s'attendre à ce que le chômage technologique fasse aussi des ravages dans les emplois du secteur financier. Comme je l'ai mentionné à propos du scénario optimiste quant à l'avenir du capitalisme, pour que les marchés financiers sauvent une classe moyenne aujourd'hui en déclin, il faut que tout le monde devienne soit capitaliste, soit employé du secteur financier. Est-il simplement plausible qu'alors que tous les autres types d'emploi sont éliminés par l'innovation technologique, les emplois financiers prennent la relève ? Pourquoi le chômage technologique devrait-il épargner le secteur financier ? On peut déjà constater ce qui se passe au niveau des services bancaires, qui éliminent une bonne partie des employés de banque. De fait, les banques réduisent leurs effectifs alors mêmes qu'elles gèrent des volumes de plus en plus massifs d'instruments monétaires. Les économistes capitalistes ne cessent de répéter que les tâches non qualifiées tendent à être remplacées par du travail professionnel plus qualifié. Mais jusqu'où peut s'étendre le secteur des professionnels de la finance ? Il se peut fort bien que des phases d'expansion temporaires, comme celle qu'on a connue dans les années 1990, se révèlent tout à fait éphémères. Il est en tout cas difficile d'imaginer que, dans un futur automatisé, une majorité des travailleurs puisse occuper des emplois comme gestionnaires de fonds spéculatifs. C'est pourtant apparemment la plus belle utopie que le capitalisme ait à nous offrir : plus personne ne se consacrerait à un véritable travail productif, tout le monde gagnerait sa vie en manipulant de l'argent. Peut-être vivrons-nous quelque chose de ce genre à un moment ou un autre du XXIe siècle, mais si ce doit être le cas, mon pronostic est qu'il s'agira alors de la dernière ligne droite avant la crise finale du capitalisme.

Quatrième échappatoire : le secteur public en tant qu'employeur et investisseur

Venons-en maintenant aux solutions qui ne sont pas intrinsèques au capitalisme lui-même, mais qui pourraient lui apporter le salut de l'extérieur. La plus importante d'entre elles est l'intervention d'un État-providence de type keynésien. Il y a cinquante ans, beaucoup de gens s'accordaient à penser que le capitalisme avait été sauvé par les États-providence des années 1930, 1940 et 1950. La gauche libérale aurait accompli la tâche que la droite idéologique s'était révélée incapable de réaliser. Les dépenses publiques peuvent-elles résoudre le problème du chômage technologique de la classe moyenne ?

Les emplois administratifs occupés par des membres de la classe moyenne constituent traditionnellement la principale forme d'emploi public. Par conséquent, si elle se perpétue, la tendance à l'automatisation et à l'informatisation de ces postes de travail aura aussi une incidence négative sur l'emploi public. Avec un peu de nerf, un gouvernement pourrait certes choisir de résister en refusant d'automatiser les emplois. C'est ce type de politique néoluddite qui a été mis en œuvre par les dirigeants travaillistes et les syndicats britanniques entre la fin des années 1940 et les années 1970. Mais on peut douter de la viabilité politique d'un sous-développement technologique volontaire justifié par la protection de l'emploi. Il aurait le même effet démoralisant qu'on a constaté en Grande-Bretagne, où il a conduit à la réaction thatchérienne. Une autre solution qui a fonctionné par le passé est le keynésianisme militaire : la production d'armements stimule l'économie et le secteur militaire offre des emplois. Sauf qu'aujourd'hui le progrès militaire va de pair avec les technologies de pointe, ce qui se traduit par des effectifs de plus en plus réduits et par une coordination logistique s'appuyant sur les ordinateurs, les satellites, les capteurs aériens et les dispositifs de surveillance et de ciblage télécommandés. Les forces armées sont à la pointe de la robotisation, et même en cas de nouvelle guerre mondiale, il est peu probable qu'on renoue avec le type de mobilisation générale qui a caractérisé les armées pléthoriques du XXe siècle.

Outre les emplois de fonctionnaires, il faut mentionner les dépenses publiques, qui sont l'outil préféré des plans de relance actuels. Il s'agit généralement d'investir dans les infrastructures : routes, ponts, aéroports, énergie et ce qu'on appelle aux États-Unis l'« autoroute de l'information ». Sauf que ces secteurs subissent eux aussi l'impact de l'informatisation et de l'automatisation, et donc du chômage technologique. Quant aux aides publiques au secteur privé, elles sont encore moins susceptibles d'endiguer la vague de suppressions d'emplois. Dans la mesure où il insiste lui aussi sur la gestion efficace de ces investissements, le gouvernement assume directement le rôle de capitaliste, ou du moins celui de gérant, et n'est que trop disposé à réduire le coût du travail, et donc l'emploi.

Il existe un autre type d'intervention gouvernementale qui passe par la régulation des rapports marchands privés, comme la réduction du temps de travail ou la réglementation des licenciements. C'est là une pratique courante des pays d'Europe continentale, mais qui n'a guère fait que ralentir un peu le rythme du chômage technologique. Globalement, ces politiques ont tendance à protéger les détenteurs d'emploi plus âgés tout en excluant la jeunesse. Bien sûr, l'État pourrait embaucher délibérément les jeunes en grand nombre, une politique qui a rarement été tentée (sauf dans sa version militaire), même si, dans la prochaine section, j'avancerai l'hypothèse qu'elle est mise en œuvre de façon subreptice à travers l'inflation des diplômes.

En principe, la gamme des politiques interventionnistes possibles n'est limitée que par la volonté politique des décideurs, à savoir par la capacité de mobilisation des énergies et les perceptions déterminées par la culture politique existante. Or il est clair qu'on a besoin d'un tout autre type de culture politique si on souhaite affronter sérieusement la question du chômage technologique de la classe moyenne. Des politiques « progressistes » de soutien public au secteur privé peuvent éventuellement prolonger la vie d'un capitalisme mal en point, mais cette approche hybride ne pourra pas résoudre le problème à long terme du chômage technologique tant que le moteur de l'économie sera la recherche du profit privé.

Imaginons le type de pression sociale impliqué par un futur informatisé où le taux de chômage pourrait être trois ou cinq fois supérieur aux plus ou moins 10 % que nous connaissons aujourd'hui aux États-Unis. En d'autres termes, une situation de crise aiguë de l'emploi dans laquelle les autorités élues seraient incitées à prendre des mesures sociales d'envergure. On peut facilement imaginer les obstacles à une telle relance de l'État-providence, la vie politique contemporaine en offre maints exemples. Mentionnons en premier lieu la révolte fiscale des PME, ce qui inclut les entrepreneurs de la sphère virtuelle, soumis par Internet à une concurrence féroce. Elles s'opposeront à toute tentative gouvernementale de stimuler l'emploi par l'impôt, contribuant ainsi à la crise du système. Et, de l'autre côté, on aura les exigences des électeurs – en particulier celles des victimes du chômage et du sous-emploi, une population de plus en plus éduquée et donc facilement mobilisable.

Plusieurs forces antagonistes sont en présence. Qui va l'emporter et jusqu'à quel point ? Le capitalisme de libre marché sans entraves, à lui seul, n'offre aucune issue à la crise. Ses réformes favorites – réduction des impôts, dérégulation, incitation à une expansion sans frein des activités marchandes – ont toutes pour effet d'aggraver le chômage technologique, sans compter les autres problèmes qu'elles engendrent, comme la spéculation et les crises financières. En principe, les partisans de l'État-providence paraissent avoir une solution au problème de l'emploi, mais ils se heurtent à de sérieux problèmes budgétaires.

Lorsqu'un État finance un ample système de protection sociale, il s'expose à la pression des marchés financiers et à l'érosion du pouvoir d'achat de sa monnaie. L'État-providence paraît donc naviguer entre Charybde et Scylla. Mais si nous replaçons ce phénomène dans une perspective de long terme et ne nous contentons pas de le voir comme un simple obstacle politique conjoncturel, nous constatons qu'il s'agit d'un dilemme structurel profond qui peut déboucher sur une rupture révolutionnaire du système. La crise budgétaire de l'État est l'un des principaux facteurs de son possible effondrement. Il suffit que viennent s'y ajouter deux autres facteurs : une grave dissension interne aux élites étatiques quant aux solutions envisageables et la mobilisation externe d'un mouvement radical. Quand nous parlons de possible fracture au sein des élites, nous faisons simplement allusion à une radicalisation de l'opposition entre ceux qui souhaitent rester alignés sur les marchés financiers et ceux qui veulent recourir à la puissance publique pour lutter contre le chômage et les inégalités. Dans un contexte où le chômage est à 10 % et où l'économie semble émerger timidement de la récession, cette polarisation n'est pas très sensible. Mais si l'on imagine un chômage à 50 % et la profonde dépression qui l'accompagnera certainement, les chances d'un effondrement majeur des structures étatiques seront bien plus grandes. À ce stade, la solution la plus évidente sera un renversement révolutionnaire du système de propriété existant, y compris la prise de contrôle du système financier afin de l'empêcher de détruire la monnaie émise par le gouvernement. Ce ne serait plus seulement telle ou telle caractéristique du capitalisme, mais toute son infrastructure institutionnelle, qui serait éliminée.

Cinquième échappatoire : l'inflation des diplômes, et autres formes de keynésianisme masqué

On désigne par le terme d'inflation des diplômes l'augmentation du niveau de formation exigé des candidats à un emploi qui accompagne la proportion croissante de la population ayant fait des études supérieures. Plus le nombre d'étudiants accédant à un titre ou à un diplôme est élevé, plus sa valeur décline, ce qui incite ces derniers à prolonger leurs années d'étude. Aux États-Unis, les diplômes délivrés pas l'école secondaire (le niveau bac) étaient relativement rares avant la Seconde Guerre mondiale ; ils sont aujourd'hui tellement banals qu'ils n'ont plus aucune valeur sur le marché du travail. Ce sont désormais plus de 60 % des jeunes d'une même cohorte qui fréquentent l'université, dont les diplômes sont en train de subir le même sort que le baccalauréat hier. Il s'agit d'une tendance mondiale ; en Corée du Sud, 80 % des bacheliers entrent à l'université. Leurs diplômes dévalués servent essentiellement à une chose : gonfler le marché de l'éducation à travers une escalade de la demande de diplômes de niveau toujours plus élevé. *A priori*, il s'agit d'une dynamique sans fin, qui pourrait fort bien finir par déboucher sur une situation semblable à celle de la caste des mandarins chinois pendant les dynasties impériales tardives [8], lorsque les candidats continuaient à passer des examens à l'âge de trente ou quarante ans ; sauf qu'aujourd'hui cette situation n'affecterait pas simplement une petite élite, mais la grande majorité de la population. Historiquement, certains pays ont déjà connu divers taux d'inflation des diplômes, mais à partir de la seconde moitié du XXe siècle tous ont fini par être entraînés sur cette voie [9].

Les diplômes sont une sorte de monnaie qui exprime la respectabilité sociale et que l'on échange contre des emplois ; comme dans tout phénomène de type monétaire, il y a inflation (ou diminution du pouvoir d'achat) lorsqu'une augmentation autonome de la masse monétaire rencontre un stock limité de produits. En l'occurrence, le stock en question est défini par un marché de plus en plus compétitif des emplois destinés aux couches moyennes supérieures. L'inflation des diplômes est autoalimentée ; du point de vue de l'étudiant individuel, la meilleure réponse à la valeur déclinante des diplômes est d'acquérir encore plus de diplômes. Plus il y a de diplômés du supérieur, plus forte est la concurrence pour l'emploi entre eux, et plus les employeurs peuvent se montrer exigeants en matière de niveau éducatif. D'où des formations

---

8 John W. Chaffee, *The Thorny Gates of Learning in Sung China*, Cambridge University Press, Cambridge, 1985.

9 David K. Brown et David B. Bills (dir.), « Special issue. New directions in educational credentialism », *Research in Social Stratification and Mobility*, vol. 29, 2011, p. 1-138

encore plus longues, une concurrence encore plus vive et une inflation des diplômes encore plus aiguë.

Dans le contexte global de cette dynamique inflationniste, le segment le plus instruit de la population monopolise une portion de plus en plus substantielle du revenu, c'est du moins ce qui s'est passé aux États-Unis depuis les années 1980. Il faut toutefois se garder d'extrapoler en faisant de cette phase historique spécifique un modèle immuable en tout temps et en tout lieu. Les principaux bénéficiaires de cette compétition éducative inflationniste ont profité de plusieurs processus : a) leurs secteurs d'activité sont restés relativement protégés dans la mesure où, jusqu'à présent, le chômage technologique n'affectait avant tout que la dernière génération de travailleurs manuels correctement rémunérés, puis les échelons inférieurs du salariat en col blanc ; b) apparemment, le fossé entre la qualité de la performance respective des salariés issus des différents niveaux de la hiérarchie éducative s'est élargi. On n'insiste pas suffisamment sur le fait que la spirale inflationniste en matière d'éducation a engendré une frustration croissante et des performances médiocres chez les étudiants qui ne sont pas en tête du peloton mais sont quand même obligés de suivre des formations toujours plus longues sans pour autant avoir de chances d'accéder aux emplois d'élite. L'inflation des diplômes et la baisse des critères de sélection sont des symptômes de ce processus. Si l'on en croit les recherches ethnographiques sur les adolescents, les sous-cultures juvéniles et en particulier les gangs de jeunes, il semble bien que le développement de la scolarisation ait engendré une distanciation croissante entre la jeunesse et les normes officielles de l'univers adulte [10]. Les premiers gangs

10 Murray Jr. Milner, *Freaks, Geeks and Cool Kids. American Teenagers, Schools and the Culture of Consumption*, Routledge, New York, 2004.

juvéniles sont apparus au début des années 1950, lorsque, pour la première fois, les enfants de la classe ouvrière ont été contraints de rester à l'école plutôt que d'entrer dans la vie active ; l'idéologie de ces bandes était explicitement hostile à l'école [11]. Telle est la source de la culture oppositionnelle juvénile qui est si répandue aujourd'hui, tant parmi la minorité appartenant vraiment à des gangs qu'au sein des couches majoritaires qui miment l'attitude rebelle de cette dernière. De nos jours, les employeurs se plaignent du fait qu'il est de plus en plus difficile de trouver des candidats fiables et consciencieux pour occuper les postes les moins qualifiés dans le secteur des services. Mais le problème n'est pas tant que l'enseignement secondaire de masse ne fournirait pas les compétences techniques adéquates (on n'a pas vraiment besoin d'avoir le niveau bac en maths et en sciences pour saluer des clients poliment ou expédier des colis à la bonne adresse) ; tout simplement, les jeunes répugnent à exécuter ce genre de travaux subalternes. Le système scolaire massifié et sa logique inflationniste prétendent fournir aux étudiants une voie d'accès aux emplois d'élite mais, en réalité, ils les abandonnent pour la plupart à un marché du travail où ce ne sont justement que des emplois subalternes qui sont disponibles – à moins que vous ne soyez plus brillant que 80 % de vos camarades de classe. Pas étonnant que les jeunes soient profondément frustrés.

Bien que l'inflation des diplômes soit le principal moteur de l'expansion du système éducatif, la reconnaissance explicite de ce processus est soumise à un mécanisme de refoulement quasi

---

11 Albert K. Cohen, *Delinquent Boys. The Culture of the Gang*, Free Press, New York, 1955 ; Eric C. Schneider, *Vampires, Dragons and Egyptian Kings. Youth Gangs in Postwar New York*, Princeton University Press, Princeton, 1999.

freudien. En l'occurrence, l'agent d'idéalisation et de répression, l'équivalent scolaire du Surmoi, est l'idéologie technocratique dominante. D'après ses thuriféraires, les caractéristiques techniques de plus en plus exigeantes des emplois disponibles tendent à expulser le travail non qualifié, et les emplois hautement qualifiés d'aujourd'hui requièrent une augmentation constante des niveaux de formation. Il y a plus de trente ans, dans *The Credential Society* [12], j'ai rassemblé des éléments de preuve démontrant que la demande de diplômes de plus en plus élevés n'était nullement produite par l'évolution technologique. Ce n'est pas essentiellement la demande technologique qui oriente le contenu de l'éducation, vu que la plupart des compétences techniques – même les plus avancées – s'acquièrent sur le tas ou à travers des réseaux informels et que, au mieux, les bureaucraties de l'éducation s'efforcent de standardiser des compétences ayant émergé ailleurs. Au terme d'une recherche plus récente sur la relation entre inflation des diplômes et évolution technologique [13], je n'ai rien découvert qui m'amène à réviser les conclusions publiées en 1979. Il est vrai qu'une petite proportion des emplois bénéficie de l'enseignement scientifique et technique, mais ce secteur minoritaire n'est pas le moteur de l'expansion massive de l'éducation. On imagine difficilement qu'à l'avenir presque tous les travailleurs puissent être des scientifiques ou des techniciens qualifiés. En réalité, ce sont les emplois de services peu qualifiés qui croissent le plus dans les pays riches, à savoir les secteurs où il revient

---

12 Randall COLLINS, *The Credential Society. An Historical Sociology of Education and Stratification*, Academic Press, New York, 1979.

13 David K. BROWN et David B. BILLS (dir.), « Special issue », *loc. cit.* ; et Randall COLLINS, « Credential inflation and the future of universities », *in* Steve BRINT (dir.), *The Future of the City of Intellect*, Stanford University Press, Stanford, 2002, p. 100-122.

moins cher d'embaucher du personnel que d'automatiser [14]. Aux États-Unis, actuellement, l'un des secteurs les plus créateurs d'emplois est celui du tatouage [15], où de petites entreprises emploient des salariés sans diplôme et faiblement rémunérés, ce qui les soustrait pour l'instant au contrôle des grandes firmes. Et ce que vendent ces entreprises, ce sont justement des symboles de rébellion contre la culture dominante.

Bien que cette tendance à l'inflation des diplômes repose sur des prémisses erronées – l'idée que plus d'éducation engendrera plus d'égalité d'opportunités, plus de performances économiques à forte valeur technologique ajoutée et plus d'emplois de qualité –, elle offre toutefois un semblant de solution au chômage technologique de la classe moyenne. L'inflation des diplômes contribue à absorber la main-d'œuvre excédentaire en soustrayant un nombre croissant d'individus à la population active. En outre, lorsque la formation de cette masse d'étudiants est de fait subventionnée, soit directement, soit indirectement en vertu du coût peu élevé des crédits qui leur sont accordés (et qui ne seront sans doute jamais remboursés), on peut considérer qu'il s'agit d'une forme de transferts sociaux masqués. Dans les pays où l'État-providence est idéologiquement impopulaire, le mythe de l'éducation universelle alimente de fait un État-providence clandestin. Ajoutons à cela les millions d'enseignants du primaire, du secondaire et du supérieur, plus le personnel administratif, et on peut aller jusqu'à dire que c'est le keynésianisme caché encouragé par l'inflation éducative qui maintient pratiquement l'économie capitaliste à flot.

---

14 David Autor et David Dorn, « The growth of low-skill service jobs », *loc. cit.*

15 Karen Bettez Halnon et Saundra Cohen, « Muscles, motorcycles and tattoos. Gentrification in a new frontier », *Journal of Consumer Culture*, vol. 6, 2006, p. 33-56.

Aussi longtemps que le système éducatif continuera à être financé d'une manière ou d'une autre, il fonctionnera en effet comme une forme de keynésianisme masqué, une espèce de substitut de stimulus économique. Cette politique sociale qui ne dit pas son nom est un peu l'équivalent des programmes du *New Deal* qui mettaient les chômeurs au travail en leur faisant exécuter des peintures murales dans les bureaux de poste ou participer à des campagnes de reforestation. Si l'expansion de l'éducation est pratiquement la seule forme légitime et acceptée de politique économique de type keynésien, c'est justement parce qu'elle n'est pas ouvertement reconnue comme telle. Elle avance sous la bannière de la méritocratie et de la technologie de pointe : c'est le progrès technique qui est censé exiger une main-d'œuvre toujours plus instruite. Il y a un élément de vérité dans cette idée, sauf qu'elle interprète le processus réel à l'envers : c'est en fait le chômage technologique qui fait de l'école un lieu de refuge pour tous ceux qui fuient un marché du travail toujours plus exigu, bien que personne ne veuille le reconnaître. Mais peu importe : tant que le nombre de victimes du chômage sera compensé par le nombre d'étudiants, le système pourra survivre.

Le problème, c'est comment financer tout cela. Il y a essentiellement deux façons de payer une formation scolaire (à tous les niveaux, primaire, secondaire, supérieur, et quel que soit le nombre de niveaux qui viennent éventuellement s'y ajouter) : soit l'éducation est subventionnée par l'État, soit elle est un bien marchand acheté de façon privée. En période de récession et de crise budgétaire de l'État, ces deux modalités sont remises en question. À partir de 2010 environ, aux États-Unis comme dans de nombreux autres pays, le financement du système d'enseignement a atteint une telle proportion du budget public (en particulier au niveau local) que les autorités ont été incitées à tailler dans les dépenses d'éducation. Au Chili, par exemple, où 50 % des jeunes sont désormais inscrits à l'université, on assiste à une lutte entre, d'une part, les syndicats étudiants qui exigent la gratuité des études universitaires et, de l'autre, les gestionnaires et les conservateurs fiscaux qui sont favorables à une privatisation croissante de l'enseignement supérieur. On a connu une agitation similaire dans le milieu étudiant en France et dans d'autres pays. Aux États-Unis, où l'enseignement supérieur est financé en grande partie (et de plus en plus) par les étudiants eux-mêmes et leurs familles, on s'inquiète beaucoup du montant de la dette étudiante, qui se chiffrait en 2011 à près de 10 % du PIB. Si l'on extrapole sur vingt ans l'évolution possible du nombre des jeunes qui préfèrent prolonger leurs études pour essayer d'échapper à la pénurie d'emplois et celle du volume de l'endettement des étudiants, on peut anticiper le coût de plus en plus insupportable du chômage technologique et de l'inflation des diplômes pour le système dans son ensemble. Que se passera-t-il le jour où la dette étudiante atteindra 50 % du PIB, voire 100 % ?

L'éducation représente un coût majeur pour l'État, ce qui tend à limiter son expansion future. Sa cherté croissante augmente les pressions en faveur de sa privatisation, laquelle fait porter le fardeau du financement aux étudiants eux-mêmes ou à leurs parents. Mais cette dernière évolution est elle aussi confrontée à une limite en raison des difficultés économiques croissantes de la classe moyenne. En 2012, aux États-Unis, on a commencé à voir sortir des reportages sur les types de diplômes qui ne valent pas le coût de leur acquisition vu les emplois auxquels ils permettent d'accéder. Au niveau individuel, la solution pourrait bien sûr consister tout simplement à abandonner la compétition scolaire, mais le choix le plus populaire chez les jeunes est de s'orienter vers des formations professionnelles pointues. On a vu un essor des écoles spécialisées dans des domaines tels que la création vestimentaire, la programmation informatique, la gestion, etc. Pourtant, même ces formes de spécialisation n'échappent pas à la dynamique d'inflation des titres, et l'on peut prévoir une concurrence accrue au sein de ces secteurs et une multiplication des diplômes professionnels. Un indicateur de cette tendance est la polémique suscitée tant dans la sphère politique qu'auprès des organismes d'accréditation et de régulation par le faible taux de réussite et d'accès à l'emploi de ces étudiants en formation professionnelle, avec comme résultat le refus de leur accorder des prêts publics. L'inflation des diplômes est donc devenue un problème explicite.

Encore une fois, d'aucuns voient la solution du côté des technologies de l'information. On assiste à un engouement massif pour les cours universitaires en ligne, qui permettent de réaliser d'importantes économies d'échelle. Certains sont payants, mais ils coûtent beaucoup moins cher que les droits de scolarité dans des établissements « réels ». D'autres sont généreusement offerts au public à titre gratuit. Mais aucune de ces deux méthodes ne saurait endiguer l'inflation des diplômes, bien au contraire, puisqu'elles mettent encore plus de diplômés sur le marché du travail. Certes, on prétend désormais que les nouveaux types de titres sont distincts des diplômes universitaires et qu'en ce sens ils ne sont pas directement en concurrence avec eux. Cela reste à voir. Ce qui est en train de se passer en réalité, c'est plutôt la mise en circulation d'une nouvelle forme de monnaie éducative de faible valeur, parallèlement à la monnaie traditionnelle, plus appréciée. S'il en va des monnaies éducatives comme de l'argent classique, la loi de Gresham devrait s'appliquer et la mauvaise monnaie devrait chasser la bonne. Mais, en sociologie économique, comme nous le savons grâce aux travaux de

Viviana Zelizer et Harrison White [16], des objets économiques de valeur supérieure peuvent circuler sur des marchés séparés parallèlement aux objets de moindre valeur ; on pourrait donc avoir aussi deux circuits de production de diplômes.

Le dilemme est le suivant : les efforts visant à abaisser le coût de l'éducation ont pour effet de réduire l'emploi dans le secteur de l'enseignement ; si une poignée d'universités reconnues monopolisent l'offre d'éducation grâce aux services en ligne, et si un petit nombre de professeurs peuvent répondre à eux seuls à la majorité des besoins des étudiants grâce aux outils informatiques, alors c'est un nouveau secteur de l'économie qui est affecté par le chômage technologique. On obtient le même résultat que dans le cas des révoltes fiscales à l'ancienne : une réduction à court terme de la charge fiscale de la population a pour effet en retour la diminution des emplois disponibles pour cette même population.

Entre ces cinq façons d'échapper à la crise capitaliste, je considère que l'inflation des diplômes est la plus plausible. Certes, l'expansion du système éducatif sous l'effet de l'inflation des diplômes ne peut manquer de provoquer une crise au sein de ce système, mais il ne s'agit pas nécessairement d'une crise finale. On peut imaginer une série de plateaux, une alternance de blocages et de relances à mesure que notre religion laïque du salut par l'éducation traverse des phases successives de ferveur et de désillusion. Mais un soutien croissant de l'État au complexe éducatif reviendrait à faire du socialisme sous couvert d'éducation. On peut concevoir que des gouvernements progressistes réussissent à maintenir un rythme accru d'expansion des

---

16 Viviana Zelizer, *The Social Meaning of Money*, *op. cit.* ; et Harrison C. White, *Markets from Networks*, Princeton University Press, Princeton, 2002.

systèmes d'enseignement et qu'ils s'en servent comme d'une espèce de soupape de sécurité keynésienne, une forme de prélèvement sur les ressources des capitalistes et de la masse décroissante des salariés au profit des chômeurs. Mais, pour que ce type de gouvernement accède au pouvoir, il faudra que les maux du capitalisme aient engendré un niveau de désenchantement quasi révolutionnaire.

La vraie crise, c'est pour quand ?

L'informatisation des emplois en col blanc (initiée pendant la dernière décennie du XXe siècle) se poursuit à un rythme beaucoup plus rapide que la mécanisation du travail manuel (qui a pris presque toute la durée des XIXe et XXe siècles pour se développer). Le chômage technologique de la classe moyenne est un phénomène tendanciel qui date d'à peine vingt ans, alors qu'il a fallu près de deux cents ans pour détruire le travail ouvrier.

Pour estimer l'échéance approximative de la prochaine crise du capitalisme, la théorie du système-monde avance d'autres critères. Dans des écrits antérieurs sur la question, Wallerstein et ses collaborateurs ont présenté un modèle théorique des cycles systémiques longs. Pendant leur phase expansive, les régions centrales du système-monde accumulent un avantage en extrayant dans des conditions favorables les ressources de la périphérie. Leur hégémonie est toutefois périodiquement menacée par des conflits au centre et surtout par des acteurs émergents des zones semi-périphériques qui menacent l'hégémon en titre. Finalement, le centre commence à perdre du terrain au moment même où une concurrence accrue dans un nouveau domaine de création de profit érode les bénéfices des innovateurs initiaux ; à cet égard, le système-monde fonctionne un peu comme un cycle entrepreneurial schumpetérien, mais à l'échelle mondiale. À chaque nouveau cycle, on voit émerger de nouvelles opportunités d'expansion et de profit sous l'égide d'un nouvel hégémon. Mais la condition sous-jacente de cette dynamique, c'est l'existence d'un espace extérieur au système-monde et susceptible de lui être incorporé en tant que périphérie. Le système-monde se heurte donc à une limite absolue, à savoir le moment où tous les espaces extérieurs auront été colonisés. À ce stade, la lutte pour le profit au centre et dans la semi-périphérie ne pourra plus reposer sur la conquête économique de nouvelles aires géographiques d'activité. Il ne s'agit plus dès lors d'une crise cyclique du système-monde, mais d'une métamorphose terminale.

Sur la base des cycles précédents, Wallerstein (ainsi que Arrighi dans *The Long Twentieth Century*, *op. cit.*) anticipe que la crise du système-monde se déroulera entre 2030 et 2045. Ma propre estimation du seuil critique engendré par le chômage technologique de la classe moyenne dépend du taux d'augmentation du chômage structurel. (Il s'agit là d'un indice qu'on ne peut pas mesurer simplement en vertu de critères techniques *ad hoc*, comme cela se fait aux États-Unis sur la base du nombre de demandeurs d'indemnités de chômage, mais en évaluant le plus précisément possible la proportion de la population adulte qui est désormais incapable de trouver du travail et subsiste entièrement en dehors du marché de l'emploi.) D'après les normes américaines, un taux de 10 % de chômage est douloureux ; un taux de 25 % (tel qu'on le constate dans les économies en crise) est très alarmant, mais plusieurs sociétés y ont survécu. Mais lorsque le chômage affecte 50 % ou 70 % de la population en âge de travailler, la pression exercée sur le système capitaliste tant par la sous-consommation que par l'agitation politique rend sa survie impossible. Ceux qui croient que de tels taux de chômage sont inimaginables n'ont qu'à faire un effort d'imagination supplémentaire en extrapolant à toutes les catégories d'emploi les effets du chômage technologique dû à l'informatisation généralisée. Il est clair que ce phénomène s'est considérablement accéléré dans les quinze dernières années. Il est fort possible que nous atteignions un taux de chômage structurel de 50 % en 2040 et de 70 % peu de temps après. Un tel pronostic converge avec les prédictions des théoriciens du système-monde, qui prévoient la crise terminale du capitalisme pour le milieu du XXIe siècle.

La révolution anticapitaliste sera-t-elle pacifique ou violente ?

Imaginons un monde presque entièrement automatisé et informatisé, avec une infime minorité de travailleurs et une immense masse de chômeurs et/ou de demandeurs d'emploi en compétition pour des emplois de services subalternes et mal payés. Si tel est le scénario que nous réserve la crise engendrée par le chômage technologique, cela entraînera-t-il une révolution ?

La réponse à cette question n'est pas à chercher du côté de la théorie des crises économiques, mais du côté des théories de la révolution. Depuis les années 1970, ces dernières ont elles-mêmes connu une révolution. Les recherches comparatives de Skocpol, Goldstone, Tilly [17] et d'autres auteurs sur l'ascension et la chute de différents régimes ont permis de fonder l'analyse des

---

17 Theda Skocpol, *States and Social Revolutions*, Cambridge University Press, New York, 1979 ; Jack A. Goldstone, *Revolution and Rebellion in the Early Modern World*, University of California Press, Berkeley, 1991 ; Charles Tilly, *Popular Contention in Great Britain, 1758-1834*, Harvard University Press, Cambridge, 1995.

révolutions sur ce qu'on peut appeler une théorie de la crise de l'État. Le succès d'une révolution dépend essentiellement non pas du mécontentement des masses subalternes frustrées et appauvries, mais de ce qui se passe au sommet de l'État. Les ingrédients principaux en sont les suivants : d'abord, une crise budgétaire de l'État, qui n'est plus en mesure de payer ses factures, et en particulier ses forces de sécurité, armée et police. Cette crise budgétaire devient fatale lorsque vient s'y ajouter le second ingrédient, une profonde divergence au sein des élites quant aux diverses façons d'affronter la crise. À quoi peuvent éventuellement s'ajouter en amont une série de facteurs secondaires, souvent – mais pas toujours – de nature militaire. Les crises budgétaires sont en effet fréquemment liées à un excès de dépenses militaires, et la paralysie des élites tend à s'exacerber en cas de défaite militaire, cette dernière délégitimant le gouvernement et suscitant l'exigence de réformes profondes. Les divergences au sein des élites paralysent l'État et ouvrent la voie à de nouvelles coalitions promouvant des objectifs radicaux. C'est dans le contexte de ce vide de pouvoir – désigné par les théoriciens des mouvements sociaux comme une « structure d'opportunités politiques » – que les mouvements sociaux peuvent se mobiliser avec des chances de succès. Il est vrai qu'ils le font généralement au nom des revendications des subalternes mais, le plus souvent, ces mouvements radicaux sont dirigés par des fractions de la classe moyenne supérieure disposant des réseaux et des ressources organisationnelles les plus performants. Comme Tocqueville l'avait signalé depuis longtemps, le radicalisme d'un mouvement n'est pas lié au degré de misère économique qui affecte ses membres mais répond plutôt aux dynamiques idéologiques et émotionnelles suscitées par le conflit en cours, même si on ne sait pas encore tout à fait comment théoriser ces dynamiques.

Jusqu'à nos jours, pratiquement toutes les révolutions ont été engendrées non pas par une crise économique du marché capitaliste, mais par une crise au sommet de l'État. Le facteur clé est la crise budgétaire, qui n'est toutefois généralement pas indépendante d'une situation de crise majeure au niveau de l'économie dans son ensemble. Ce qui veut dire qu'on continuera à connaître des révolutions engendrées par des mécanismes spécifiques comme la crise de l'État, les crises budgétaires, la paralysie des élites et par conséquent de l'appareil administratif et répressif. Les crises de l'État sont plus fréquentes que les crises économiques majeures. Mais que se passe-t-il lorsque ces mécanismes opèrent dans le contexte d'une tendance de long terme au chômage technologique ? Plusieurs scénarios sont envisageables. On peut avoir des révolutions dans des pays qui ne sont pas nécessairement les plus affectés par le chômage technologique. On peut aussi avoir des révolutions qui ne sont pas essentiellement motivées par le problème du chômage technologique. Mais il est aussi des révolutions qui prennent une tournure explicitement anticapitaliste.

Dans la mesure où l'histoire obéit à une causalité multiple, l'avenir ressemble un peu à un jeu de Yams, qui se pratique avec des combinaisons de cinq dés. C'est d'une telle combinaison – avec des six partout – que pourrait surgir une future révolution anticapitaliste sur la base d'un cumul de facteurs comme la crise de l'État, une éventuelle défaite militaire et l'aggravation du chômage technologique.

C'est la crise du capitalisme qui définit l'ordre du jour. À un moment ou à un autre, les masses politiquement mobilisées devront s'y confronter. Cela peut passer par la voie classique d'une crise de l'État : une fois sa légitimité remise en question, l'appareil d'État cesse de fonctionner (paralysé par la crise budgétaire et/ou par des scissions politiques dans ses propres rangs, qui ne feront que refléter la polarisation politique au sein de la société) et le monopole de la violence organisée vole en éclats à mesure que la police et l'armée perdent leur cohésion organisationnelle et se divisent en diverses factions. Il peut s'ensuivre – ou pas – une vague de violence généralisée passant par des émeutes et leur répression, voire une situation de guerre civile. Lors de certains moments révolutionnaires (comme la révolution de février 1848 en France), la phase de tension la plus aiguë a pu être surmontée avec un niveau de violence relativement peu élevé, dans la mesure où le régime en place avait perdu sa cohérence organisationnelle et où personne ne voulait prendre la responsabilité de sa préservation ; un nouveau pouvoir parlementaire a pu dès lors être rapidement constitué. C'est aussi ce qui s'est passé en Russie en février 1917 : après plusieurs jours de violences sporadiques, oscillant entre le peuple et l'armée, le régime tsariste succomba au terme d'une avalanche de démissions, personne ne se risquant à prendre les rênes du pouvoir. Ces cas montrent aussi que, dans les mois et les années qui suivent, le nouveau régime révolutionnaire peut avoir beaucoup de mal à consolider son pouvoir, surtout lorsque des mouvements de restauration de l'ancien régime se mobilisent contre lui. La violence de la phase postérieure est souvent plus forte que celle de la phase révolutionnaire initiale. Si l'on distingue le moment révolutionnaire des phases ultérieures, on constate que le processus de crise révolutionnaire de l'État n'est pas nécessairement très violent. La sociologie politique n'a pas encore abordé la question de savoir sous quelles conditions la consolidation postrévolutionnaire du nouveau régime peut se faire de façon plus ou moins pacifique ou violente. Tout ce que nous pouvons dire, c'est que toute la gamme de violences qui s'est manifestée dans les révolutions historiques et dans leur consolidation peut également se manifester en cas de crise terminale du capitalisme. Le plus grand danger, c'est que la perspective d'une révolution anticapitaliste perçue par ses ennemis comme une menace de changement violent engendre une solution de type néofasciste : un régime autoritaire soutenu par des mouvements populaires nostalgiques aspirant à sauver le capitalisme et qui mettrait en œuvre un niveau de redistribution suffisant pour maintenir en vie la masse des chômeurs sous l'égide d'un État policier constamment en alerte contre la subversion. Nous ne savons pas comment estimer les risques d'une telle solution fasciste par rapport à celle d'une démocratie postcapitaliste ; selon Wallerstein, l'une comme l'autre ont une chance sur deux d'advenir.

Mais une alternative plus positive est tout aussi envisageable : le passage institutionnel du capitalisme à un système d'économie politique non capitaliste – une révolution institutionnelle – pourrait passer par un processus politique pacifique. Imaginons que la crise du capitalisme soit suffisamment grave : une majorité de la population est victime du chômage structurel, des robots et des ordinateurs exécutent la quasi-totalité des travaux générateurs de revenus tout en étant détenus par une poignée de riches capitalistes, et l'économie est plongée dans une profonde dépression. Il se peut dès lors qu'à un certain moment un parti politique conquière le pouvoir dans les urnes sur la base d'un programme anticapitaliste. Le parti ou la coalition au pouvoir devront alors substituer au système de production, de distribution et de finance capitaliste un système qui redistribue la richesse en dehors de la sphère du profit et du marché du travail.

Ce type d'issue électorale peut paraître invraisemblable au vu de l'atmosphère politique aujourd'hui dominante, vingt ans à peine après l'effondrement du bloc soviétique, suivi par la formidable expansion des rapports marchands dans une Chine nominalement communiste et le triomphe de l'idéologie du marché partout dans le monde. Mais les humeurs politiques sont sujettes à des fluctuations majeures tous les vingt ou trente ans : il suffit de revenir sur l'expérience du XXe siècle pour le vérifier. Si la tendance structurelle au chômage technologique continue à s'approfondir, un vaste retournement de l'opinion d'ici une vingtaine d'années n'a rien d'improbable.

Une révolution institutionnelle pacifique est possible. Plus la crise structurelle de la classe moyenne sera profonde, plus elle favorisera la mobilisation électorale dans ce sens. C'est en fonction d'une trajectoire de ce type que s'ouvre la perspective d'une transition relativement non violente.

Les complexités du déroulement concret de la crise structurelle

Le monde tel que nous le connaissons est le résultat de l'interaction entre plusieurs causalités. La réalité tout entière est tissée de singularités locales, séquentielles et mémorielles. La crise structurelle du capitalisme peut donc se présenter sous bien des formes différentes. Nous ne nous intéressons pas ici au détail des noms, des dates et des scénarios spécifiques, mais aux dimensions macro de cette réalité complexe – aux processus majeurs susceptibles de changer radicalement la nature de la crise au fur et à mesure que la dynamique autodestructrice du capitalisme s'aggrave et l'entraîne vers sa fin.

L'avenir dépendra d'une multitude de processus et de problématiques : vieillissement des populations, explosion des coûts de la santé, conflits ethniques et religieux, crise écologique, énormes migrations intercontinentales, voire conflits armés plus ou moins importants. Si l'on s'en tient à notre thème principal, la question est de savoir quel sera l'impact de chacun de ces processus sur la crise liée au chômage technologique. Elle sera sans doute exacerbée par certains d'entre eux, tandis que d'autres renforceront les pressions dans le sens de la crise de l'État et augmenteront les chances de révolution : on aura un six sur plusieurs dés. Certains de ces facteurs de complexification seront-ils en revanche susceptibles de contrebalancer le chômage technologique, de promouvoir l'augmentation des emplois de classe moyenne et la création de nouveaux postes de travail compensant les effets de l'automatisation et de l'informatisation, et ce à un niveau suffisant pour sauver le capitalisme ? Avec ces questions à l'esprit, examinons une brève liste de ces facteurs de complexité additionnelle.

Diffusion inégale de la crise

Les mécanismes qui alimentent la crise du capitalisme opèrent avec une intensité variable en fonction des pays et des régions du monde. Le problème du chômage technologique de la classe moyenne tel qu'on pourra le connaître aux États-Unis ou en Europe occidentale n'aura pas nécessairement la même gravité ou les mêmes effets dans d'autres parties du monde, comme en Chine, en Inde, au Brésil, ou dans d'autres grandes régions émergentes au cours des prochaines décennies. Peut-on imaginer une transformation anticapitaliste couronnée de succès dans certains pays tandis que le reste du monde reste capitaliste ? Tout dépendra de la taille et du poids économique des pays concernés. Des révolutions ayant lieu dans des petits pays ayant un faible impact sur l'économie mondiale risquent d'avoir peu d'influence et d'être facilement mises en échec. Les révolutions ayant lieu dans des pays de grande taille dont le PIB représente une fraction importante de l'économie-monde auront plus de chances de prospérer et d'être imitées. Vu la tendance des États à fort potentiel militaire à intervenir hors de leurs frontières pour protéger leurs intérêts économiques et soutenir leurs alliés idéologiques, une séquence en cascade de changements de régime anticapitalistes pourrait entraîner des interventions semblables à celles qui se sont produites dans le sillage du « printemps arabe » de 2011. Supposons par exemple qu'une crise économique dévastatrice, aux États-Unis ou en Europe en 2030, entraîne l'instauration d'un régime anticapitaliste ; on peut imaginer que d'autres États où le capitalisme prospère encore (la Chine, par exemple) interviendront pour y mettre fin. Le succès ou l'échec de ces interventions dépendra de facteurs géopolitiques, comme le volume relatif de ressources, l'extension logistique ou la localisation géographique [18].

Mais ces scénarios spécifiques se heurtent à une dynamique de plus vaste ampleur : la crise structurelle du capitalisme est une tendance universelle. Les disparités locales ne changeront pas grand-chose au progrès global de l'informatisation et du chômage technologique. Dans ces conditions, aucun pays ne pourra se maintenir longtemps dans la position d'hégémon capitaliste. Il est possible que des régimes postcapitalistes, en assurant une meilleure redistribution des richesses, soient en mesure de relancer la demande des consommateurs et de remettre leurs économies sur la voie de la croissance, tandis que les États capitalistes récalcitrants, paralysés par leurs propres crises, resteront à la traîne.

Dilution des enjeux de la crise capitaliste sous l'impact d'autres dynamiques conflictuelles

Dans un monde multidimensionnel, de nombreux conflits se développent simultanément. L'épreuve de force

---

18 Randall Collins, « Prediction in macro-sociology. The case of the Soviet collapse », *American Journal of Sociology*, vol. 100, 1995, p. 1552-1593.

engendrée par la crise capitaliste sera inévitablement traversée par d'autres thèmes qui auront souvent une tonalité émotionnelle et dramaturgique susceptible de les mettre au premier plan de l'attention du public.

Citons-en quelques-uns : 1/ La question *religieuse*, dont l'incarnation la plus virulente est aujourd'hui le conflit entre les activistes islamistes et leurs adversaires (chrétiens, hindouistes, laïcs de l'Occident postchrétien, États postcommunistes, etc.) ; on ne peut pas exclure que surgissent d'autres lignes de clivage religieux dans l'avenir. 2/ Les questions de *race/ethnicité/identité nationale*, depuis la compétition pour l'accès aux ressources de l'État jusqu'aux guerres ethniques en passant par les politiques de quotas et de discrimination positive en faveur de telle ou telle minorité, le contrôle migratoire des frontières, l'exclusion des immigrants et les conflits territoriaux. On assistera sans doute aussi à des mouvements promouvant l'harmonie ou l'intégration interethnique, lesquels seront eux-mêmes combattus par des mouvements défendant les objectifs particularistes susmentionnés. 3/ On peut citer aussi toute une série de questions plus éphémères qui tendent pourtant souvent à monopoliser l'attention politique : scandales, accusations de corruption, querelles de personnalités, atrocités diverses et controverses éthiques atteignant parfois le statut de « guerres culturelles ». Mais ce qui fait que les crises structurelles se distinguent du lot, c'est précisément leur caractère structurel ; elles sont liées à des conflits incontournables concernant les dispositifs institutionnels qui affectent la base matérielle et organisationnelle de la vie sociale. Contrairement aux scandales politiques, les problèmes structurels ne se dégonflent pas comme des ballons ; ils peuvent être ignorés pendant un certain temps, mais ils continuent à produire des effets.

La surdétermination de la crise par diverses strates de conflits spécifiques est inévitable. Les contradictions de type ethnique, religieux, sexuel ou relevant du mode de vie, etc. peuvent avoir pour effet de renforcer la crise capitaliste ou au contraire d'en diluer suffisamment les enjeux pour retarder ou empêcher une transformation révolutionnaire dans le sens du postcapitalisme. Mais ils peuvent aussi jouer en faveur de la crise et de la transformation si un nombre suffisant d'individus se mobilisent sur la base de leur identité en tant que membres de groupes opprimés ou victimisés, que cette identité relève de l'ethnicité, de la religion ou de la sexualité, et s'ils estiment que leurs revendications spécifiques coïncident avec leur intérêt à s'opposer au système capitaliste. Historiquement, les mobilisations de classe ont souvent été surdéterminées par des particularités identitaires, et les révolutions de l'avenir n'échapperont probablement pas à ce phénomène. En même temps, il arrive fréquemment que cette superposition de motifs détourne l'attention des questions économiques, et elle a souvent servi de base de mobilisation à des mouvements réactionnaires s'opposant à la réforme du système au nom de leur hostilité ethnique, religieuse ou autre aux réformateurs. Là encore, tout dépendra de la profondeur de la future crise capitaliste. Si elle se révèle aussi grave que le prédit la théorie, il n'y aura pas d'autre issue qu'une transition postcapitaliste, et tous les autres niveaux de conflit, qu'ils relèvent de l'ethnicité, de la religion ou du mode de vie, ne constitueront qu'un bruit de fond accompagnant la crise jusqu'au moment où un alignement de forces politiques adéquatement mobilisées résoudra le problème en initiant une transition postcapitaliste. À long terme, le problème n'est pas de savoir si la transition aura lieu, mais combien de temps elle mettra pour se faire.

Guerre

La crise capitaliste envisagée pour le milieu du XXIe siècle risque fort d'être accompagnée par des conflits armés. La révolution anticapitaliste enclenchée dans un pays donné pourrait entraîner des guerres suite à une intervention extérieure visant à rétablir un régime procapitaliste, ou bien une guerre civile interne exacerbée et alimentée par l'aide et l'intervention d'acteurs extérieurs. Il se peut aussi qu'un État postrévolutionnaire agressif soit tenté de promouvoir l'exportation de sa révolution, suscitant ainsi des conflits armés hors de ses frontières. Ce n'est pas une fatalité, il est également possible que la révolution (en particulier dans le cas d'une transition politique pacifique) ne soit pas suivie par des guerres. Plutôt que d'essayer de prédire la variété contingente des avenirs possibles, posons-nous la question plus générale de savoir si ces conflits armés sauveront le capitalisme ou contribueront au contraire à sa crise. En général, les guerres sont un terrain fertile pour les révolutions, surtout dans le camp des perdants, mais aussi parfois du côté des vainqueurs, lorsque les dépenses militaires contribuent à la crise budgétaire de l'État. Une victoire militaire remportée par un État défendant le capitalisme dans un monde traversé par de puissants mouvements anticapitalistes seraitelle en mesure de préserver le système par la force ? Sans doute pendant un certain temps, mais cela ne lui permettrait pas de résoudre une crise liée à un chômage technologique massif. Un tel scénario guerrier ne pourrait que retarder l'inévitable transformation postcapitaliste.

Crise écologique

Les conséquences massives du changement climatique à long terme, de la destruction des ressources naturelles et de l'impact environnemental de l'activité humaine en général menacent notre subsistance et la vie sur la planète. Reste à savoir si la crise écologique suscitera une transformation du capitalisme lui permettant de surmonter sa propre crise (la solution à la crise écologique offrant également une solution à la crise capitaliste), ou bien si les deux crises combineront leurs effets pour le pire, motivant la recherche d'une solution commune ou faisant au contraire obstacle à cette solution.

Il est probable que la crise écologique renforcera la crise du capitalisme ; l'autre possibilité, à savoir que la crise écologique aide le capitalisme à survivre, semble lointaine. Les industries « vertes » ne créent pas suffisamment d'emplois pour compenser le chômage technologique, d'autant plus qu'elles risquent elles-mêmes d'emprunter la voie de l'informatisation et de l'automatisation. Les effets dévastateurs de la crise écologique, horribles à envisager en termes de souffrance humaine, affecteraient certaines régions du monde avant les autres. Le changement environnemental créera de nouveaux avantages et de nouvelles opportunités pour certaines régions. Certaines terres basses du monde seront inondées. D'autres régions deviendront relativement inhabitables en raison de la sécheresse, de la chaleur, de la pollution, etc. Mais, simultanément, certaines régions froides du globe deviendront plus habitables. La fonte des calottes glaciaires ouvrira de nouveaux océans au trafic maritime, favorisant par exemple la Russie, le Canada et d'autres pays de la zone boréale. Tout cela produira des pressions massives en faveur de la migration. La population mondiale connaîtra peut-être aussi d'énormes saignées, de véritables catastrophes humanitaires se chiffrant par des centaines de millions de morts. Au bout de quelques siècles, un regard froid d'historien conclura sans doute que malgré la perte de X % de la population mondiale, la majorité de l'humanité aura survécu et se sera adaptée.

Voyons maintenant ce qui se passe si on juxtapose les effets de la crise écologique et ceux de la crise du capitalisme liée au chômage technologique et à l'élimination des emplois de la classe moyenne. Dans les régions habitables, le flux massif de réfugiés en provenance des zones écologiquement sinistrées aiguisera la concurrence sur un marché du travail déjà saturé. L'abondance de main-d'œuvre bon marché, qui diminue déjà les opportunités de la majorité des travailleurs, ne fera qu'aggraver la crise économique. De nouveaux emplois seront sans doute créés dans des enclaves ethniques de travailleurs migrants et sur d'anciens territoires vierges désormais habitables. Mais il est peu probable que les effets de la crise écologique contrent la tendance globale à la crise liée au chômage technologique. Les grands déplacements de populations fuyant les zones sinistrées susciteront sans doute des mouvements hostiles aux immigrants qui auront pour effet éventuel de diluer ou de retarder la solution de la crise du capitalisme. Sur le plan humanitaire, la compassion éprouvée dans les sociétés d'accueil pourrait contribuer à canaliser un surplus d'énergie émotionnelle en faveur d'une transition post-capitaliste. Dans l'ensemble, la crise écologique semble plutôt susceptible de renforcer les chances d'un scénario anticapitaliste.

Les questions de calendrier sont d'une importance cruciale. Les projections les plus prudentes au sujet de la crise écologique suggèrent que ses effets le plus dévastateurs sur l'habitat humain se concrétiseront aux environs de 2100. C'est à ce moment-là que l'augmentation du niveau des océans inondera les zones côtières, que les terres agricoles de régions entières seront dévastées et que la pénurie d'eau sera la plus aiguë. Mais la crise majeure du capitalisme est généralement prévue pour beaucoup plus tôt, soit autour de 2030-2050. C'est elle qui aura la priorité, car elle atteindra des proportions majeures avant la crise de l'environnement.

L'avenir postcapitaliste : les oscillations possibles entre régimes économiques

Une société postcapitaliste devra effectuer une redistribution massive des richesses aujourd'hui détenues et manipulées sur une base privée par les entreprises capitalistes et le système financier. Une telle redistribution devrait bénéficier à la grande majorité de la population expulsée du marché du travail par l'informatisation et la mécanisation, y compris à une partie des cadres et des professions libérales. Ce programme de redistribution serait également l'occasion de prendre le contrôle des institutions financières qui sous-tendent la trajectoire catastrophique du capitalisme. Peut-être ces institutions postcapitalistes pourront-elles adopter des formes plus décentralisées que les expériences classiques de socialisme d'État du XXe siècle.

La fin du capitalisme sera-t-elle la fin de l'histoire ? Certainement pas. Elle n'éliminera pas la politique. On peut espérer que les régimes postcapitalistes seront démocratiques ; du moins peut-on croire qu'un effort plus grand sera fait dans ce sens, fondé sur la reconnaissance du fait que la démocratie n'est pas simplement un rempart du capitalisme, mais une valeur en soi. Et le jeu politique suppose que de nouveaux changements d'orientation seront toujours possibles.

La révolution anticapitaliste rendra-t-elle les gens heureux ? Durkheim soutenait que tout au long de l'histoire de l'humanité le niveau de bonheur (ou plutôt sans doute le niveau de malheur) était resté à peu près toujours le même ; de nouvelles situations engendrent de nouvelles aspirations et de nouveaux niveaux de comparaison [19]. Quoi qu'il en soit, le conflit est intrinsèque à l'organisation humaine. Si nous avons appris une

---

19 Émile Durkheim, *De la division du travail social*, 1893.

chose de l'histoire des régimes socialistes du XXe siècle, c'est que le socialisme a ses propres contradictions et que nous ne devrions pas trop en attendre. Son principal mérite est de ne pas être capitaliste et d'offrir une issue à la crise du capitalisme.

Je ne m'avancerai même pas à prédire que les régimes anticapitalistes seront stables à long terme. Il est très probable qu'ils connaîtront des changements, que ce soit par la voie des urnes ou à travers de futures révolutions dans les cinquante ou cent années qui suivront leur émergence. Il n'y a aucune raison profonde que les régimes socialistes soient plus stables que les régimes capitalistes. Comme le signalait Max Weber, tous les appareils d'État aspirent à l'accumulation de puissance et de prestige et sont prêts à se saisir des opportunités qui se présentent sur l'arène mondiale ; un excès de dépenses militaires peut de nouveau mener à une révolution, comme on l'a vu avec l'URSS [20]. Loin de signaler la fin de l'histoire, les siècles à venir peuvent se caractériser par une série d'oscillations entre des formes capitalistes et socialistes, voire de nouvelles formes encore inconnues.

On entend parfois dire que l'expérience des régimes socialistes d'État a été trop négative, pour ne pas dire désastreuse, pour qu'elle puisse jamais de nouveau être attirante. Mais il faut la mettre en regard du caractère potentiellement terrifiant d'un capitalisme dans lequel une élite minuscule détiendrait toutes les grandes entreprises et aurait l'exclusivité de la commercialisation et de l'exploitation du matériel informatique et des robots, laissant comme seule perspective à la majorité de la population une compétition féroce pour des emplois subalternes au service de l'élite et de ses machines. Je ne dis pas que l'on va assister à une renaissance du socialisme utopique et de

20 Randall Collins, « Prediction in macro-sociology », *loc. cit.*

ses grandioses espérances, mais seulement qu'on peut entrer dans une phase où les acteurs politiques estimeront ne pas avoir d'autre option viable que d'abandonner un système en crise devenu trop dysfonctionnel. Les maux croissants du capitalisme pousseront la société vers le socialisme. Et une fois que le socialisme étatique aura réglé un certain nombre de problèmes pour un certain temps, ses propres défauts pourront engendrer une réaction contraire. D'où une possible oscillation séculaire entre les deux types de systèmes économiques.

Le postcapitalisme ne mettra probablement pas fin à toutes les inégalités économiques. L'expérience passée des régimes socialistes montre qu'ils ont réduit le niveau d'inégalité à peu près de moitié ; il suffit de comparer les coefficients de Gini respectifs des sociétés socialistes et capitalistes et l'augmentation drastique des inégalités au lendemain de la chute de l'URSS. Une fois que le socialisme aura pris des mesures pour corriger l'inégalité généralisée engendrée par le capitalisme et aura rétabli des conditions de travail décentes pour la majorité de la population, il est fort possible que les gens soient gagnés par l'ennui et le mécontentement. Au bout d'une cinquantaine d'années, on pourrait constater une nouvelle phase de désenchantement, comme celle qu'a connue le communisme dans les années 1980. Certes, à l'avenir, une économie fondée sur la planification centralisée ne sera pas nécessairement autoritaire, mais elle aura à sa disposition toute la panoplie des technologies informatiques, de la robotique et des moyens de coordination et de surveillance existants, ce qui fait que, même dans ses incarnations les plus bienveillantes, sa présence sociale se fera sentir lourdement. Les enjeux de pouvoir politique ne disparaîtront pas au sein de ce type de système, ce qui pourra créer de nouvelles sources de conflit.

Outre le possible mécontentement suscité par un socialisme futur, on assistera probablement à la réémergence de certaines dynamiques de marché. Si des espaces marchands sont autorisés dans le cadre d'une économie planifiée (et il est probable que, dans ses formes mixtes et libérales, ils le seront), on verra croître des réseaux commerciaux et il se créera de nouvelles entreprises dont la plus grande capacité d'innovation leur permettra peut-être de contourner la planification centralisée. Tel le serpent dans le jardin d'Éden, les mécanismes de l'investissement et de la finance resurgiront, déclenchant de nouvelles séquences de spéculation et ressuscitant l'effet pyramide de la manipulation financière. Si les régimes socialistes sont suffisamment démocratiques, des mouvements procapitalistes pourraient gagner les élections et démanteler tout ou partie de la gestion étatique de l'économie. Si ces régimes sont plus autoritaires, on est de nouveau dans le cadre des théories de la révolution, dans l'attente de circonstances susceptibles de provoquer la crise de l'État et d'ouvrir la perspective d'un changement de régime. Mais si, dans un avenir lointain – le XXIIe siècle par exemple –, le capitalisme est restauré, ce ne sera pas non plus la fin de l'histoire. La réémergence des tendances à l'autodestruction que nous connaissons dans le capitalisme contemporain suscitera une nouvelle manifestation de l'oscillation entre organisation capitaliste et organisation anticapitaliste de l'économie.

En résumé, dans le long terme – en supposant que l'imagination puisse se projeter sur une durée de plusieurs siècles –, on assistera sans doute à un mouvement de balancier entre les faiblesses respectives de la planification étatique centralisée et de l'économie de marché généralisée. Il n'est donc pas question d'une émancipation finale de l'humanité, mais d'une oscillation réaliste entre les deux extrémités d'un complexe dilemme socioéconomique.

Je tiens à souligner le caractère schématique de mon analyse. Je me suis concentré sur une tendance structurelle à long terme du marché du travail capitaliste qui est au principe de l'inégalité croissante du système. La présente phase d'innovation technologique – informatisation, robotisation, substitution des machines aux êtres humains dans l'exécution du travail communicationnel – est en plein essor et les prochaines décennies connaîtront certainement une accélération encore majeure. Il n'existe pas encore de systèmes d'intelligence artificielle capables de reproduire avec précision la créativité et la flexibilité des compétences cognitives de l'être humain. Mais plus l'intelligence artificielle se rapprochera de cet objectif, plus elle pourra remplacer les échelons supérieurs de la main-d'œuvre. On peut envisager un avenir – peut-être même dans moins de cinquante ans – où presque tout le travail sera effectué par des ordinateurs et des robots, avec juste une poignée de techniciens chargés de leur maintenance et de leur réparation. Les robots sont capables d'effectuer le travail manuel jadis exécuté par les ouvriers et la robotisation a déjà contribué à éliminer la majorité des emplois industriels correctement rémunérés. Des robots encore plus avancés dotés d'un degré de mobilité suffisant et équipés de capteurs et d'interfaces informatiques pourraient se transformer en véritables humanoïdes qui élimineraient les emplois les plus qualifiés de la classe ouvrière et de la classe moyenne, avant de supplanter aussi les cadres dirigeants et les experts. Et cela ne ressemblera en rien aux perspectives fantastiques imaginées par la science-fiction. Ce qui nous menace, ce n'est pas une révolte frankeinsteinienne des robots, mais le stade suprême du chômage technologique et la disparition du travail humain sous l'égide d'une infime caste de capitalistes propriétaires desdits robots.

Quelles que soient les caractéristiques spécifiques de cet avenir technologisé, la tendance structurelle au chômage technologique annonce une crise finale du capitalisme, bien au-delà de toutes les crises cycliques ou contingentes qui peuvent se produire dans le court terme. La tendance à l'accroissement des inégalités est également néfaste pour la consommation sous sa forme marchande, ce qui rendra le capitalisme inviable à terme. En gros, la seule façon de résoudre cette crise est de remplacer le capitalisme par un système non capitaliste, fondé sur la propriété socialiste, une forte régulation centrale et la planification. Mais les lieux et date précis de cette transition seront déterminés par des singularités et des complexités historiques que mon schéma théorique ne peut pas anticiper.

Reste la question de fond : le chômage technologique de la classe moyenne entraînera l'effondrement du capitalisme partout où il est aujourd'hui dominant avant la fin du XXIe siècle. S'agira-t-il d'une transition pacifique ou dévastatrice ? Nous n'en savons encore rien.

CHAPITRE 3

La fin est sans doute proche, mais pour qui ?

Michael Mann

Les chercheurs qui, comme moi, pratiquent la sociologie historique sont très forts pour prédire le passé, mais pour ce qui est de l'avenir, c'est une autre affaire. Il est particulièrement difficile de décrire l'avenir d'institutions sociales de grande taille, comme l'État-nation ou le capitalisme. Cela est toutefois plus facile si l'on estime que lesdites institutions sont des « systèmes » dotés de leur propre logique interne de développement, de leurs propres cycles, de leurs propres contradictions. On peut dès lors identifier cette logique dans les conditions actuelles et la projeter dans un avenir probable. Nombreux sont ceux qui estiment que cela est possible dans le cas du capitalisme. Les économistes néoclassiques pensent que le capitalisme se caractérise par des cycles réguliers dotés d'une tendance inhérente à s'orienter vers l'équilibre. Ainsi, aux difficultés actuelles du capitalisme succéderont naturellement une reprise, puis une autre crise suivie par une autre reprise, le tout probablement sur une trajectoire de développement globalement à la hausse. Ceux qui croient à l'existence de cycles plus profonds, moins fréquents mais plus dangereux, comme les cycles de Kondratiev ou de

Schumpeter, leur attribuent également une certaine régularité interne et (dans le cas des Kondratiev) une certaine prévisibilité.

Même Keynes, qui considérait le concept d'équilibre avec un certain scepticisme, ne nie pas qu'à long terme il pourrait être rétabli, bien qu'avec un minimum d'aide de l'État. Tous ces modèles ont tendance à véhiculer une image du capitalisme comme système éternel (ce n'est toutefois pas le cas chez Schumpeter). Les marxistes, pour leur part, attribuent eux aussi au capitalisme une logique interne de développement, mais ils considèrent que, comme tous les modes de production, il est marqué par des contradictions systémiques qui finiront par provoquer sa chute.

L'élément systémique est explicite dans ce qu'on appelle la théorie du système-monde, dont le principal représentant est Immanuel Wallerstein. Pour les marxistes et les théoriciens du système-monde, la seule difficulté consiste à prédire ce qui pourra succéder au capitalisme, nombre d'entre eux ayant perdu toute confiance dans l'idée que l'avenir est nécessairement socialiste. Comme la plupart des intellectuels qui discourent sur le capitalisme sont occidentaux, et vu que le capitalisme occidental traverse manifestement une phase problématique, les scénarios d'apocalypse jouissent actuellement d'une popularité croissante.

J'aimerais pouvoir partager ces certitudes quant à l'avenir, qu'elles soient optimistes ou pessimistes, mais il est trois raisons pour lesquelles je ne peux le faire. Le premier et principal obstacle est mon modèle général de la société humaine. Je ne conçois pas les sociétés comme des systèmes mais comme un enchevêtrement de multiples réseaux d'interaction dont les quatre plus importants sont les rapports de pouvoir idéologiques, les rapports de pouvoir économiques, les rapports de pouvoir militaires et les rapports de pouvoir politiques. À quoi on peut ajouter les rapports géopolitiques en tant que mélange spécifique de pouvoir militaire et de pouvoir politique, avec des variations d'intensité entre ce que l'on appelle traditionnellement le pouvoir géopolitique « dur » et le pouvoir géopolitique « *soft* ». Chacune de ces quatre ou cinq sources de pouvoir a sans doute sa propre logique ou tendance interne de développement, de sorte que, s'il est par exemple possible d'identifier au sein du capitalisme des tendances à l'équilibre, des cycles ou des contradictions, c'est au même titre que pour les autres sources de pouvoir social. Dans les rapports de pouvoir militaire, par exemple, on a des cycles d'attaque et de défense, de mobilité et de consistance, ou encore une escalade continue de la puissance de feu ; l'essor à long terme de l'État moderne ou la substitution des États-nations aux empires sont pour leur part des tendances internes aux rapports de pouvoir politiques. Quant aux idéologies, elles ont des cycles de développement distincts, qui dépendent du « bon fonctionnement », ou non, de l'idéologie dominante, et de l'adoption d'une autre idéologie, parmi la gamme des options disponibles, comme solution à la crise.

Ces différentes dynamiques ont entre elles une relation « orthogonale », ce qui veut dire que leur interaction n'a pas un caractère systémique. Autrement dit, ce n'est que jusqu'à un certain point que nous pouvons identifier une dynamique « interne » au sein d'une source de pouvoir donnée, aucune d'entre elles ne jouissant d'une autonomie absolue par rapport aux autres : le développement de chacune affecte le développement de toutes les autres. Une fois admise l'importance de ces interactions, nous nous retrouvons dans un monde plus complexe et incertain au sein duquel le développement du capitalisme, par exemple, est aussi influencé par les idéologies, les guerres et les États. C'est ce que je démontrerai au moment d'expliquer les deux grandes crises du capitalisme, la Grande

Dépression de 1929 et la Grande Récession actuelle. Malheureusement, cette complexité rend beaucoup plus difficile la prédiction du futur.

En deuxième lieu, la complexité est accentuée par le fait que la planète Terre est un très vaste espace au sein duquel les États-nations et les macrorégions présentent des différences considérables, de sorte que les tendances générales que nous venons d'identifier affectent inégalement tel ou tel pays ou telle ou telle région. La crise capitaliste est aujourd'hui très profonde en Grèce, elle l'est beaucoup moins dans la Turquie voisine, et presque pas en Chine. Il est également possible que ces différences engendrent des trajectoires de développement historique distinctes à l'échelle planétaire, avec par exemple l'éventualité que la puissance économique de la Chine dépasse celle des États-Unis, ou que l'Asie en général dépasse l'Occident. Il existe de nombreux précédents historiques de telles évolutions macrorégionales.

Toutefois, l'émergence de l'armement nucléaire garantit pour la première fois dans l'histoire du monde qu'il est peu probable que les rivalités entre grandes puissances soient résolues par la guerre. Peu probable, mais pas impossible – d'où notre troisième facteur de complexité. Les êtres humains ne sont pas des machines à calculer parfaitement rationnelles. Ils font parfois face à des problèmes complexes pour lesquels il n'existe pas de solution évidente. Ils sont parfois mus non pas par la rationalité instrumentale, mais par ce que Weber appelait la rationalité axiologique, sacrifiant les calculs de l'intérêt personnel à une idéologie globale. Il leur arrive d'être gouvernés par des émotions puissantes qui outrepassent la raison. C'est pourquoi l'action humaine est souvent imprévisible. Au XXe siècle, les êtres humains ont souvent pris des décisions qui nous semblent aujourd'hui irrationnelles – que l'on pense seulement à la dévastation des deux guerres mondiales ou à l'aspiration utopique à une transformation totale de la société humaine. Il n'y a aucune raison de penser que le XXIe siècle sera différent de ce point de vue.

Par conséquent, le mieux que je puisse faire en matière de prédiction est de décrire des scénarios alternatifs possibles. Je considérerai l'hypothèse que la fin du capitalisme, ou tout du moins son déclin, puisse être demain à l'ordre du jour pour les États-Unis, l'Occident, l'économie mondiale, voire la planète Terre. Certains de mes scénarios seront plus optimistes que d'autres, certains seront plus ou moins exhaustifs, mais chacun d'entre eux sera probablement affecté par les interactions complexes du capitalisme avec d'autres sources de pouvoir et d'autres facteurs de crise. J'essayerai d'assigner un certain degré de probabilité à chacun de ces scénarios, même s'il ne s'agira que d'approximations.

Systèmes et cycles

Je ne crois pas beaucoup aux théories qui décrivent une crise terminale du capitalisme en tant que système unifié (à deux exceptions près sur lesquelles je reviendrai plus tard). Prenons par exemple l'idée de Wallerstein selon laquelle c'est le « système-monde capitaliste » qui est en crise. Son analyse se subdivise en deux parties. La première concerne la crise « interne » du capitalisme, qui relève de la logique d'accumulation du capital et s'exprime en termes d'aggravation des cycles d'expansion et de récession de Kondratiev tous les cinquante ou soixante ans. D'après lui, la prochaine crise sera bien pire que la précédente et sonnera peut-être même le glas du capitalisme (c'est de toute façon ce qu'il espère). Nous sommes en train d'entrer dans une crise systémique du capitalisme parce que les taux de profit sont en baisse et qu'ils vont presque inévitablement continuer à chuter.

Le deuxième aspect de son analyse concerne la crise géopolitique qui se manifeste dans les « cycles hégémoniques » de long terme. Hégémonie signifie domination. Les crises apparaissent pendant les périodes de transition entre différents régimes hégémoniques. Wallerstein cite comme exemples le passage de l'hégémonie de la République des Pays-Bas à celle de l'Empire britannique, puis de celle-ci à l'hégémonie américaine. La durée de ces cycles géopolitiques a tendance à être plus variable que celle des cycles économiques. Le passage du témoin des Pays-Bas à la Grande-Bretagne a duré un peu plus de cent ans, tandis que les États-Unis se sont substitués à la Grande-Bretagne en une cinquantaine d'années. L'hégémonie américaine est aujourd'hui déclinante et devrait bientôt arriver à son terme après un règne d'environ soixante-dix à quatre-vingts ans. D'après Wallerstein, on ne peut évidemment pas savoir avec certitude ce qui va lui succéder. Il est possible que la Chine devienne hégémonique, mais il semble plus probable qu'il y aura plus d'un seul hégémon. Comme il partage avec Hobbes l'idée que les êtres humains préfèrent nécessairement obéir à un seul souverain, cela augure mal de l'avenir. Selon Wallerstein, l'interaction entre crise du capitalisme et crise hégémonique ne peut pas être un facteur de neutralisation ou de complexification réciproque. Dans les conjonctures où toutes deux coïncident, elles ont au contraire tendance à se renforcer mutuellement pour engendrer une crise systémique globale.

Il s'agit là d'une théorie très suggestive dans sa concision, mais j'ai du mal à l'accepter sous ses deux aspects. Considérons d'abord la liste des hégémons historiques mentionnés par Wallerstein. On peut trouver pour le moins bizarre le choix des Pays-Bas comme première puissance hégémonique européenne.

Il est vrai qu'à partir de la fin du XVIIe siècle les Néerlandais ont joué un rôle pionnier dans la création de certaines institutions du capitalisme, qu'ils ont su assez bien se défendre sur le plan militaire, sur terre comme sur mer, et qu'ils ont acquis quelques colonies. Pour autant, ils n'ont jamais dominé l'Europe, sans parler du reste du monde. Ce sont les Habsbourg et la France qui dominaient le continent à l'époque, même si la géopolitique de l'Europe (et celle des empires européens) était essentiellement multipolaire. Au XIXe siècle, c'est la Grande-Bretagne qui a joui d'une position dominante en tant que première puissance capitaliste industrielle dotée de la marine la plus redoutable et de l'empire le plus vaste, outre le fait que la livre sterling est restée pendant un certain temps la monnaie de réserve internationale ; pour autant, Londres n'a jamais pu assurer son hégémonie sur le continent européen et a dû recourir à une politique d'équilibre des puissances pour se protéger. Wallerstein perçoit ensuite une période de rivalité entre deux hégémons potentiels, l'Allemagne et les États-Unis, suivie par le triomphe de ces derniers. Il décrit la période qui va de 1914 à 1945 comme une « guerre de trente ans » entre ces deux pays, une description plutôt étrange pour des conflits dans lesquels Washington ne s'est engagé que tardivement, et seulement après avoir été attaqué par le Japon dans le cas de la Seconde Guerre mondiale. L'hégémonie américaine a en effet été instaurée au lendemain de ce conflit, mais essentiellement en tant que conséquence involontaire d'une guerre déclenchée par les ambitions fascistes et militaristes suicidaires de l'Allemagne et du Japon, qui réussirent toutefois à faire chuter les empires britannique et français. L'hégémonie américaine sur une bonne partie du monde a été facilitée par l'introversion de l'Union soviétique, qui s'était enfermée dans une espèce d'autarcie économique. Cette configuration contingente est le résultat d'une série d'interactions complexes entre les quatre sources de pouvoir social. Pendant l'entre-deux-guerres, les États-Unis étaient déjà la première puissance économique – même si, sans la Seconde Guerre mondiale, le dollar aurait probablement dû partager le statut de monnaie de réserve avec d'autres devises –, mais leur capacité de projection militaire et géopolitique était beaucoup plus faible. Le résultat de la guerre, c'est qu'ils sont devenus la grande exception historique, le seul empire à l'échelle planétaire, la seule véritable puissance hégémonique que le monde ait jamais connue. Mais, justement dans la mesure où il s'agit d'un cas unique, il est difficile d'identifier des cycles hégémoniques pertinents. Je suis toutefois d'accord avec Wallerstein pour penser que les États-Unis ont été hégémoniques dans un passé récent, que cette hégémonie est aujourd'hui déclinante et qu'elle pourrait bien arriver à son terme aux alentours de 2020-2025. Ce processus historique mondial sans précédent pourrait fort bien entraîner une crise spécifique aux États-Unis.

Qu'en est-il des fameux cycles de Kondratiev, ces vagues successives d'expansion et de récession de durée presque fixe ? Kondratiev lui-même suggérait qu'ils duraient cinquante-quatre ans. Si c'était le cas, vu que l'économie a touché le fond en 1933, on aurait dû assister à vingt-sept ans d'expansion jusqu'en 1960, puis à un déclin se prolongeant jusqu'à son nadir en 1987, pour revenir à un pic de prospérité en 2014. Or nous n'avons pas vraiment l'impression d'être en pleine période d'expansion ! Les héritiers de Kondratiev mesurent les cycles de façon différente selon qu'ils se fondent sur les fluctuations des prix ou sur les volumes de production. Certains perçoivent 1972-1973 comme le début d'une nouvelle phase d'expansion (puisque les prix sont à la hausse depuis cette époque), d'autres y voient le début d'un ralentissement de l'activité (la production n'a pas vraiment chuté, mais son taux de croissance a ralenti, du moins en Occident). Les deux guerres mondiales ont engendré des désaccords additionnels : la phase d'expansion a-t-elle pris fin en 1913 ou en 1929, et la reprise a-t-elle commencé en 1938 ou en 1945 ? Toutes ces controverses sur les cycles ont de quoi nous faire douter de leur régularité.

Wallerstein a sa propre version des ondes K. D'après lui, la dernière phase d'expansion (de la production) a commencé en 1945 et culminé en 1967-1973. Cela semble exact pour l'économie du monde occidental, mais c'est moins l'effet d'un cycle interne au capitalisme que de la fin de la Seconde Guerre mondiale, qui avait fourni un stimulus extérieur aux activités économiques. On avait alors vécu l'instauration d'un capitalisme régulé à l'échelle mondiale, d'abord sous l'égide des États-Unis et de la Grande-Bretagne, puis avec le consensus de tous les alliés de Washington. Avec des taux de croissance sans précédent, cette phase de prospérité pratiquement généralisée au niveau mondial avait donné lieu à un « âge d'or » exceptionnel fondé sur la demande des consommateurs, qui n'avait pas pu s'exprimer pendant le conflit, et sur les innovations technologiques de la période de guerre. Au terme de cette période, l'économie des pays occidentaux est entrée dans une phase de stagnation relative à partir de 1973 et jusqu'en 2000, moment où un début de reprise aurait dû avoir lieu. On l'attend toujours une décennie plus tard. Cependant, dans de vastes régions du monde, l'essor économique s'est poursuivi malgré les défaillances de l'Occident, et il est toujours en cours dans certains pays. Le Japon d'abord, puis les pays d'Asie de l'Est et la Chine, suivis par l'Inde et les autres membres des BRICS ont tous connu une phase d'expansion. La réalité des cycles de Kondratiev est controversée même chez les économistes spécialistes de l'Occident, mais, pour le reste du monde, elle ne semble guère pertinente.

Les phases d'expansion et de récession sont inévitables dans un système capitaliste, et il se peut qu'au terme d'une longue période de croissance les acteurs économiques fassent preuve d'un optimisme excessif qui ne fait que rendre plus dure leur chute. C'est clairement ce qui s'est passé pour le secteur financier et pour le secteur immobilier pendant la première décennie du XXIe siècle. Mais il semble assez difficile d'en conclure à l'existence de régularités spécifiques et, de même, les dynamiques véritablement mondiales semblent plutôt rares. Pourtant, il est possible que les crises passées nous offrent une sorte de guide pour comprendre une future crise du capitalisme. Convaincu que l'élaboration théorique doit s'appuyer sur des études empiriques détaillées, j'analyserai ici les deux crises les plus graves et les mieux documentées de l'histoire du capitalisme, à savoir la Grande Dépression et l'actuelle Grande Récession [1].

La Grande Dépression

Ces deux crises ont eu des causes multiples. Pour l'essentiel, il s'agissait de causes économiques internes, comme on pouvait s'y attendre étant donné qu'il s'agit d'événements de nature économique et que le capitalisme a un certain degré de logique « interne ». On doit aussi toutefois signaler des causes

---

1 Je les analyse de façon beaucoup plus approfondie dans les deux derniers volumes de *The Sources of Social Power*. La Grande Dépression est abordée dans le volume 3 (*Global Empires and Revolution, 1890-1945*, Cambridge University Press, New York, 2012), chapitre 7, et dans le volume 4 (*Globalizations, 1945-2012*, Cambridge University Press, New York, 2013), chapitre 11. La Grande Récession est analysée dans le volume 4.

non économiques, de caractère parfois très contingent. Dans les deux cas, tout a commencé par un problème grave qui s'est peu à peu envenimé au fur et à mesure qu'il agissait comme un révélateur et exacerbait d'autres faiblesses jusque-là négligées, dont certaines étaient de nature économique, d'autres non. Non seulement tout aurait parfaitement pu se passer autrement, mais la crise s'est manifestée de façon inégale à travers le monde, épargnant pratiquement certains pays, tandis que d'autres s'en sortaient très rapidement grâce à des politiques efficaces. Autant de raisons de douter qu'une seule et unique logique systémique soit à l'œuvre. Malheureusement, cette variabilité diminue aussi les chances de prévoir les crises économiques du futur.

La Grande Dépression a été déclenchée par une crise de surproduction agricole (en partie due à la Première Guerre mondiale) avant de s'aggraver sous l'effet de la déstabilisation de l'étalon-or, qui n'était plus soutenu (comme avant la guerre) ni par la coopération entre les banques centrales des grandes puissances, ni par l'hégémonie britannique, comme l'a montré Barry Eichengreen. Après la guerre, plusieurs pays ont de nouveau adopté l'étalon-or, mais chacun à sa manière, en y indexant leur monnaie généralement à des niveaux irréalistes, motivés en cela par un orgueil national mal placé plutôt que par une analyse économique pragmatique. À quoi venaient s'ajouter des tensions géopolitiques entre l'Allemagne et l'Autriche, d'une part, la France et la Grande-Bretagne, de l'autre. La France et les États-Unis thésaurisaient des stocks d'or. Le sous-emploi était encouragé par l'attachement idéologique des anciens régimes au laissez-faire économique, par une bulle spéculative sur le marché boursier et par l'évolution inachevée des méthodes de production industrielle. Aux États-Unis, où se trouvait l'œil du cyclone, le Congrès et la Réserve fédérale commirent de graves erreurs politiques enracinées dans le fondamentalisme de marché qui prévalait à l'époque et dont le paroxysme terrifiant fut atteint avec ce qu'on a appelé alors le « liquidationnisme », à savoir l'application de mesures d'austérité visant à détruire sous prétexte d'inefficience des entreprises et des secteurs industriels entiers, avec tous leurs investisseurs et leurs travailleurs. Si seulement deux ou trois de ces diverses causes agissant en cascade ne s'étaient pas manifestées, on aurait eu tout au plus affaire à une récession cyclique. Mais cet effet de cascade n'était nullement inévitable.

On considère souvent la Grande Dépression comme un phénomène mondial, mais elle a affecté de façon très inégale les diverses régions du monde. C'est l'Europe occidentale et les pays anglophones qui ont été le plus touchés, mais, même dans ce cadre, la perte de revenu par habitant a été six fois plus élevée aux États-Unis, au Canada et en Allemagne qu'en Grande-Bretagne, et trois fois plus qu'en France. Une fois passé le premier choc, des régions entières de la planète n'ont pratiquement pas été affectées. C'est le cas de la Chine, tandis qu'en Union soviétique, en Europe de l'Est, au Japon et dans ses colonies – Corée et Taiwan – la croissance s'est poursuivie en plein milieu de la crise. On ne peut donc pas vraiment dire que la Grande Dépression était une crise mondiale. Peut-être faudrait-il parler de Grande Dépression blanche, car c'est bien les pays de race blanche qui étaient les plus touchés. Certains pays sont sortis de la crise assez rapidement en abandonnant l'étalon-or et en pratiquant des politiques de relance. C'est la voie que les États-Unis ont fini par suivre, mais un excès de confiance dans la reprise de la part de l'administration Roosevelt l'a amenée à prendre des mesures déflationnistes qui ont entraîné en 1937 une récession en W. Seule la croissance de la demande industrielle provoquée par la Seconde Guerre mondiale a permis le rétablissement complet de l'économie américaine.

Il ressort clairement de tout cela que les causes non économiques de la crise ont joué un rôle assez important. À titre d'exemple, prenons le rôle des rapports de force militaires. La Première Guerre mondiale a eu une influence significative sur la dépression. Pendant toute la durée du conflit, nombre de pays pauvres avaient pu augmenter considérablement leurs exportations agricoles. Mais, lorsque la production agricole des pays belligérants est revenue à son étiage habituel, la surproduction qui s'en est ensuivie a entraîné une forte chute des prix. Par ailleurs, la guerre avait aussi détruit le consensus autour de l'étalon-or, et comme les traités de paix n'avaient pas réussi à apaiser les rivalités géopolitiques, la coopération internationale en matière d'économie politique connut elle aussi des difficultés majeures. La crise n'était pas en soi un effet nécessaire de la multipolarité géopolitique, car ce même phénomène avait engendré la stabilité économique d'avant guerre ; elle était la conséquence du legs géopolitique d'un conflit particulièrement atroce.

On pourrait soutenir un argument de type systémique si la guerre avait été provoquée par le capitalisme ou par le déclin de l'hégémonie britannique, mais ce ne fut pas le cas. Cela faisait déjà des siècles, bien avant l'essor du capitalisme, que l'Europe était un continent particulièrement enclin aux conflits armés. La guerre y était encore une forme de diplomatie par défaut, et la Première Guerre mondiale, comme nombre de conflits antérieurs sur le continent, est devenue inévitable à partir du moment où les grandes puissances se sont vues contraintes de prendre la défense de leurs clients mineurs (la Serbie et la Belgique en l'occurrence). Le militarisme était une tradition européenne (voir mon ouvrage *The Sources of Social Power*, volume 3, chapitres 2 et 5). Dans la Grande Dépression, différentes chaînes causales ont convergé comme les affluents d'un grand fleuve, plusieurs mini-crises agissant en cascade pour alimenter une crise plus profonde au fur et à mesure qu'elles « révélaient » d'autres faiblesses ; or personne ne pouvait prévoir cette succession de chocs d'origine différente.

La Grande Récession de 2008

La question essentielle est de savoir si la récession actuelle va se poursuivre et s'intensifier, voire si elle est susceptible de mettre en mouvement des forces capables de provoquer l'effondrement du capitalisme. Mais commençons par analyser brièvement ses causes. Là aussi, on constate la présence d'un effet de cascade. La récession de 2008 était initialement une crise avant tout américaine liée à la convergence de plusieurs chaînes causales. En premier lieu, l'hégémonie américaine et les déséquilibres mondiaux qu'elle entraînait avaient permis au gouvernement et aux citoyens américains ordinaires d'emprunter d'énormes sommes d'argent à l'étranger à des taux d'intérêt négligeables, accumulant un niveau de dette bientôt insoutenable. En second lieu, l'augmentation substantielle des taux d'intérêt a fait éclater la bulle hypothécaire, déclenchant le premier véritable choc. Mais cette séquence causale était également nourrie par le parti pris idéologique des politiciens en faveur d'une « démocratie de propriétaires » où tous les citoyens seraient potentiellement possesseurs de leur logement. La troisième cause principale, c'est que cet enchaînement avait lieu après la démolition de toute forme de régulation financière ; la quatrième, c'était l'accroissement vertigineux des inégalités aux États-Unis. Ces deux derniers aspects étaient la conséquence conjointe de l'idéologie néolibérale et du pouvoir des banquiers et des grands patrons dans le système politique américain. On peut en partie attribuer ce dernier phénomène au déclin de la production industrielle et à l'essor concomitant des services financiers, qui ont contribué à faire de la « valeur actionnariale » à court terme l'objectif principal de l'entreprise. Des causes similaires ont opéré au Royaume-Uni, où le capital financier et le néolibéralisme sont également dominants. Dans la plupart des autres pays, en revanche, elles n'ont pas eu un effet aussi prononcé, même si la phobie allemande de l'inflation (due au mythe historique selon lequel c'est l'inflation qui aurait provoqué la montée d'Hitler) était compatible avec les politiques d'inspiration néolibérale et si la puissance économique de l'Allemagne imposait ce conservatisme budgétaire à toute l'Europe. Le pouvoir militaire n'a pas été un facteur pertinent dans la Grande Récession, à la différence du pouvoir idéologique, sous la forme du néolibéralisme et de l'obsession anti-inflationniste.

Toutes ces pressions ont été renforcées par un facteur supplémentaire, à savoir les prouesses des petits prodiges du secteur des services financiers. Leurs algorithmes avaient engendré une confiance mal placée dans des instruments financiers abscons et de moins en moins liés à l'économie réelle. L'idéologie de l'économie néoclassique s'y exprimait sous la forme d'une modélisation mathématique du risque fondée sur la croyance erronée en un système de marché « pur » dont tous les principaux paramètres pourraient être calculés et prédits avec précision. Presque personne n'avait prévu que ces divers facteurs de risque allaient se cumuler et agir en cascade.

On a ensuite assisté à une propagation internationale de la crise qui n'était pas tant due au déclin de l'hégémonie américaine que, justement, au fait que les États-Unis, leur économie, leur monnaie et leurs économistes mathématiciens étaient encore hégémoniques. La récession américaine a dès lors affecté non seulement les pays ayant des problèmes d'endettement, mais aussi des nations pourtant « vertueuses ». Ces dernières, bien que moins enclines au néolibéralisme et à la domination du capital financier et ayant échappé à un taux d'endettement excessif ou à un creusement des inégalités, étaient néanmoins parmi les principaux partenaires commerciaux des États-Unis. La panique des investisseurs a agi là aussi comme un révélateur en exposant les secteurs et les pays dont le niveau d'endettement s'est révélé lui aussi insoutenable une fois amorcées la récession et la contraction du capital. En 2007, juste avant le début de la crise, les chiffres du FMI pour les pays européens montraient que seules la Grèce et l'Italie avaient un niveau d'endettement public légèrement supérieur à leur PIB. Le niveau moyen de la dette publique au sein de l'Union européenne était légèrement inférieur à celui des pays de l'OCDE dans son ensemble (71 % contre 73 %). Ce n'est qu'en Grèce qu'il constituait un véritable problème. En Irlande, en Espagne et en Italie (tout comme aux États-Unis et en Grande-Bretagne), c'était la dette privée qui avait explosé, même si la principale faiblesse de l'économie italienne était son faible niveau de productivité. Toutes ces économies montraient des faiblesses de nature différente qui auraient fort bien pu ne jamais avoir été « révélées » sans le catalyseur de la crise financière américaine. Mais, lorsque la récession commença à frapper et fut bientôt aggravée par les politiques d'austérité, la diminution de l'activité économique a entraîné une baisse des revenus fiscaux, creusant partout fortement la dette publique.

La crise en Europe s'est faite encore plus aiguë lorsque la récession a « révélé » une tout autre faiblesse de la zone euro, transformant ladite récession en une grave crise de la dette souveraine, due en premier lieu aux déséquilibres spécifiques de l'économie européenne. On avait connu une grosse migration de capitaux depuis les pays les plus riches de l'Union européenne vers les plus pauvres, le gouvernement grec ayant contribué à cette dynamique par sa dose spécifique de délinquance fiscale. Mais l'intensification de la crise était aussi due à l'enthousiasme des élites des dix-sept pays de la zone euro – un enthousiasme que ne partageaient ni leurs peuples ni les élites des dix autres pays membres – pour un « approfondissement » de l'Union par le biais d'une monnaie commune dépourvue du soutien d'une banque centrale dotée de fonctions budgétaires et fiscales. Il s'agissait là d'une faiblesse politique structurelle. Les élites savaient qu'elles ne seraient pas en mesure de soutenir adéquatement l'euro si des pays fragiles de la taille de l'Italie ou de l'Espagne entraient en crise. Mais, en vertu de leurs convictions européistes, elles étaient prêtes à prendre ce risque, même si leurs électorats respectifs auraient certainement rejeté toute proposition de création d'une autorité budgétaire unique, ce qu'elles savaient parfaitement parce que les trois derniers référendums tenus dans des pays de la zone euro avaient exprimé leur refus d'un approfondissement pourtant moins important de l'Union européenne. Ces élites avaient laissé leurs idéaux politiques l'emporter sur leur sagacité, et ce avec des résultats catastrophiques. La crise européenne fut ensuite aggravée par la radicalité des programmes d'austérité mis en œuvre pour des raisons idéologiques différentes par la Grande-Bretagne et l'Allemagne et imposés aux économies européennes les plus faibles. C'est ainsi qu'une confluence contingente de différentes chaînes causales de nature économique, idéologique et politique (mais pas militaire en l'occurrence) risque d'entraîner un effet de cascade débouchant sur une récession en W.

Pourtant, là encore, les effets de la Grande Récession se sont propagés de manière très inégale à travers le monde. D'après les données de la Banque mondiale sur la croissance du PIB, presque tous les pays ont eu une année 2008 ou 2009 difficile. Pendant cette brève période, la crise a effectivement été mondiale. Elle s'est ensuite aggravée aux États-Unis et à travers l'Europe, affectant y compris la Russie et ses voisins de l'Est, ainsi que certains pays pauvres endettés. Mais, vers 2010, de nombreux pays avaient rebondi, atteignant même leur taux de croissance le plus élevée depuis le début du XXIe siècle. Parmi ceux-ci, mentionnons des pays aussi importants que le Brésil, le Mexique, la Turquie, le Nigeria, le Canada, la Malaisie, la Corée et Singapour. L'Inde et l'Indonésie ont retrouvé à peu près leur niveau de croissance antérieur, tandis que celle de la Chine passait officiellement d'environ 10 % à 8 %, continuant à susciter l'envie du monde entier ! À l'exception du Canada, tous ces pays faisaient partie de ce que l'on appelait jadis le monde « sous-développé ». La plupart d'entre eux avaient tiré les leçons des décennies d'ajustement structurel et avaient accumulé des réserves pour éviter de s'endetter lourdement auprès de l'étranger. Ceux qui n'avaient pas pris ces précautions ont été d'autant plus affectés par la crise. Quant au Canada, il y a échappé parce que ses jeunes industries extractives jouaient un rôle bien plus important que son secteur bancaire, qui était de toute façon strictement réglementé. D'autres pays auraient aussi pu s'en tirer à peu près de la même façon. Malgré le caractère possiblement systémique de la crise, des politiques différentes leur auraient offert une issue.

Par conséquent, tout comme la Grande Dépression, la Grande Récession n'a eu des effets graves que pour certains pays. Certes, le virus américain s'est répandu à travers le monde, principalement à travers les circuits financiers, même si la diminution du commerce international a aussi joué un rôle. Mais de nombreux pays s'en sont sortis rapidement grâce à divers dispositifs structurels d'ordre économique, politique ou idéologique. On peut en citer quelques-uns : corporatisme ou développementisme d'État (Corée du Sud) ; croissance forte associée à l'absence d'un vaste secteur financier (la plupart des pays concernés) ; faible influence du néolibéralisme (*ibidem*) ; ou bien tout simplement l'adoption de politiques prudentes telles que l'évitement de la dette extérieure (la plupart des pays asiatiques concernés) ou le maintien d'une réglementation stricte du capital financier (Canada). C'est pour toutes ces raisons que presque toute l'Asie du Sud et du Sud-Est ainsi que l'Océanie, soit une immense macrorégion, ont été très peu affectées par la crise ; sans oublier le fait que tous ces pays avaient un niveau d'échanges commerciaux très élevé avec la Chine (ce qui explique aussi la résilience australienne). Tout comme pour la Grande Dépression, des politiques correctes permettaient de réduire les dégâts, tandis que de mauvaises politiques étaient susceptibles de les aggraver. Les différents types de politique et d'idéologie qui fleurissent dans les différentes macrorégions influent de façon décisive sur le résultat final. Ainsi, la crise de la dette souveraine de la zone euro s'est produite alors que la propagation de la crise américaine interagissait avec différentes chaînes de causalité : rythmes politiques et institutions spécifiques de l'Union européenne, préférence idéologique pour l'austérité et la lutte contre l'inflation des élites allemandes (et britanniques). Mais dans de nombreux pays en voie de développement, la logique interne du capitalisme tendait spontanément à stimuler la croissance, et la seule menace à cet égard venait de l'extérieur, à savoir des faiblesses endogènes des États-Unis et de l'Europe.

La crise actuelle est-elle susceptible de s'aggraver et d'emporter avec elle presque tout le monde ? Si la zone euro s'effondre, ce serait évidemment terrible pour ses propres membres, mais cela aurait aussi un impact majeur en termes de commerce et d'investissement à l'échelle mondiale. Les premiers à être durement affectés seraient les pays européens non membres de la zone euro, tels que le Royaume-Uni, puisque c'est avec cette zone qu'ils échangent le plus et surtout à l'intérieur de ses frontières qu'ils investissent. Le choc se propagerait également vers les régions voisines, Russie, Moyen-Orient et Afrique du Nord, ainsi que vers les États-Unis, partenaire commercial et investisseur majeur en Europe. L'Amérique du Sud aurait aussi à pâtir d'un effondrement de l'économie espagnole, en particulier. Une contraction économique en Europe et aux États-Unis aurait des effets très négatifs sur le commerce mondial, car ces deux régions représentent près de la moitié du PIB mondial et le niveau de mondialisation économique est aujourd'hui plus élevé que jamais. L'Inde, et surtout la Chine verraient aussi leurs exportations diminuer de manière significative. On aurait alors une crise systémique du capitalisme, à savoir quelque chose de pire que la récession en W prédite par nombre d'analystes. Mais même dans ce cas, la crise serait probablement plus profonde en Occident que dans le reste du monde.

Un tel effet de cascade est donc effectivement envisageable, même si les pays de la zone euro seront peut-être en mesure de concocter une solution financière, vu que ce sont les élites, et non le peuple, qui contrôlent l'Union européenne, et qu'elles ont désormais compris qu'elles ont un intérêt commun à trouver une solution, quel qu'en soit le coût. Le problème, ici comme ailleurs, c'est que les ressources financières disponibles aujourd'hui pour renflouer ou stimuler l'économie sont moindres qu'en 2008. Je tiens cependant à souligner que l'action humaine et la volonté politique joueront un rôle crucial considérable dans cette affaire, ce qui implique que nous ne pouvons pas vraiment prédire quel en sera l'épilogue. Avançons toutefois une hypothèse : si, pour sortir de la récession, de nombreux autres pays empruntent la voie de l'austérité néolibérale telle qu'elle est proposée par les républicains aux États-Unis et effectivement mise en œuvre par le gouvernement conservateur britannique, le tout renforcé par la phobie anti-inflationniste des Allemands, nous aurons à faire face à une nouvelle Grande Dépression, cette fois probablement plus globale et plus systémique. Mais, si les Européens se ressaisissent et agissent en fonction de leurs intérêts collectifs, empruntant la voie keynésienne préconisée par le gouvernement français en finançant la relance (entre autres par le biais d'une plus forte imposition des couches les plus aisées), alors on pourrait éviter le pire. Quoi qu'il en soit, l'économie finira bien par rebondir, mais plus lentement dans le premier cas – et cette fois sans le bénéfice d'une guerre mondiale. Quant à la question de savoir si le plein-emploi sera jamais rétabli, j'y reviendrai ultérieurement.

Le capitalisme est sujet à des mouvements cycliques ; reste à savoir si ceux-ci obéissent à une structure temporelle régulière. Il arrive que la phase de récession du cycle s'aggrave, en partie pour des causes économiques « internes », en partie sous l'effet de guerres coûteuses, d'impasses politiques ou de décisions inappropriées motivées par l'idéologie. Dans les deux grands exemples de dépression/récession, ce dernier aspect a joué un rôle aggravant, la première fois parce qu'aucune autre idéologie macroéconomique plausible n'avait encore vu le jour, la seconde parce que la crise s'est produite au terme d'une longue période de croissance marchande débouchant sur l'échec apparent de l'alternative keynésienne, suivie par une phase de dérégulation, en particulier du secteur financier. Les rapports de pouvoir politiques et géopolitiques jouent aussi leur rôle, et ils paraissent beaucoup plus difficiles à prévoir. Il semble bien qu'on puisse tirer de ces crises des leçons économiques qui devraient théoriquement permettre de réduire la probabilité de crises futures. Mais il est loin d'être évident que les élites au pouvoir aient tiré les leçons appropriées. Les programmes d'austérité néolibéraux infligés à des économies en récession rappellent hélas le rôle néfaste du « liquidationnisme » au début des années 1930. Il convient aussi de signaler que chacun des deux terribles conflits armés qui ont marqué le XXe siècle a eu des effets absolument contraires, ce qui ne fait que rendre plus complexe le problème de la prédiction. La Première Guerre mondiale a contribué à intensifier la récession ultérieure et à la transformer en Grande Dépression, tandis que la Seconde a contribué de façon substantielle à un boom sans précédent et à l'essor de l'hégémonie américaine.

L'hégémonie américaine et ses critiques

Il est donc possible que les États-Unis connaissent un déclin économique sans précédent dans un avenir proche. Wallerstein suggère que la puissance américaine a atteint son apogée entre 1945 et 1970, après quoi elle aurait connu un déclin continu. Je n'en suis pas si sûr. En réalité, la part des États-Unis dans le PIB mondial a diminué entre 1950 et 1970 à cause de la reprise du Japon et de l'Europe. Elle est ensuite restée pratiquement inchangée entre 1970 et 2005 alors que Washington pouvait exploiter l'avantage de disposer du dollar comme monnaie de réserve internationale. Depuis lors, on constate un déclin relatif qui est en grande partie l'effet de la plus forte croissance de l'Inde et de la Chine. Mais le dollar reste tout-puissant et les États-Unis peuvent continuer à emprunter des sommes pratiquement illimitées à des taux d'intérêt inférieurs à 2 % ; en outre, presque chaque année, ils continuent à dépasser l'Europe et le Japon en termes de productivité et de croissance. Le FMI et Barry Eichengreen s'accordent à penser que le dollar conservera sa position de monnaie de réserve internationale jusqu'aux environs de 2020. Le budget de la défense américain représente 48 % des dépenses militaires mondiales, soit le pourcentage le plus élevé jamais observé, et les États-Unis conservent une position dominante en matière de brevets scientifiques, de prix Nobel et d'universités d'élite, mais aussi de culture populaire. L'Amérique reste donc hégémonique, pour le meilleur ou pour le pire.

Bien entendu, cette hégémonie ne peut pas durer éternellement, et on sent bien que les présages de déclin commencent tout juste à hanter les Américains. Au cours de la dernière décennie, l'armée américaine a de fait connu par deux fois la défaite. Au niveau du pouvoir politique et idéologique, on est désormais dans une situation de quasi-crise. La fracture sociale a été délibérément encouragée par les politiciens. L'essor des inégalités est aggravé par la fusion entre les gros investisseurs institutionnels (en particulier les assurances et les fonds de pension) et l'élite managériale, qui s'octroie des salaires et des primes exorbitants sur lesquels elle ne paye que 15 % d'impôt au lieu de 35 %. Cette combinaison d'injustice fiscale, de pillage financier et de croissance économique anémique a engendré un mélange fatal de récession économique et de frustration idéologique.

Mais ce sentiment de frustration n'est pas près de déboucher sur une solution politique, car il alimente deux idées opposées sur ce qu'il faudrait faire pour s'en sortir. Du côté du Parti républicain, c'est l'État qui est perçu comme le principal responsable des maux économiques de la nation, d'où l'idée qu'il faut en réduire la taille et limiter sa capacité d'intervention, qu'il s'agisse de régulation ou de fiscalité, pour rétablir une prospérité fondée sur le dynamisme du marché. Avec sa préférence marquée pour les mesures d'austérité comme moyen de sortir de la récession, cette idéologie ressemble malheureusement beaucoup à la stratégie « liquidationniste » qui a eu des effets si néfastes pendant la Grande Dépression. Du côté des démocrates les plus progressistes, en revanche, on accuse « Wall Street », à savoir les grandes entreprises et les banques, et on propose plus de régulation, une fiscalité plus redistributrice et une dynamique de croissance keynésienne fondée sur l'accroissement des dépenses publiques. L'impasse politique actuelle, et en particulier les positions profondément réactionnaires et rétrogrades du Parti républicain, n'augure rien de bon quant à la capacité des États-Unis à répondre à ces énormes défis futurs. Les maux dont souffre l'Amérique sont l'anomie, l'absence de normes communes et l'aliénation – un cocktail qui mélange les diagnostics de Durkheim et de Marx. (Comme le soulignait Durkheim, l'anomie érode la cohésion sociale et encourage le déclin.)

Lorsque les républicains proposent l'austérité pour les masses et la prospérité pour les riches, ils considèrent que c'est la meilleure façon de créer des emplois. Mais les riches ne consomment pas beaucoup, ils épargnent, ce qui engendre un excédent de capital et une baisse des taux d'intérêt, stimulant ainsi le type d'endettement des consommateurs auquel on doit justement la récession. Cette dynamique remet en question les bases mêmes de l'économie fondée sur la consommation de masse qui caractérisait la prospérité américaine de l'après-guerre. L'idéologie républicaine est également de plus en plus obscurantiste et hostile au savoir scientifique, ce qui n'augure rien de bon pour l'avenir des États-Unis. Les républicains sont plus unis en matière de politiques économiques que les démocrates, qui sont handicapés par leurs divisions internes. Cela a permis à la droite républicaine de dicter l'ordre du jour politique au cours des dernières années. Par le passé, les dirigeants républicains associaient à une rhétorique idéologique radicale des politiques concrètes beaucoup plus pragmatiques. Mais, dans la culture populaire américaine, le fondamentalisme de marché a beaucoup plus d'écho que l'interventionnisme étatique. À l'époque du boom d'après guerre, la politique économique avait pris la forme d'un « keynésianisme de marché », avec un certain niveau d'interventionnisme et un compromis entre l'État et le marché. Pourtant, la rhétorique politique de l'époque, en particulier du côté républicain, était presque entièrement saturée de références au marché libre et à la libre entreprise. En réalité, l'État américain était puissant et interventionniste, même si les Américains feignaient de l'ignorer. Si l'invocation du libre marché a un tel succès politique aujourd'hui, c'est parce que son enracinement idéologique est plus profond aux États-Unis que l'invocation d'un État protecteur. Ce ne sont pas seulement les politiciens, mais les électeurs eux-mêmes qui semblent incapables d'adopter les politiques économiques requises par la situation.

Les États-Unis ont également d'autres faiblesses. Leurs dépenses militaires et leurs dépenses de santé sont au moins deux fois plus élevées que dans n'importe quel autre pays. Les résultats qu'elles leur permettent d'obtenir sont par ailleurs très pauvres, qu'il s'agisse des interventions militaires à l'étranger ou des statistiques intérieures de mortalité et de longévité. Pourtant, le budget militaire est considéré par les politiciens comme pratiquement sacro-saint, de même que leur conviction qu'il est absolument exclu de lever de nouveaux impôts. Par conséquent, on ne voit guère comment la logique de tarissement des ressources de l'État et d'accroissement de la dette publique pourrait prendre fin, ce qui ne fera qu'augmenter les difficultés du pays. On a donc au niveau des quatre sources de pouvoir social des défaillances qui constituent un véritable danger pour les États-Unis. On ne peut pourtant pas en tirer des conclusions définitives. Les Américains restent un peuple travailleur et très inventif. Le dynamisme d'une bonne partie de leurs industries est indéniable. Ils seront peut-être capables de reprendre le contrôle de la situation au niveau financier, militaire, politique et idéologique. Mais s'ils échouent à le faire, ils ne pourront plus, lorsque le dollar perdra son statut de monnaie de réserve, emprunter avec une telle facilité et devront faire des coupes dans leur budget militaire – à moins de se résoudre à payer beaucoup plus d'impôts, ce qui semble peu probable. La fin de l'hégémonie américaine aura donc lieu tôt ou tard au cours du prochain demi-siècle, et ce ne sera pas un spectacle agréable à voir.

Pour autant, cela ne se traduira pas nécessairement par une crise systémique du capitalisme. Il est peu probable qu'on voie succéder à l'hégémon américain une nouvelle et unique puissance hégémonique, qu'il s'agisse de la Chine, de l'Inde ou d'un autre pays. Les taux de croissance de ces nations sont aujourd'hui stratosphériques, mais ils finiront inévitablement par rejoindre un niveau plus normal une fois qu'elles auront avancé dans la voie du développement industriel et postindustriel.

Les grands pays émergents devront également faire face à leurs propres crises. Aucun pays n'atteindra le niveau de puissance qu'ont connu récemment les États-Unis. La société humaine naviguera dans des eaux inexplorées, vers un monde plus multipolaire sur le plan politique et qui reposera, au niveau économique, sur un panier de monnaies de réserve plus ou moins coordonnées. C'est d'ailleurs dans ces conditions que s'est déroulée la majeure partie de l'histoire humaine et cela n'a pas trop mal servi l'économie mondiale. Certes, pendant la première moitié du XXe siècle, cet état de fait a été associé à des conflits dévastateurs, mais on a désormais de bonnes raisons de croire que les guerres entre États sont une chose du passé, surtout si les Américains perdent leur enthousiasme pour la guerre.

En tout cas, le simple fait d'énumérer la liste de pays qui ont jusqu'ici plus ou moins échappé à la crise renforce le sentiment que le pouvoir économique est en train de se déplacer de l'ancien Occident vers les pays émergents du reste du monde, en particulier la majeure partie de l'Asie. Le scénario le plus probable à moyen terme est celui d'un partage du pouvoir économique entre les États-Unis, l'Union européenne et les quatre pays des BRIC (Brésil, Russie, Inde et Chine), mais dans un contexte de paix mondiale. Étant donné que les économies des BRIC – en particulier celles de la Russie et de la Chine – sont contrôlées par des États plus interventionnistes que la plupart des pays occidentaux – surtout les États-Unis –, le type de capitalisme qui risque d'émerger à moyen terme sera vraisemblablement plus étatiste.

L'épuisement des marchés capitalistes ?

Mais passons au long terme. J'ai toujours considéré avec un certain scepticisme l'idée qu'il existerait des « lois de mouvement » générales du capitalisme l'entraînant régulièrement vers des crises systémiques. Pour moi, les grandes crises d'hier et d'aujourd'hui ne sont pas tant des faits unitaires et systémiques que des convergences de chaînes causales distinctes, à la fois économiques et non économiques, qui se superposent en créant des effets de cascade inattendus et souvent très contingents. Jusqu'à présent, ces crises ont eu un impact très inégal à travers le monde et ont été sensibles aux évolutions du pouvoir géoéconomique et géopolitique. On ne peut pas vraiment dire que les crises que nous avons connues historiquement trahissent des faiblesses du système-monde. Elles sont plutôt la manifestation de déplacements géographiques du pouvoir dans le contexte du capitalisme mondial et des rapports géopolitiques internationaux.

Mais, dans cet ouvrage, ni Immanuel Wallerstein ni Randall Collins ne s'appuient sur l'analyse des crises antérieures ou actuelles pour prédire une fin possible du capitalisme à l'échelle planétaire. Ils s'emploient en revanche à identifier les tendances séculaires du développement capitaliste qui sont susceptibles de le condamner à l'avenir. D'après eux, il y a des limites à la capacité du capitalisme d'engendrer du profit et des emplois. Ils citent en premier lieu les limites géographiques des marchés. La croissance capitaliste est en train de saturer la planète Terre. Ils observent également que les capitalistes des pays avancés ont résolu le problème des phases de croissance faible en délocalisant leur production dans des régions où ils pouvaient faire plus de profits parce que le coût de la main-d'œuvre y est plus faible et la législation du travail plus laxiste. C'est ce que d'aucuns ont appelé la « solution spatiale » de la crise capitaliste. Les emplois ont successivement migré du nord au sud des États-Unis, puis en Amérique latine, en Chine, au Vietnam, et ils migreront demain vers l'Afrique et l'Asie centrale. Collins est particulièrement préoccupé par ce qu'il perçoit comme la délocalisation du travail intellectuel de la classe moyenne. Mais qu'est-ce qui est censé se passer une fois que toutes ces régions auront été absorbées et que le marché capitaliste aura colonisé la planète entière ?

Wallerstein suggère qu'il faut compter une trentaine d'années entre l'arrivée du premier flux d'investissements majeur dans un pays agricole et le moment où les travailleurs sont suffisamment organisés pour conquérir des augmentations de salaires et faire fuir les capitaux. Au terme de ce processus, qui ne manquera pas de toucher tous les pays du monde, le coût de la main-d'œuvre sera élevé et les profits commenceront à décliner. Cela n'empêchera pas les capitalistes d'essayer de réduire les salaires, mais ils feront désormais face à une classe ouvrière organisée à l'échelle mondiale. La résistance de cette dernière entraînera une crise mondiale du capitalisme. Mais cela prendra encore un certain temps. Seule une fraction des immenses populations de l'Inde et de la Chine a déjà été absorbée par une économie industrielle ou postindustrielle minimalement régulée. Leur intégration complète prendra plus de trente ans. En outre, ce processus n'a pas encore commencé en Afrique ou en Asie centrale, de sorte que le point de saturation ne sera vraisemblablement pas atteint avant la fin du XXIe siècle, d'autant plus que la croissance de la population devrait se poursuivre jusque vers la fin du siècle et qu'elle sera plus forte dans les pays les plus pauvres.

Pourtant, ce modèle de la saturation planétaire du potentiel de l'économie marchande me semble difficile à comprendre. S'il ne reste plus de main-d'œuvre bon marché, il est vrai que les capitalistes ne pourront plus accumuler de surprofits sur une telle base, mais cela pourra être compensé par l'augmentation de la productivité du travail et de la demande des consommateurs dans les pays récemment développés – ce dans le cadre d'un capitalisme réformé à l'échelle mondiale, avec plus d'égalité et droits de citoyenneté sociale pour tous. Cela ne serait pas la fin du capitalisme, mais l'avènement d'un meilleur capitalisme au sein duquel l'ensemble de la planète jouirait du même type de droits que les travailleurs occidentaux au lendemain de la Seconde Guerre mondiale. Après tout, pendant cette période, la majeure partie de la richesse des pays développés provenait de l'interaction des activités productives et commerciales de ces mêmes pays, pas de leurs échanges avec le reste du monde (en dehors du pétrole). La prospérité de l'après-guerre était essentiellement due à la conjonction de forts gains de productivité et d'une forte demande des consommateurs des pays développés eux-mêmes. Elle ne dépendait que très marginalement de la surexploitation des travailleurs du Sud. Pourquoi n'en serait-il pas de même à l'avenir, cette fois à l'échelle du monde entier ?

En outre, la création de nouveaux marchés n'est pas nécessairement limitée par la contrainte géographique. Elle peut aussi passer par la création de nouveaux besoins. Le capitalisme a fort bien réussi à convaincre les ménages qu'ils avaient besoin de deux voitures, de maisons toujours plus grandes et d'une kyrielle d'appareils électroniques. Qui osait seulement imaginer des choses pareilles il y a cinquante ans ? Que consommeront nos petits-enfants dans cinquante ans ? Nous n'avons aucune idée de ce que seront leurs produits fétiches, mais soyons certains qu'ils en auront de nouveaux. Il n'y a pas de limite territoriale aux rapports marchands, et même si la planète Terre est entièrement colonisée, on pourra encore créer de nouveaux marchés. Tout dépendra bien sûr de l'innovation technologique et de ce que Joseph Schumpeter désignait comme la « destruction créatrice » et qu'il identifiait comme le noyau fondamental de la dynamique du capitalisme : les entrepreneurs investissent dans l'innovation technologique, laquelle engendre la création de nouvelles industries et la destruction des anciennes. Une des causes de la Grande Dépression aux États-Unis était la stagnation des grandes industries traditionnelles et l'incapacité des nouvelles industries émergentes, malgré leur dynamisme, d'absorber l'excédent de capital et de main-d'œuvre qui s'était créé à l'époque. Cette absorption n'a pu se faire que pendant la Seconde Guerre mondiale et surtout après, lorsque l'énorme demande des consommateurs, réprimée par les sacrifices du temps de guerre, a enfin été libérée.

La question essentielle est donc de savoir si nous sommes confrontés à une nouvelle vague d'innovation technologique à court ou moyen terme. Il existe bien de nouvelles industries dynamiques comme la microélectronique et la biotechnologie, mais le problème, c'est que jusqu'à présent elles n'ont pas atteint la taille critique qui leur permettrait de remédier aux problèmes d'emploi, en particulier dans les pays occidentaux, où les nouveaux secteurs industriels ont tendance à être plus intensifs en capital qu'en main-d'œuvre. Dans nombre de pays occidentaux, le déclin de l'industrie manufacturière a créé un problème de chômage que les nouvelles industries n'ont guère pu résoudre. En termes de capacité de création de profits et d'emploi, on ne peut pas comparer des innovations récentes comme les ordinateurs, Internet et les appareils de communication mobile avec les chemins de fer, l'électrification et l'automobile. On peut citer comme exception relativement récente la « révolution verte », qui a stimulé fortement la production agricole, en particulier dans les pays pauvres. Un autre facteur important est l'expansion des services de santé et d'éducation, qui reposent fortement sur une nombreuse main-d'œuvre qualifiée et créent ainsi des emplois pour la classe moyenne. Cette expansion devrait se poursuivre en raison de l'extension de la durée de vie moyenne et de l'augmentation de la population des seniors, tandis que l'inflation des diplômes continue à alimenter la demande d'éducation.

Randall Collins dresse un tableau tout à fait convaincant des diverses options qui s'offrent aux sociétés humaines pour lutter contre le fléau du chômage et de ce qu'il perçoit comme leur inadéquation. Pourtant, on est en train d'assister en ce moment même à une évolution inverse de celle qu'il décrit. L'expansion économique des dernières décennies a engendré au niveau mondial une croissance de l'emploi supérieure à l'augmentation de la population. Entre 1950 et 2007, la croissance de l'emploi dépassait de 40 % celle de la population. Dans les nations membres de l'OCDE, organisme qui regroupe les pays les plus riches du monde, il n'y a jamais eu autant d'individus détenteurs d'un emploi, même si le nombre de chômeurs en valeur absolue a également augmenté en raison de la croissance de la population dans son ensemble et de celle des demandeurs d'emploi, au nombre desquels il faut compter de plus en plus de femmes. Mais le taux de chômage mondial est resté relativement stable entre les années 1970 et 2007, tournant autour de 6 %. Même pendant la Grande Récession, les chiffres recueillis par l'Organisation internationale du travail (OIT) montrent que l'emploi a continué de croître au niveau mondial, même si cette croissance a diminué de moitié par rapport au taux d'avant la crise et si elle est inégalement répartie à travers le monde. L'emploi a chuté en 2009 dans les économies développées, dont l'Union européenne (– 2,2 %) et ses voisins de l'ancienne Union soviétique (– 0,9 %), mais il a augmenté dans toutes les autres régions du monde. Le ratio emploi/population a également baissé dans les pays développés ainsi qu'en Asie de l'Est, mais ailleurs, dès 2010, on en était revenu au niveau de 2007. Le chômage est encore un phénomène occidental (et, dans une moindre mesure, japonais), pas un problème mondial.

Les pertes de l'Occident sont des gains pour le reste du monde, et la somme globale est positive. Par ailleurs, il est fort possible que l'avenir du marché du travail dans les pays développés se caractérise par une pénurie de main-d'œuvre plutôt que par un taux de chômage élevé. La durée de vie continue à s'allonger et le taux de natalité a chuté en dessous du niveau nécessaire à la reproduction de la population. L'Europe, le Japon et l'Amérique du Nord auront besoin d'une immigration importante pour combler cet écart. Étant donné que l'on peut prévoir une généralisation de ces tendances démographiques au fur et à mesure que d'autres pays se développent, la population mondiale pourrait commencer à décliner à partir de la seconde moitié du XXIe siècle. Ce qui explique pourquoi le chômage de masse ne sonne pas nécessairement le glas du capitalisme.

Comme le dit Collins, il n'y a pas de raison fondamentale pour que, dans le processus de destruction créatrice qui caractérise le capitalisme, le taux de création l'emporte indéfiniment sur le taux de destruction. On constate simplement que, pendant une longue période, cela a été le cas. Mais il n'y a pas non plus de raison fondamentale pour que ce processus de destruction créatrice prenne fin. Qui sait ce que seront les nouveaux besoins engendrés par le développement ? Je donnerai ultérieurement un autre exemple de possible domaine de création.

Mais supposons que le pessimisme de mes collègues soit justifié. Cela peut déboucher alternativement sur deux autres avenirs distincts qui me semblent plus plausibles que l'effondrement capitaliste. Dans le premier scénario, plutôt pessimiste, on aurait un capitalisme au sein duquel le taux de chômage structurel resterait élevé et on aboutirait à une société de type deux tiers/un tiers, soit deux tiers de citoyens bien éduqués et hautement qualifiés, disposant d'emplois stables et s'en sortant plutôt bien, et un tiers d'exclus. Les pauvres bénéficieraient quand même de suffisamment de transferts sociaux et caritatifs pour qu'ils ne soient pas tentés de se révolter, ou bien en seraient dissuadés par la répression. Du fait qu'ils resteraient en minorité, les chances de succès d'une révolution initiée par eux seraient faibles. On peut parfaitement imaginer que les inclus n'éprouvent guère de compassion pour les exclus, les considérant comme des ratés, des parasites et des assistés. Dans certains pays, les minorités ethniques ou religieuses seraient surreprésentées parmi les pauvres, et les préjugés ethniques ou religieux viendraient renforcer ces stéréotypes. La masse des exclus pourrait se transformer en prolétariat héréditaire, élargissant le fossé entre eux et les inclus. La plupart des inclus voteraient dans le sens du *statu quo*, tandis que beaucoup d'exclus ne voteraient pas. En Occident, les politiques sociales continueraient sans doute à être différentes selon les pays ; des pays comme la Suède et l'Allemagne seraient sans doute beaucoup plus disposés à intégrer les pauvres à la société que des pays comme les

États-Unis. Ce scénario pessimiste nous est déjà familier, car on en perçoit les grands traits aux États-Unis, tandis que les prémices en ont été également identifiées par des sociologues en Europe. Il aurait pour conséquence le naufrage définitif de la classe ouvrière, pas celui du capitalisme, ainsi qu'une structure de classe asymétrique telle qu'on en trouve très fréquemment tout au long de l'histoire, avec des capitalistes bien organisés et des travailleurs divisés et faiblement organisés. Les institutions sociales peuvent survivre même quand elles ne fonctionnent pas très bien, à moins qu'un processus de contre-organisation émerge parmi les opprimés.

On n'en voit pas encore d'exemple, et il s'agit là d'un scénario particulièrement angoissant pour la gauche : un capitalisme encore plus exploiteur, mais moins contesté. Jamais la gauche mondiale n'a été aussi faible qu'aujourd'hui. Le Forum social mondial, un réseau mondial d'activistes radicaux dont le siège se trouvait à Porto Alegre, au Brésil, a été une force importante à l'époque où les protestations du Sud contre l'oppression du Nord étaient motivées par l'exploitation capitaliste exercée par les pays occidentaux au niveau planétaire. Mais à mesure que le « Sud » se développe, il cesse d'être un ensemble cohérent. C'est ce qu'on observe désormais par exemple dans les dernières discussions sur le changement climatique, au cours desquelles la Chine, l'Inde et le Brésil ont uni leurs forces avec les pays occidentaux et le Japon pour retarder l'instauration d'un programme de réduction des émissions, ce contre les objections des pays les plus pauvres.

Le second scénario est plus optimiste. Il accepte le pronostic d'une saturation de la planète par les rapports marchands et d'une chute des taux de profit et de croissance. Mais il envisage la stabilisation durable d'une forme de capitalisme à faible croissance. Cela n'aurait bien entendu rien de nouveau. C'est aux

XVIIIe et XIXe siècles, en Grande-Bretagne, que le capitalisme a connu sa grande percée. Pourtant, le taux de croissance britannique n'a jamais dépassé alors 2 % par an. Ce qui a fait le succès de la Grande-Bretagne, c'est plutôt le fait d'avoir une croissance moyenne soutenue d'à peine plus de 1 % pendant une très longue période. Ce n'est qu'au XXe siècle que ce rythme s'est accéléré. Entre les deux guerres, les pays émergents les plus prometteurs (le Japon et ses colonies et l'Union soviétique) ont enregistré des taux de croissance historiquement sans précédent, de l'ordre de 4 %. Ensuite, à la fin du XXe siècle, la Chine et l'Inde (suivies bientôt par d'autres pays) en sont arrivées à des taux de 8 %. Ce rythme de croissance frénétique s'est poursuivi pendant au moins deux décennies, mais sa décélération est inévitable. Il est possible que les pays d'Afrique et d'Asie centrale fassent encore mieux par la suite. Mais beaucoup de temps s'écoulera avant que tous ces pays n'en soient réduits au niveau historique du « succès » britannique à 1 % de croissance. Il est possible que les taux américains et européens atteignent plus rapidement cet étiage, mais au cours de la présente Grande Récession, seul un petit nombre de pays ont connu une croissance négative, et ce seulement pour un an ou deux. Pourquoi un taux de croissance de 1 % devrait-il se traduire par une crise du capitalisme ? Pourquoi le capitalisme ne pourrait-il pas se perpétuer sous la forme d'un système global à faible croissance, ce qu'il a été pendant une bonne partie de son histoire ? Le XXe siècle – ou plus précisément la période 1945-1970 en Occident et la fin du XXe siècle dans les pays du Sud – serait alors considéré comme un moment d'exception. Ce scénario de croissance faible permettrait également de réduire le rôle de la spéculation et d'éroder la puissance du capital financier, ce qui rendrait moins probable la répétition d'épisodes semblables à la Grande Récession actuelle (répétition pour l'instant hélas encore probable). Et dans la mesure où les conditions de travail s'améliorent dans le monde entier, il s'agirait là d'une très bonne nouvelle. Dès lors, toute l'humanité pourrait vivre dans une économie presque stationnaire, comme le font déjà les Japonais depuis vingt ans. En fin de compte, plutôt que catastrophique, l'avenir du capitalisme risquerait d'être simplement un peu ennuyeux.

Si j'étais contraint de trancher en faveur de la plus grande plausibilité d'un de ces deux scénarios à hauteur de l'année 2050 (à supposer qu'aucun phénomène perturbateur ne vienne tout changer entre-temps), je parierais sur un capitalisme global à croissance faible et moins inégalitaire au niveau mondial, mais avec une couche de travailleurs sous-employés et de chômeurs d'environ 10 % à 15 %, soit un mixte des deux scénarios décrits ci-dessus qui ressemblerait beaucoup à la situation des pays industrialisés au XIXe siècle. Et je ne verrais guère de perspectives de révolution.

Il existe un autre obstacle au changement révolutionnaire. Les alternatives révolutionnaires communiste et fasciste au capitalisme ont été catastrophiques, et ce sont les seules que nous connaissons jusqu'à présent. On ne voit guère d'autre option disponible actuellement, et quasiment personne ne souhaite répéter ces expériences. Le socialisme, qu'il soit révolutionnaire ou réformiste, n'a jamais été aussi faible. On observe en revanche un essor des courants fondamentalistes du christianisme, du judaïsme, de l'hindouisme et de l'islam, soit des idéologies tout autant préoccupées par le salut dans l'au-delà que par le bien-être matériel. Les alternatives idéologiques laïques du XXe siècle ont fait faillite. Au fur et à mesure que les pays les plus pauvres s'intègrent à l'économie mondiale, on peut imaginer qu'on assistera chez eux à un certain essor des mouvements socialistes ou apparentés, mais sans doute sous une forme tendanciellement réformiste. Les révolutions sociales modernes n'ont presque jamais eu lieu sans que les régimes en place ne soient déstabilisés et délégitimés par des conflits armés d'envergure majeure. Les deux plus grandes révolutions du XXe siècle, en Russie et en Chine, ne se seraient pas produites sans les deux guerres mondiales, dont les causes sont différentes de celles des crises capitalistes. Les conflits armés sont heureusement de moins en moins fréquents partout dans le monde – de fait, seuls les États-Unis continuent à déclencher des guerres interétatiques –, et nulle part dans le monde il n'existe de mouvement révolutionnaire anticapitaliste de taille significative. Les scénarios révolutionnaires paraissent donc assez improbables. S'il est un phénomène pour lequel la fin semble vraiment proche, c'est bien le socialisme révolutionnaire.

L'avenir de la gauche est donc plutôt du côté de la social-démocratie réformiste ou du libéralisme (progressiste) au sens anglo-saxon. Il y aura toujours des conflits entre patrons et travailleurs autour des injustices quotidiennes du travail capitaliste (sécurité, salaires, avantages sociaux, sécurité de l'emploi, etc.), conflits qui déboucheront vraisemblablement sur des compromis et des réformes. Dans les pays émergents, on aura sans doute le même type de luttes pour un capitalisme réformé et plus égalitaire que dans les pays occidentaux pendant la première moitié du XXe siècle. Et, de la même manière, certaines de ces luttes y auront plus de succès que d'autres. C'est la Chine qui affronte actuellement les problèmes les plus graves. Les bénéfices de sa croissance phénoménale sont très inégalement répartis, générant d'importants mouvements de protestation. On ne peut pas y exclure la possibilité d'une tourmente révolutionnaire, mais si elle était couronnée de succès, elle déboucherait vraisemblablement sur plus de capitalisme et peut-être sur une démocratie imparfaite, comme en Russie. Les États-Unis sont eux aussi confrontés à de graves difficultés : leur économie ploie sous les dépenses de santé et les dépenses militaires, leur système politique est corrompu et dysfonctionnel et leurs idéologues conservateurs sont de plus en plus hostiles aux sciences naturelles et sociales. Tout cela dans un contexte où l'inévitabilité du déclin relatif est de plus en plus patente et où les Américains sont de plus en plus conscients de l'inanité de la prétention de leur pays à une supériorité morale sur le reste du monde. Il semble bien qu'on ait là tous les ingrédients du déclin des États-Unis.

La fin du monde ?

Cependant, tous les scénarios que j'ai esquissés jusqu'ici pourraient bien être invalidés par deux autres crises potentielles qui pourraient se révéler encore plus graves que les deux guerres mondiales. Toutes deux sont inédites et ont un caractère indéniablement systémique et global. Et elles ne peuvent pas être limitées pas des frontières nationales ou macrorégionales, car elles sont liées à l'atmosphère même que nous respirons tous.

La première menace globale est militaire, c'est celle de la guerre nucléaire. La gravité de cette menace est presque totalement incalculable dans la mesure où elle dépend de toute une série d'événements dont chacun est susceptible de se produire ou pas. Jusqu'à présent, nous n'avons connu que deux confrontations à caractère potentiellement nucléaire, la première entre les États-Unis (et leurs alliés britanniques et français) et les Soviétiques, la seconde entre l'Inde et le Pakistan, la Chine restant en arrière-plan dans une position plutôt passive. Dans chacun de ces cas, la menace de la destruction mutuelle assurée était tellement évidente pour les deux camps en présence qu'ils y ont répondu, au terme de deux demi-crises, par une logique de désescalade en bon ordre. La dissuasion nucléaire a fonctionné.

Mais lorsqu'on aura plus de deux puissances impliquées dans des conflits plus complexes, la solution ne sera pas aussi évidente. Ce sont justement des conflits multipolaires encourageant certains acteurs à déchiffrer de façon erronée les intentions de leurs adversaires qui ont déclenché les deux guerres mondiales. Au Moyen-Orient, Israël a déjà des armes nucléaires et l'Iran est en voie de les obtenir, ce qui risque d'inciter d'autres puissances régionales à les imiter. Ce serait fort dangereux pour la région, pour ses voisins, pour l'approvisionnement en pétrole d'une bonne partie du monde et pour la communauté internationale en général. Ce type de courses aux armements n'a pas grand-chose à voir avec le capitalisme. Si une guerre nucléaire éclatait, les survivants ne pourraient guère attribuer au capitalisme qu'un rôle mineur dans la catastrophe. Néanmoins, l'Iran se laissera peut-être persuader d'abandonner ses projets nucléaires ; ou bien peut-être que l'Arabie saoudite, l'Irak et la Turquie n'entreront pas dans la course pour faire face à l'Iran ; et peut-être même que la rationalité humaine est capable de maîtriser les dangers posés par la multiplication de puissances rivales dotées de l'arme nucléaire. Reste le scénario dans lequel des terroristes s'empareraient d'un explosif nucléaire. Qui pourrait en prédire l'issue, vu que certains terroristes semblent être motivés par des objectifs supramondains ? Leur idéologie pourrait bien être la plus dangereuse qui ait jamais existé.

La seconde crise systémique est en revanche tout à fait prévisible, à moins que des mesures extraordinaires ne soient prises pour l'éviter. Le changement climatique est une réalité (je me penche sur la question dans le chapitre 12 du quatrième volume de *The Sources of Social Power*). L'air, la mer et la terre sont victimes d'un réchauffement progressif tout en connaissant simultanément des fluctuations de température plus importantes, principalement en raison des activités humaines. La menace est globale, puisque les émissions de gaz à effet de serre affectent les gens partout dans le monde. Elle est grosse de plusieurs scénarios catastrophes simultanés : pénurie de nourriture et d'eau, fonte de la calotte polaire et dégel de la toundra, montée du niveau des océans, etc. Des millions de personnes risquent déjà une mort prématurée à cause du réchauffement de la planète et, d'ici vingt à trente ans, si la direction du développement des sociétés humaines ne change pas radicalement, c'est la survie même d'une poignée de nations parmi les plus pauvres qui est en question.

Si l'humanité veut intervenir à temps pour réduire de façon substantielle les émissions, il lui faudra contester et réformer radicalement trois grandes institutions qui ont connu un grand succès au cours du siècle dernier. La première est le capitalisme, mais seulement parce que c'est aujourd'hui le mode de production dominant au niveau mondial. À son apogée, le socialisme d'État était tout aussi destructeur de l'environnement. Comme le signalent les écologistes radicaux, il faut déconnecter la société de la logique implacable du profit. Cela pourrait se traduire par des mesures visant à « discipliner » le monde des affaires à travers des formes de régulation et de contrôle centralisées, ou bien par une imposition du flux des ressources consommées par les entreprises, ou bien par des mécanismes de marché tels que les « bourses de carbone », qui incitent les capitalistes à investir plus fortement dans les industries « vertueuses » à faible émission. Si ces politiques sont menées avec rigueur, le capitalisme survivra, même si ce sera sous une forme beaucoup plus réglementée. Étant donné que de nombreuses industries ne produisent pas un très haut niveau d'émission, il n'y a pas de raison que les capitalistes soient tous unis dans l'opposition à ces mesures. Elles pourraient au contraire inaugurer une nouvelle phase de « destruction créatrice » où les technologies à faible émission de carbone engendreraient des profits et de nouveaux emplois. Certains entrepreneurs misent déjà sur une telle évolution et investissent dans les carburants alternatifs, la préservation des forêts et des zones humides et autres innovations écologiques. Pour l'instant, l'introduction des technologies énergétiques alternatives ne se traduit pas par une création nette d'emplois, mais cela pourrait changer si elles deviennent la norme. Un rapport récent du Copenhagen Consensus Center suggère qu'un tel scénario est envisageable si un certain nombre de conditions sont remplies : rythme rapide des innovations, progression rapide des économies d'échelle, mise en œuvre de politiques « vertes » de nature similaire à l'échelle internationale, à quoi il faut peut-être ajouter l'adoption de dispositifs protectionnistes reposant sur des taxes d'importation ou d'autres mesures favorisant la production locale. On pourrait aussi encourager la création d'emplois à travers la politique fiscale. Si on taxe le flux total des ressources non renouvelables au lieu d'imposer le capital ou le travail en général, comme c'est le cas actuellement, cela constituera une incitation à l'embauche. La prochaine vague de destruction créatrice pourrait reposer sur les technologies alternatives, et nul doute que l'industrie des combustibles fossiles serait la première victime de ce processus de destruction.

Mais ce n'est pas seulement le capitalisme qu'il faut brider. Il faut aussi combattre l'obsession de la croissance qui caractérise l'État-nation. Tous les États mesurent leur succès à l'aune de la croissance du PIB, alors même que celle-ci augmente la dégradation de l'environnement. Cela implique de réduire le pouvoir des élites politiques qui estiment n'être à même de préserver leur position qu'en promouvant la croissance à court terme entre deux élections. Un régime à faible émission aurait certainement pour effet à court terme une diminution de la croissance, tout en la stimulant en fait à long terme dans la mesure où le changement vaut mieux que la routine et l'inaction, qui auront des effets catastrophiques pour la planète et ses habitants. Le problème, c'est que le long terme n'intéresse guère ni les politiciens ni l'électorat. En outre, ces derniers vivent encore à l'époque de l'État-nation souverain et expriment une grande résistance à toute remise en question de cette souveraineté. Pourtant, toute forme de réglementation environnementale efficace aura nécessairement un caractère supranational et passera par des accords intergouvernementaux qui limiteront fortement la marge de manœuvre autonome des États-nations isolés.

Peut-être que le mouvement écologiste finira par convaincre les capitalistes, les élites politiques et les électeurs de s'engager sérieusement sur la voie des réductions d'émission. Peut-être que l'Union européenne pourra aider le reste du monde à franchir l'obstacle souverainiste, étant donné qu'elle l'a déjà fait dans d'autres domaines. Mais, pour en arriver là, il nous faudra d'abord maîtriser la logique inexorable de la « citoyenneté consumériste », qui fait que les gens estiment qu'ils ont le droit d'exiger toujours plus de croissance économique afin de consommer plus. Les citoyens ordinaires ne pourront pas éviter la catastrophe sans changer leur mode de vie, mais la catastrophe paraît aujourd'hui abstraite et lointaine – jusqu'au jour où elle aura lieu.

Les trois grandes inventions de la modernité – le capitalisme, l'État-nation, et les droits des citoyens – sont coresponsables de la crise de l'environnement. Les chaînes causales qui l'alimentent ont des racines essentiellement économiques, même si elles passent par la médiation des rapports de pouvoir politique, ce qui fait que le problème ne relève pas simplement du fonctionnement du système capitaliste. Il est bien entendu fort difficile de contester ces trois grandes réussites au nom d'un avenir plutôt abstrait. Si toutefois l'on y parvenait, cela renforcerait la tendance à l'instauration d'un capitalisme à croissance faible. Tout cela impliquerait un renforcement des contrôles politiques, mais par le biais d'accords internationaux entre États intervenant de manière collective. On aurait moins de marché et plus d'État, même si pas nécessairement dans un sens socialiste, mais plutôt dans celui d'une nouvelle forme de collectivisme supra-étatique promouvant la régulation du marché. Pour l'instant, c'est un scénario assez peu vraisemblable. Non seulement les États-Unis ne sont pas disposés à prendre la moindre initiative sur ces trois fronts, mais ils n'acceptent même pas de mettre en place des programmes minimaux de réduction des émissions. Pour sa part, la Chine est plus ouverte à de tels programmes et les dirigeants du Parti ont le pouvoir de les appliquer, mais tous leurs efforts sont rendus vains par le rythme frénétique de l'industrialisation chinoise. La même chose vaut pour l'Inde et d'autres pays émergents. Mon pronostic est qu'on n'assistera pas à un effort substantiel de réduction des émissions tant que l'impact du changement climatique ne se fera pas sentir avec force, quelque part vers le milieu du XXIe siècle.

Ça chauffe donc vraiment du côté du climat. Faut-il mettre nos espoirs dans une percée technologique ? Pour l'instant, ni le solaire ni l'énergie éolienne ne sont à la hauteur du défi, mais les expériences en cours autour de la fusion froide, ou bien l'invention de batteries solaires radicalement différentes, ou encore les centrales solaires utilisant du sel fondu, pourraient éventuellement donner des résultats significatifs. Ce n'est pas le cas du « charbon propre », qui n'est qu'une manœuvre de diversion promue par l'industrie extractive. Peut-être les écologistes arriveront-ils à susciter une agitation de masse susceptible de convaincre les politiciens d'adopter des politiques environnementales plus radicales. Peut-être que les entrepreneurs des secteurs à faibles émissions offriront un puissant contrepoids aux industries polluantes. Peut-être qu'on assistera à une coopération entre la science et le monde des affaires pour promouvoir une nouvelle phase de destruction créatrice centrée sur les nouvelles technologies vertes. Mais, pour l'instant, on ne voit aucune de ces possibilités se profiler à l'horizon. Bien entendu, en cas de crise durable du capitalisme, le déclin mondial de la production entraînera le ralentissement et même le déclin des émissions (après une phase d'hystérésis où leur croissance se poursuivrait). Inversement, si l'on arrive à maîtriser la logique du capitalisme, des États-nations et du consumérisme, on obtiendra une décélération du PIB fondée sur un consensus international et tout le monde se satisfera d'une croissance quasi nulle. À quelque chose malheur est bon !

Mais si on n'agit pas à temps et que le climat commence à se dégrader sérieusement, le scénario « optimiste » serait que les différents pays du monde prennent des mesures coordonnées pour imposer des restrictions sévères au capitalisme, aux États et aux citoyens. Dans le cas contraire, on peut s'attendre à divers scénarios catastrophes. Les États les moins affectés, ceux des pays riches du Nord, pourraient ériger des barrières contre le reste du monde et se retrancher dans une forme de « capitalisme forteresse », de « socialisme forteresse » ou de régime « écofasciste ». On pourrait avoir des masses de réfugiés victimes de la famine. On pourrait voir se déclencher des guerres pour les ressources naturelles (mais pas nécessairement entre puissances nucléaires). Quel que soit le nom que nos descendants donneront à ces futurs régimes, « capitalistes »,

« socialistes » ou « fascistes », ils se caractériseront certainement par leur nocivité. Et il est bien entendu impossible de prédire comment les êtres humains réagiront à une telle menace.

La fin est proche… ou peut-être pas

La gamme de scénarios alternatifs que j'ai présentés ici est je crois le mieux que nous puissions faire en matière de prédiction. J'espère d'abord avoir montré que la société moderne et le capitalisme contemporain ne peuvent pas être définis comme des « systèmes ». Ils dépendent de multiples réseaux de pouvoir entrelacés, chacun lié à ses propres chaînes causales. Les formes les plus importantes en sont le pouvoir idéologique, le pouvoir économique, le pouvoir militaire et le pouvoir politique. Certaines dimensions de leurs possibles futures interactions sont plus faciles à prévoir que d'autres. En premier lieu, les États-Unis sont en train de perdre leur position hégémonique dans le monde – même leur énorme puissance militaire ne semble plus en mesure de leur permettre d'atteindre les objectifs que leur dicte leur intérêt national. Cela semble presque inévitable : la fin de l'hégémonie est proche. Le déclin américain pourrait même être encore plus sévère si Washington ne remédie pas aux nombreux déficits qui s'accumulent au niveau politique, économique, idéologique et militaire. En second lieu, la position de l'Union européenne est elle aussi menacée, même si ses difficultés économiques actuelles ne sont aggravées que par une seule faiblesse exogène, la fragilité politique de l'euro. Presque toutes les difficultés européennes dépendent de la solution de ce problème, qui est essentiellement d'ordre politique et idéologique plutôt qu'économique. En troisième lieu, le pouvoir économique mondial va continuer à se déplacer de l'Occident vers les régions les plus dynamiques du reste du monde et, en moyenne, cela signifiera plus de régulation politique du capitalisme. Tout cela est assez clair.

Ce qui l'est moins, c'est ce que nous réservent les autres scénarios. Si, à l'instar de Schumpeter, nous considérons la « destruction créatrice » comme l'essence du capitalisme, la création pourrait devenir le privilège des pays émergents et la destruction le sort de l'Occident. Il s'agit pourtant là d'un avenir moins probable qu'un retour aux réseaux de pouvoir multipolaires des époques précédentes, cette fois organisés à l'échelle mondiale. Mais il est peu probable que les mécanismes endogènes de l'économie débouchent sur une crise mondiale du capitalisme. Ce qui est plus plausible, c'est qu'une fois que se sera instaurée une répartition plus équitable du pouvoir à l'échelle de la planète, la croissance économique mondiale commencera à ralentir, annonçant peut-être une nouvelle ère où prévaudrait une économie capitaliste stable, prospère, mais à faible croissance. Une perspective globalement positive, même si cela peut s'accompagner de l'existence d'une minorité d'« exclus » rassemblant entre 10 % et 20 % de la population.

Mais tout cela pourrait être remis en question par l'éclatement d'une des deux crises incontrôlables que nous avons mentionnées : un conflit nucléaire ou une brusque accélération du changement climatique. Le premier serait lié à une chaîne causale exogène au capitalisme, la seconde dépendrait d'enchaînements macro qui outrepassent le cadre du capitalisme. Dans les deux cas, ce pourrait être la fin non seulement du capitalisme, mais aussi de la civilisation humaine. Seuls les insectes hériteraient de la planète. Mais, en fin de compte, rien n'est définitif et le poids des décisions politiques est considérable. En principe, l'humanité est libre d'opter pour l'un ou l'autre de ces divers scénarios, pour le meilleur et pour le pire, ce qui rend l'avenir imprévisible en dernière instance. Nous agissons parfois de façon rationnelle, mais le plus souvent avec un horizon à court terme, et nos actions obéissent au contraire parfois aux émotions, à l'idéologie ou à d'autres motifs irrationnels. C'est la raison essentielle pour laquelle nous ne pouvons pas plus prédire l'avenir du capitalisme que celui du monde.

CHAPITRE 4

Ce qu'était le communisme

Georgi Derluguian

Il y a des raisons évidentes de revenir sur ce qu'étaient les États communistes dans un livre centré sur la possible disparition du marché capitaliste. Le communisme est encore perçu par beaucoup comme la principale alternative au capitalisme, en même temps qu'il convoque les images effrayantes du culte de la personnalité, des purges, des pénuries et de la multiplication des cheminées d'usine. Mais il y a aussi des raisons moins évidentes. Après coup, l'effondrement du bloc soviétique a été perçu comme inévitable en raison d'un consensus presque unanime sur le caractère manifestement inefficace et oppressif du système communiste. Pourtant, dans les années 1950 et 1960, il était fréquent à l'Ouest d'admirer (et de redouter simultanément) les extraordinaires prouesses militaires et scientifiques de l'Union soviétique, et de nombreux experts estimaient même que la question des nationalités y avait été définitivement résolue. Pendant les années enivrantes de Gorbatchev et de la *perestroïka*, à l'Est comme à l'Ouest, nombreux étaient les observateurs qui vantaient les actions humanistes de Moscou. Aujourd'hui, c'est le miracle économique chinois qui est salué comme le plus grand succès et la plus grande espérance du capitalisme, et peu importe si nombre d'entrepreneurs chinois possèdent encore leur carte du Parti. Ce qui fait d'ailleurs que parler d'« effondrement » du communisme dans le cas chinois est un peu hors de propos.

Mais l'Union soviétique, elle, s'est effectivement effondrée. Vers la fin de son existence, elle était devenue une société industrielle développée gouvernée par une espèce d'oligarchie économique. Ce qui nous permet sans doute de reprendre à nouveaux frais la question de savoir à quoi pourrait ressembler un effondrement du capitalisme occidental. Sur le plan empirique, une hypothétique révolution anticapitaliste suivrait-elle le schéma classique de 1917 ou bien ressemblerait-elle plutôt aux mobilisations civiques de 1989 ? D'où notre motif spécifique pour examiner l'Union soviétique dans ce livre : deux de ses auteurs, Immanuel Wallerstein et Randall Collins, ceux-là mêmes qui annoncent aujourd'hui la fin prochaine du capitalisme, sont connus pour avoir prédit dès les années 1970, sur la base de prémisses théoriques distinctes, le déclin du communisme en Russie.

J'ai donc une confession à faire : en 1987, alors que j'étais en poste à l'ambassade d'Union soviétique à Maputo, je n'ai pas demandé l'autorisation des représentants locaux du KGB pour rencontrer le citoyen américain Immanuel Wallerstein. La république populaire du Mozambique était alors déchirée par un conflit armé où l'Occident et le bloc soviétique s'affrontaient par procuration, et ce rendez-vous secret entre un jeune officier soviétique et un célèbre universitaire occidental sous les vénérables jacarandas de l'hôtel Polana avait tout d'un roman d'espionnage à la Graham Greene. Je prenais de très gros risques, mais seuls ceux qui ont connu l'excitation de palper un livre interdit peuvent vraiment comprendre la curiosité intellectuelle qui me poussait à le faire. Les censeurs soviétiques considéraient bien entendu la théorie néomarxiste de Wallerstein comme une hérésie. Conscient de mon anxiété, Wallerstein eut l'amabilité de me confier ses prédictions : « Ne vous faites pas de soucis, les membres de votre génération pourront bientôt voyager librement à travers le monde, même si je ne suis pas sûr que cela vous rendra beaucoup plus heureux. » Constatant mon incrédulité, il ajouta avec un sourire : « Qu'est-ce qui vous fait croire qu'il y aura un défilé militaire sur la place Rouge de Moscou, disons, le 7 novembre 2017, à l'occasion du centième anniversaire d'un événement que vous ne saurez sans doute même plus comment désigner d'ici là ? » Complètement absurde, pensai-je alors, même si le mot russe qui me traversa l'esprit en ce moment prophétique était nettement plus salé.

C'est avec la même incrédulité que le public du vénérable Institut d'études russes de l'université Columbia accueillit la conférence prononcée par Randall Collins au printemps 1980. Ce sociologue excentrique venait d'expliquer sereinement à un aréopage de soviétologues que, d'après le modèle mathématique qu'il avait élaboré, l'obscur objet de leurs préoccupations professionnelles aurait disparu pendant le cours de leur existence. L'Amérique était encore sous le choc de la guerre du Vietnam, de la stagflation économique et de la crise des otages en Iran. Dans la course à la Maison-Blanche, Ronald Reagan faisait campagne sur l'idée que l'arsenal nucléaire des États-Unis était désormais loin derrière celui de l'Union soviétique et que Washington devait rattraper son retard en matière d'armements pour contenir la menace communiste dans le monde. Et voilà que Randall Collins, fils d'un diplomate de carrière américain, parlait de désarmement nucléaire et de poursuite de la détente entre les deux blocs. Mais cette vision optimiste ne découlait nullement d'un pacifisme idéaliste, elle était inspirée par la théorie géopolitique initialement développée par Max Weber [1].

Dans le modèle wébérien conçu par Randall Collins sur la base de cinq paramètres de puissance géopolitique, l'URSS obtenait un score étonnamment faible. Le déclin soviétique paraissait inévitable ; restait seulement à savoir comment il se produirait exactement. En revanche, et contrairement à l'impression qui prévaut aujourd'hui, ce même modèle montrait que, dans les années 1980, Washington n'était pas encore confronté à un risque de déclin géopolitique. Par conséquent, la priorité numéro un pour la sécurité du monde et des États-Unis consistait à éviter une guerre nucléaire avec une Union soviétique en pleine décadence. Selon les précédents historiques offerts par la trajectoire de nombreuses expériences impériales du passé, la désintégration due à la surextension géopolitique d'un empire se produit généralement très peu de temps après une longue période d'affrontements qui réduit progressivement le nombre des belligérants à deux grands rivaux et à leurs satellites. L'empire structurellement le plus faible est dès lors menacé de disparition, soit sous l'effet de dissensions internes animées par des gouverneurs séparatistes et des généraux frustrés, soit à l'issue d'une impitoyable confrontation armée, comme celle entre Rome et Carthage.

Il faut bien admettre que les soviétologues avaient de bonnes raisons de se scandaliser : en guise de preuves empiriques, Collins s'appuyait sur des atlas historiques des empires antiques et médiévaux. La théorie géopolitique n'avait pas grand-chose à

---

1 L'épisode est relaté dans Randall COLLINS, « Prediction in macro-sociology », *loc. cit.* La prédiction initiale de l'effondrement de l'Union soviétique par Randall Collins est l'objet de son article « Long-term social change and the territorial power of States », *Research in Social Movements, Conflict, and Change*, vol. 1, 1978, p. 1-34..

dire des évolutions récentes en Pologne, au Nicaragua et en Afghanistan, ou de l'état de santé de Leonid Brejnev. En outre, Collins n'offrait qu'un calendrier extrêmement vague : l'empire soviétique était censé s'effondrer à un moment ou un autre dans les décennies à venir. Les prévisions macrosociologiques ont souvent un caractère très général. Tout ce qu'elles peuvent identifier, c'est la direction d'une dérive structurelle et son rythme approximatif. Il est peu probable que quiconque arrive à faire mieux à long terme. Mais les prévisions de la soviétologie étaient encore moins avérées, même à court terme.

En quoi ces anciens pronostics de Collins et Wallerstein éclairent-ils ce que nous savons aujourd'hui de la trajectoire soviétique ? On ne peut pas mener le débat actuel sur les perspectives du capitalisme sans analyser clairement ce qu'était vraiment l'alternative communiste au capitalisme. Mais notre objet est lourdement grevé de polémiques idéologiques. Je suggérerai donc que la meilleure façon d'expliquer l'essor et le déclin du communisme est de l'inscrire dans une perspective macrohistorique plus ample.

La plate-forme géopolitique russe

La percée initiale du communisme sur les ruines de l'Empire russe est une vicissitude historique improbable. Elle n'est toutefois pas plus improbable que la percée initiale du capitalisme en Occident, ou d'ailleurs toute mutation conséquente de l'organisation du pouvoir social. Cela ne signifie pas que la révolution bolchevique fut un événement complètement aléatoire. En général, la contingence historique correspond à l'actualisation, par le biais de l'intervention humaine, d'opportunités structurelles latentes qui émergent dans les moments de crise, lorsque les contraintes du passé sont balayées. La créativité et l'énergie visionnaire – tout comme l'incapacité de saisir l'occasion et le déficit de leadership – sont des conséquences de l'action humaine sur les potentialités et les contraintes structurelles émergentes. Les alternatives semblent improbables à tout le monde sauf, bien entendu, à ceux qui seront proclamés visionnaires *a posteriori*. La véritable prouesse de ces visionnaires est de découvrir de nouvelles possibilités dans le feu de l'action et de transformer ces possibilités en réalité. Mais toutes les possibilités ne deviennent pas réalité. Le soulèvement bolchevique de 1917 a complètement éliminé la faible possibilité qu'avait la Russie de devenir une démocratie libérale. Il a également exclu la possibilité bien plus prégnante que la Russie devienne fasciste. L'action de Lénine et de sa petite bande de camarades a évidemment beaucoup contribué à changer la trajectoire de la Russie et du monde entier à partir de 1917. Mais la causalité fonctionne également en sens inverse : le fait que les révolutionnaires communistes aient pris le pouvoir dans un pays comme la Russie plutôt que, par exemple, en Italie, au Mexique ou même en Chine a lui-même une grande importance.

Afin de mieux comprendre cette plate-forme économique et géopolitique qu'on appelle la Russie, il convient de remonter jusqu'aux moments clés de l'histoire pendant lesquels l'Empire russe a pris sa forme familière. On peut identifier un premier moment de ce type à l'aube de l'ère moderne, entre 1500 et 1550. Si nous pouvions sonder les analystes politiques de l'époque sur la direction dans laquelle s'engageait alors l'humanité, ils s'accorderaient avant tout à décrire l'émergence spectaculaire de nouveaux empires à travers la vaste étendue continentale qui sépare l'océan Pacifique de l'océan Atlantique. Il est probable que ces experts imaginaires ne penseraient guère à mentionner la Réforme protestante, dans la lointaine extrémité nord-occidentale de l'Eurasie, ni peut-être même la récente découverte des Amériques. À l'époque, c'était la Chine des Ming qui était le vrai géant démographique et manufacturier de la planète. Peu après 1500, les Moghols imposèrent leur domination impériale à un sous-continent indien naturellement enclin aux divisions.

Au même moment, les Safavides étaient en plein essor en Iran et les Turcs Ottomans revendiquaient vigoureusement l'héritage de l'Empire romain d'Orient, tandis que les Habsbourg espagnols paraissaient sur le point de jeter les fondations d'un grand empire catholique en Occident. Pour presque tout le monde, les terribles désordres du Moyen Âge étaient enfin révolus. Ce regain d'ordre et de prospérité était assuré par de vastes empires et renforcé par toute une série d'innovations importantes : techniques agricoles et artisanales plus efficaces, administration fiscale centralisée, religions officielles conservatrices, sans parler de l'invention de nouvelles pièces d'artillerie bien plus puissantes que jadis.

Dans le panorama général de l'époque, la Russie était une réalité lointaine et marginale. Cela finit pourtant par jouer paradoxalement en sa faveur. Du simple fait de son isolement géographique, l'empire naissant des tsars était protégé de ses concurrents plus puissants à l'ouest et au sud, les Allemands et les Turcs. Parallèlement, la diffusion des armes à feu avait inversé le déséquilibre séculaire entre cavaliers nomades et agriculteurs sédentaires. En assurant la sécurité des laboureurs slaves installés dans les vastes étendues fertiles de la steppe face aux maraudeurs tatars, la Russie du XVIe siècle fit des progrès considérables sur le plan démographique et fiscal. Par sa nature et son ampleur, l'expansion russe de l'époque ne peut guère être comparée qu'à celle de l'Espagne. Les Cosaques, pionniers armés bientôt suivis par des garnisons de troupes régulières, traversaient la steppe dans la direction exactement inverse des anciennes invasions nomades. La Russie se trouva bientôt aux portes de la Chine.

Il n'y a rien d'extraordinaire à ce que la Russie du XVIe siècle soit devenue un empire en même temps que les autres nombreux empires de sa génération, tous fondés sur la puissance des armes à feu. Il est plus surprenant qu'aux alentours de 1900 elle ait encore été une grande puissance en pleine expansion. Car après tout, au tournant des XIXe et XXe siècles, ni la Chine, ni l'Inde et l'Iran, ni même la Turquie ou l'Espagne, n'avaient pu maintenir leur position privilégiée. Ce déclin accéléré des empires non occidentaux ou périphériques était bien entendu lié aux évolutions de l'extrême Occident depuis quelques siècles. Le grand projet espagnol de restauration catholique de l'Empire romain d'Occident s'était heurté à la résistance collective des royaumes, principautés, cantons indépendants et ligues de cités-États de l'Europe du Nord-Ouest. Si la monarchie des Habsbourg avait réussi à écraser cette résistance, la Réforme protestante ne serait restée dans la mémoire historique que comme une hérésie de plus, tandis que les marchands et les princes hostiles aux Habsbourg seraient tout au plus considérés comme une bande séditieuse de pirates et de seigneurs de la guerre féodaux. En réalité, le cours réel des événements permit à l'alliance capitaliste des États protestants associés à des réseaux marchands cosmopolites de se maintenir dans un équilibre géopolitique précaire face à l'Espagne. Plus que la religion protestante en elle-même, c'est cette espèce de match nul militaire et idéologique qui assura la survie des premiers États capitalistes, en particulier les Pays-Bas et l'Angleterre.

Ce n'est que deux générations après la percée du capitalisme en Occident que Pierre le Grand lança ses réformes absolutistes en Russie. Ce souverain extraordinaire, qui s'était déguisé pour aller travailler comme apprenti charpentier sur les chantiers navals d'Amsterdam et avait probablement rencontré Isaac Newton à Londres, était déterminé à apprendre auprès des meilleurs. Il était resté passionnément attaché à son premier amour, la Hollande. Pour vraiment apprécier la puissance de cette influence hégémonique, il faut se souvenir que le drapeau de la Russie est un drapeau néerlandais légèrement modifié et que les canaux de Sankt Pietersburg (car telle était l'orthographe néerlandaise utilisée à l'origine) n'ont pas d'autre raison d'exister que la ferme conviction de Pierre qu'une capitale moderne se devait de ressembler à Amsterdam.

Il existe de nombreux autres cas de réformes « imitatives » similaires plus ou moins à la même époque : celles du marquis de Pombal au Portugal, de l'empereur Joseph d'Autriche et même d'Alexander Hamilton aux États-Unis. Mais, plus on s'éloigne du cœur de l'Occident, et plus le taux de succès des empires est évanescent. Même l'Espagne finit par perdre ses possessions impériales et par être réduite à l'isolement derrière la barrière des Pyrénées. L'Inde, la Chine et l'Iran connurent un déclin radical et sombrèrent dans la dépendance coloniale. Un des plus grands pays européens, le royaume de Pologne-Lituanie, avec son aristocratie pléthorique et rebelle, succomba à la partition. La glorieuse cavalerie de la *szlachta* polonaise ne pouvait plus prévaloir à l'heure où les marines professionnelles, les armées régulières et l'artillerie, à la fois plus coûteuses et plus efficaces, décidaient du sort de la guerre. Un siècle après la Russie de Pierre, les Ottomans firent un effort appréciable avec les réformes dites des Tanzimat, mais il était déjà trop tard pour que la Turquie se débarrasse de sa réputation d'« homme malade de l'Europe ». Plus proche encore de l'exemple de Pierre le Grand, on peut citer le cas impressionnant du seigneur de la guerre albanais Méhémet Ali, maître de l'Égypte, qui, entre 1810-1840, entreprit de bâtir une marine, une industrie d'armement et une bureaucratie moderne. Mais ce modernisateur absolutiste fut rapidement contré par les Britanniques, nullement disposés à voir émerger au Moyen-Orient une puissance régionale contrôlant Suez et donc la route de l'Inde.

Parmi les pays non occidentaux, seul le Japon de l'ère Meiji, à partir de 1868, réussit à se tailler une place importante dans la configuration géopolitique et militaro-industrielle de l'époque. Cette affinité insolite entre la Russie de Pierre aux XVIIe et XVIIIe siècles et le Japon de Meiji au tournant du XIXe et du XXe siècles nous offre peut-être une indication. Ces deux pays périphériques mais très différents entre eux avaient toutefois en commun la même ambivalence idéologique : un orgueil national intense et un sentiment d'insécurité profond lié à leurs confrontations humiliantes avec les forces supérieures de l'Occident. Cette perception duelle de leur place dans le monde était sans doute une condition nécessaire mais pas une condition suffisante, étant donné qu'elle était loin d'être spécifique au Japon et à la Russie. Il leur fallait aussi pouvoir accumuler les ressources institutionnelles et financières qui leur permettent de surmonter leur complexe d'arriération et de vulnérabilité. Grâce à leur isolement, ces deux empires martiaux étaient relativement à l'abri des pressions commerciales et militaires des puissances étrangères et disposaient ainsi d'une marge de manœuvre pour consolider leur potentiel et s'engager dans la course aux armements de l'époque. Les coûts énormes de la modernisation impériale étaient essentiellement supportés par les paysans, qui étaient contraints par l'État à payer plus d'impôts, à fournir de la main-d'œuvre pour les chantiers publics et des recrues pour les forces armées. Mais il ne suffisait pas de faire pression sur les paysans. Les réformateurs absolutistes devaient aussi discipliner, rééduquer, rétribuer et galvaniser leurs propres élites, essentiellement en les mettant au service de l'État en tant qu'officiers et hauts fonctionnaires.

Ce modèle développementiste reposait sur l'accumulation de ressources, de populations assujetties et de gloire impériale par le biais d'une centralisation intensive de la coercition et de l'expansion territoriale. En économie néoclassique, la théorie standard prône les vertus du constitutionnalisme anglo-saxon, de l'entreprise privée et de la garantie des droits de propriété comme voie royale de la modernité. Mais, en réalité, pour les pays dominants de l'époque, ce n'était pas la seule façon de rester dans la course. La stratégie coercitive compensait la pénurie relative de ressources capitalistes en faisant de l'État lui-même le principal entrepreneur et en promouvant les industries et les institutions modernes par décret. Rien d'étonnant, dès lors, à ce que les modernisateurs japonais et russes cherchant à émuler l'Occident aient souvent préféré s'inspirer de modèles germaniques. Dès l'époque de Pierre Ier et de Catherine la Grande, l'Empire russe avait de fait importé des centaines d'aristocrates et d'artisans allemands sous-employés dans leur pays pour stimuler son propre développement. C'est ce type spécifique de plate-forme géopolitique dont les bolcheviks s'étaient emparés en 1917.

Le socialisme de forteresse

Personne, en 1917, n'a vraiment été surpris par l'éclatement d'une révolution en Russie. La noblesse russe avait longtemps été hantée par le spectre de la grande jacquerie vengeresse des serfs secouant les chaînes de leur quasi-esclavage. Depuis les soulèvements européens de 1848, l'idée d'une révolution prolétarienne était aussi dans l'air. Cette crainte (ou cet espoir, selon les points de vue) était alimentée par les grèves des ouvriers de l'industrie russe, réprimées par les charges de cavalerie cosaques. Un autre facteur non moins important était l'essor démographique de l'intelligentsia moderniste, ces couches moyennes de professionnels instruits qui se sentaient opprimés par la vieille bureaucratie aristocratique et par l'arriération généralisée de leur pays. Les intellectuels se considéraient eux-mêmes comme l'avant-garde des forces rénovatrices. Le sentiment élevé de leur mission historique se traduisait par toute une gamme de stratégies subversives, depuis la création d'une littérature de niveau international jusqu'aux attentats à la bombe contre les oppresseurs, en passant par diverses formes d'activisme humanitaire.

Pourtant, l'Empire russe continuait à se maintenir tant bien que mal, enregistrant même un taux de croissance industrielle impressionnant dû principalement au fait que, pendant près d'un demi-siècle, il avait eu la chance de ne perdre aucune guerre, facteur typique de déclenchement des révolutions. Or, justement, comme pour bien d'autres révolutions, ce sont deux défaites militaires coûteuses et humiliantes, en 1905 puis en 1917, qui firent basculer le pays. Les soldats se rebellèrent contre leurs officiers tandis que les forces de police se désintégraient. L'effondrement du pouvoir de coercition de l'État libéra tous les spectres longtemps refoulés de la rébellion : furieuses révoltes paysannes dans les campagnes ; activisme ouvrier désormais armé dans les grandes villes ; création enthousiaste par l'intelligentsia d'une série de partis politiques et de mouvements nationalistes, ces derniers formant d'ailleurs bientôt des gouvernements indépendants dans les provinces ethniquement non russes.

Il n'y a donc rien de très surprenant à ce que les bolcheviks aient pu s'emparer du pouvoir au beau milieu de cette implosion de l'ordre étatique. Ce qui est plus surprenant, c'est qu'ils aient réussi à être encore au pouvoir quelques années plus tard.

Comment y sont-ils parvenus ? Avant 1917, les bolcheviks étaient un petit courant d'intellectuels partisans d'une stratégie insurrectionnelle. Le contexte d'illégalité et de persécution leur avait permis de se forger une discipline interne très stricte, promouvant dans leurs rangs le goût du secret et de la conspiration, ainsi que la vigilance face aux espions omniprésents de la police tsariste. Contrairement à leurs homologues chinois, les bolcheviks n'étaient pas des guérilleros paysans et n'avaient pratiquement aucune présence en dehors des grandes villes. Ils considéraient d'ailleurs les moujiks russes comme une masse inculte qu'il fallait pousser à marche forcée vers un avenir radieux. Enfin, bien entendu, la dévotion presque religieuse des bolcheviks à la cause s'inspirait de la vision eschatologique de Karl Marx. Mais le marxisme nourrissait également chez eux un puissant rationalisme scientifique qui en faisait une variété inédite de visionnaires idéologiques modernistes épris de science et d'industrie. Dès le départ, ces marxistes révolutionnaires anticapitalistes et anti-impérialistes étaient prêts à s'emparer des armes de leurs ennemis : la discipline militaire et la planification industrielle promues par l'État allemand et les chaînes de montage chères à Henry Ford.

Une fois au pouvoir, le parti bolchevique développa sa propre police secrète, la tristement célèbre Tchéka, qui accueillit dans ses rangs des dizaines de terroristes révolutionnaires. Ce faisant, il consolidait son monopole politique interne sur l'État soviétique naissant. Puis le Parti créa sa propre organisation militaire, l'Armée rouge. En forgeant une telle armée au beau milieu de la guerre civile et des interventions militaires étrangères, les bolcheviks ne se contentaient pas de préserver leur propre État ; ils promouvaient une véritable identification de l'État et du pouvoir militaire. Avec son mélange d'énergie et de discipline, le « Parti en armes » se révéla aussi un instrument particulièrement adapté pour l'organisation de toutes sortes de campagnes de mobilisation de la société et de stimulation du moral de la population : remise en marche des industries en ruines, réquisition de nourriture auprès des paysans, mais aussi, dans un élan pédagogique typique de l'intelligentsia, création massive de musées, de théâtre, de cours d'alphabétisation et d'universités.

Un aspect clé de la construction de l'État bolchevique était toutefois sans précédent dans le cadre d'un empire polyglotte : la création de républiques nationales se fédérant au sein de l'Union soviétique. C'est en forgeant des alliances politiques et militaires à travers les lignes de démarcation nationales, ethniques et religieuses que les bolcheviks purent l'emporter dans une guerre civile où ils affrontaient de multiples ennemis distincts. Un épisode crucial de l'année 1919 est le moment où l'Armée blanche contre-révolutionnaire du général Anton Denikine fut prise à revers par des combattants islamiques tchétchènes qui s'étaient alliés aux bolcheviks avec la conviction que le marxisme était lui aussi une forme de djihad. On serait tenté de reprocher leur naïveté à ces rebelles musulmans du Caucase, mais il est indéniable que les bolcheviks avaient vraiment à cœur de développer la périphérie non russe, même si c'était dans leurs propres termes. La politique léniniste des nationalités instaura des républiques nationales dans lesquelles les cadres autochtones pouvaient bénéficier de plans de carrière et de ressources considérables pour construire les institutions d'une culture ethnique moderne. C'était le même modèle d'écoles et d'universités, de musées et de studios de cinéma, d'opéras et de ballets qu'en Russie, mais spécifiquement adapté aux nationalités non russes.

On ne peut pas réduire la signification de la victoire bolchevique dans la guerre civile russe à la création d'un ordre étatique à partir du chaos, même s'il s'agit déjà là d'un exploit exceptionnel en soi. Il faut aussi y voir la construction de vastes structures susceptibles de fixer et de canaliser les énergies émotionnelles des millions de personnes affectées par la révolution. À ces masses de jeunes gens et de jeunes femmes, les nouvelles institutions soviétiques offraient une gamme d'opportunités sans précédent grâce aux organismes de formation technique et aux canaux de promotion qu'elles avaient créés. À partir du début des années 1930, une campagne frénétique de construction de nouvelles villes et de nouvelles industries accéléra de façon exponentielle le rythme de la mobilité sociale. Malgré l'austérité brutale de la vie quotidienne, la terreur politique et les charges de travail inhumaines, l'industrialisation et la Seconde Guerre mondiale encouragèrent aussi l'intégration civique massive de millions de Soviétiques débordant d'esprit patriotique et développant de nouvelles identités et de nouveaux modes de vie sous l'égide d'un gigantesque État modernisateur. La destruction des anciens liens sociaux – communautés, Églises et familles patriarcales étendues – ouvrit à des millions de jeunes gens et jeunes femmes les vastes horizons de la société moderne. À une échelle totalement différente, cette dynamique n'est pas sans évoquer l'occidentalisation promue au XVIIIe siècle par Pierre le Grand (souvent célébré dans les romans et les films soviétiques). À l'époque, l'absolutisme de Pierre avait réussi à élargir les rangs de la noblesse et à offrir à la nouvelle élite, outre de nombreuses opportunités de carrière, une justification idéologique et un mode de vie occidentalisé. À l'ère soviétique, les enfants de paysans, qu'ils soient russes ou membres d'autres nationalités, commencèrent à apprendre à faire fonctionner des machines modernes, à vivre dans des logements publics disposant de l'eau courante et de l'électricité, à acheter des montres et des radios de fabrication soviétique et à fréquenter la cantine de leur usine, où on leur servait des hot-dogs, des petits pois en boîte, de la salade à la mayonnaise et des crèmes glacées, produits culinaires d'origine américaine mais rapidement adoptés avec enthousiasme. L'industrialisation planifiée par l'État engendra une perpétuelle surchauffe de l'économie et des pénuries généralisées, dont une pénurie de main-d'œuvre qualifiée. L'Union soviétique se transforma de fait en usine géante et la société en gigantesque agglomération industrielle dépendant d'un seul employeur et où l'État gérait l'existence et le bien-être des travailleurs du berceau à la tombe.

À la tête de ces transformations, on trouvait les cadres du Parti sélectionnés sur des listes spéciales connues sous le nom de *nomenklatura*, qui finirait par devenir un terme péjoratif désignant les bureaucrates indolents. Mais les rangs des premières générations de ladite *nomenklatura* étaient peuplés de jeunes commissaires aguerris et de managers improvisés débordants de charisme révolutionnaire et d'esprit d'initiative. Ils étaient convaincus qu'une conjoncture historique exceptionnelle – et le génie de Lénine – leur avait conféré le rôle d'avant-garde du progrès de l'humanité. Une fois au pouvoir, il n'était pas question de lâcher prise, même temporairement, comme dans une démocratie électorale : ça aurait été trahir la marche de l'histoire. D'un point de vue moral, nombreux sont les analystes et les historiens qui ont du mal à comprendre comment concilier les atrocités révolutionnaires commises par les bolcheviks et leur enthousiasme progressiste inspiré par l'idéologie des Lumières. Ces deux dimensions du communisme sont incontestables, et c'est en réalité la contradiction que l'on perçoit entre elles qui est une illusion idéologique. La révolution russe offrit à une couche relativement mince de membres de l'intelligentsia radicale le pouvoir sur un immense pays majoritairement paysan. Ces militants du changement historique croyaient ardemment à l'électricité et au progrès universel, mais ils avaient aussi appris au cours de la récente guerre civile à faire confiance au Parti victorieux et à leurs chers pistolets Mauser. Les victoires des révolutionnaires russes reposaient sur la création d'une bureaucratie charismatique, phénomène sans précédent dans l'histoire. Ces activistes du développement fusionnèrent toutes les institutions idéologiques, politiques, militaires et économiques du XXe siècle en une unique structure dictatoriale, tel un gigantesque piédestal.

Au sommet de ce piédestal, la personnalité de Staline est sans doute aussi étrange que son étonnante trajectoire, qui ressemble à celle d'un chrétien des catacombes devenu tout à la fois Grand Inquisiteur et pontife de la Renaissance. Mais la notion de personnalité n'explique pas l'omniprésence du culte du leader et des purges dans des pays où Staline n'avait pas ou plus d'influence directe, comme la Yougoslavie de Tito, la Chine maoïste ou Cuba. Pour citer un autre exemple, pensons à la campagne de *glasnost* de Gorbatchev qui, entre 1985 et 1989, coûta leur poste – à défaut de leur vie – à près des deux tiers de la *nomenklatura* brejnévienne. Du point de vue de ses victimes bureaucratiques, la démocratisation ordonnée par Moscou était l'équivalent d'une nouvelle purge calamiteuse. Cette perception explique d'ailleurs pour une bonne part, comme nous allons le voir, les réactions de défense désespérées et destructrices de la *nomenklatura* soviétique et leurs effets désastreux sur les institutions de l'après-1989. Si tous les grands dirigeants (alias grands criminels) communistes déclenchaient périodiquement des campagnes de dénonciation politique, c'est parce qu'ils ne disposaient pas de mécanismes de contrôle moins brutaux. L'élimination de toute forme d'organisation et d'information indépendante non officielle rend le chef suprême pratiquement aveugle à tout ce qui se passe aux niveaux inférieurs de la hiérarchie, ce qui l'amène à soupçonner à juste titre que ses ordres ne sont pas vraiment appliqués.

Ce trait repoussant des régimes léninistes n'a pas grand-chose à voir avec la culture russe ou chinoise, ni avec une quelconque idiosyncrasie nationale. Il aurait certainement consterné Karl Marx, et peut-être Lénine lui-même. Mais le fond du problème est lié aux origines géopolitiques même des États communistes – et aussi, d'ailleurs, de leurs émules nationalistes non marxistes dans le tiers monde. Ces États révolutionnaires se sont forgés dans des affrontements meurtriers. S'ils ont émergé sous la direction de leaders suprêmes, c'est parce que les exigences extraordinaires de la mobilisation nationale y appelaient une unité sans faille du commandement politique, économique et militaire. Le génie de ces leaders semblait validé par le caractère improbable de leurs impressionnantes victoires. De fait, c'était Napoléon Bonaparte qui servait de modèle historique à tous ces empereurs révolutionnaires du XXe siècle.

En s'emparant de l'État, y compris d'un État aussi vaste que la Russie, les révolutions ne pouvaient manquer de se heurter au jeu des rivalités interétatiques. D'où la séquence moderne typique qui voit la guerre succéder à une révolution victorieuse. Les transformations révolutionnaires provoquent des affrontements militaires avec d'autres pays qui cherchent soit à préserver le *statu quo* conservateur, soit, comme le IIIe Reich, à refaire le monde à travers une guerre de conquête et d'extermination. L'émergence des États communistes au XXe siècle a été un accomplissement majeur pour les forces de gauche. Mais, en raison des terribles conflits armés qui ont accompagné la prise du pouvoir par les insurgés communistes et les mouvements de libération nationale, dès le début, les régimes qu'ils ont instaurés ont eu un caractère oppressif et institutionnellement déficient. À partir du moment où ils entendaient défendre et consolider leurs conquêtes antisystémiques, les révolutionnaires du XXe siècle n'avaient guère le choix. Si l'on cherche un argument rationaliste majeur pour promouvoir la lutte contre le militarisme, il est bien là.

L'Union soviétique était-elle un pays authentiquement socialiste ou un État totalitaire ? Ce type d'abstraction idéologique n'est pas extrêmement utile pour expliquer la réalité. L'URSS était ce qu'elle était : un gigantesque État centralisé doté d'une idéologie hors du commun et d'un formidable potentiel géopolitico-militaire reposant sur une industrialisation rapide effectuée dans des circonstances extraordinaires. C'est d'abord l'héritage géopolitique de l'Empire russe, doté d'un niveau de puissance exceptionnel pour un pays semi-périphérique, qui a rendu possible sa survie. C'est le même héritage structurel qui a inspiré à l'État soviétique la stratégie coercitive d'industrialisation fondée sur la dépossession de la paysannerie et la concentration maximale de ses efforts dans la construction d'une armée moderne dernier cri.

L'URSS était résolument moderne et consciemment moderniste. Elle a adopté avec succès les techniques de pouvoir de son époque : mécanisation des forces armées, chaînes de montage dans l'industrie, planification urbaine des grandes métropoles, éducation et protection sociale généralisées, consommation de masse standardisée, y compris dans le domaine des sports et de la culture. Après la décennie futuriste des années 1920, les bolcheviks allaient aussi transformer en produits de consommation culturelle de masse la musique classique, le ballet et la littérature hérités de l'intelligentsia impériale. Et, de fait, le caractère impérial de l'État stalinien était frappant sous bien des aspects. Pourtant, la capacité de l'Union à promouvoir pendant près de trois générations l'intégration des nombreuses nationalités qui la composaient avait indéniablement une dimension progressiste et moderniste. Les premiers pionniers de la discrimination positive sont les Soviétiques, ce qu'illustrent bien leurs réalisations en matière de développement et d'inclusion.

À l'époque, de nombreux observateurs, qu'ils fussent favorables ou hostiles à la révolution russe, avaient tendance à s'accorder sur le fait que ces réalisations obtenues sur la base de la planification économique et de l'abolition de la propriété privée étaient bien du « socialisme ». Si les caractéristiques fondamentales de l'État soviétique ont si souvent été imitées par une grande variété de régimes nationalistes et développementistes, c'est que, tout au long du XXe siècle, ce niveau extrême de concentration de pouvoir paraissait être la clé du succès. C'est le cas d'un certain nombre d'anciens empires dont les populations désiraient ardemment surmonter leurs humiliations historiques et se tailler une place de choix dans le concert des nations. On peut mentionner des États fondés par des guérillas communistes, comme la Chine, la Yougoslavie ou le Vietnam, mais aussi des régimes nationalistes, comme la Turquie d'Atatürk et, plus tard, l'Iran, avec sa version nationaliste islamique de l'idéologie antisystémique. Mais même des petites nations comme la rebelle Cuba et, dans l'autre camp de la guerre froide, un État *sui generis* comme Israël appartiennent à la catégorie des insurrections nationalistes ayant adopté nombre de caractéristiques d'un « socialisme de forteresse ».

Et pour tous ces pays, le contexte géopolitique était hostile. Après une période initiale de romantisme révolutionnaire, les réalités structurelles du système-monde se faisaient cruellement ressentir, appelant des choix politiques difficiles entre spontanéité et discipline, idéalisme et pragmatisme, mobilisation active des masses et coercition des paysans, pureté idéologique – avec le danger d'isolement qui l'accompagne – et alliances internationales inconfortables. Si les communistes souhaitaient être des acteurs importants sur la scène mondiale, ils devaient forcément finir par trancher en faveur de la realpolitik opportuniste. Malgré leurs proclamations idéologiques, les États communistes n'ont jamais fait totalement sécession d'avec le système-monde capitaliste. Dans les réseaux sociaux, la polarisation conflictuelle est précisément un des plus puissants facteurs de cohésion, qu'il s'agisse de petits groupes ou de pays entiers. Moscou a continué à avoir comme principale obsession et point de référence les grands pays capitalistes. C'est la menace militaire de l'Allemagne avant 1945, celle des États-Unis ensuite, qui ont dicté les priorités de l'industrie et de la science soviétiques. Mais c'était aussi auprès de l'Occident que l'Union soviétique se fournissait en machines-outils de pointe et en biens de prestige, dont l'acquisition était financée pour l'essentiel par les revenus d'exportation de ses matières premières. En dernière instance, les interminables débats sur l'alternative communiste ont pris fin du fait que tous les pays communistes, d'une manière ou d'une autre, ont fini par revenir au capitalisme.

Développement : les coûts du succès

Tout cela nous ramène aux prédictions jadis formulées par Randall Collins et Immanuel Wallerstein. Leur capacité de prévoir la chute du communisme reposait sur des théories très différentes axées sur des processus distincts : pour Collins, c'était la surextension géopolitique de l'empire, pour Wallerstein, les impératifs structurels de l'économie-monde capitaliste. Mais leurs pronostics respectifs se renforçaient mutuellement de manière intéressante. Pour Collins, le dilemme soviétique de la surextension impériale pouvait avoir deux issues désastreuses : la désintégration de l'empire ou bien la fuite en avant belliciste. Wallerstein identifiait pour sa part une troisième possibilité, celle d'un bloc économique et militaire paneuropéen se constituant autour de l'axe Paris-Berlin-Moscou. Il s'agissait là bien entendu d'un scénario conforme aux ambitions de longue date de Charles de Gaulle et à l'esprit optimiste de la *Neue Ostpolitik* allemande des années 1970. Du point de vue analytique, cette prédiction non réalisée de Wallerstein nous amène à poser une hypothèse contrefactuelle : que se serait-il passé si la *perestroïka* de Mikhaïl Gorbatchev avait réussi ? Ce qui implique aussi, soit dit en passant, qu'une Russie reconstruite et l'Union européenne auraient pu trouver des raisons structurelles pour former dans un avenir proche un bloc économique et militaire. Cela dit, les prédictions de Collins et Wallerstein ne faisaient que tracer des lignes très générales d'évolution, sans pouvoir entrer dans le détail empirique des configurations mouvantes de forces sociales, des mécanismes spécifiques du changement et des séquences particulières d'événements susceptibles d'aboutir aux différents résultats historiques réels ou postulés.

Pour formuler son pronostic, Randall Collins extrapolait en direction du futur les dynamiques des grands bouleversements géopolitiques qu'avait connus l'Europe entre 1914 et 1945, lesquels avaient éliminé la plupart des adversaires traditionnels de la Russie. Le statut de superpuissance de l'Union soviétique découlait de la simplification drastique de la géopolitique mondiale : avant 1945, prévalait encore une forme de multipolarité complexe, mais avec la guerre froide on n'avait plus qu'une opposition binaire entre deux blocs idéologiques. Pourtant, du fait de ce nouveau statut, l'URSS devait aussi faire face à des coûts et des inconvénients majeurs et inédits. D'après Randall Collins, dès les années 1980, en raison de son antagonisme permanent avec les États-Unis, Moscou avait déjà atteint le seuil critique où les coûts du contrôle de ses alliés et du conflit avec ses rivaux devenaient insurmontables.

Corollaire important de cette dynamique, le modèle proposé par Collins prédisait également le potentiel de réussite économique de la Chine, alors que presque personne à l'époque ne prenait au sérieux cet énorme réservoir de pauvreté asiatique dirigé par un leader excentrique, le président Mao. Mais un des effets secondaires de la rivalité entre les superpuissances a été de laisser la Chine dans une sorte de limbe géopolitique dont elle a eu la chance de pouvoir profiter. À la fin des années 1970, l'environnement international de ce pays communiste *sui generis* d'Asie de l'Est était certes contraignant, mais aussi d'une grande stabilité, et les coûts géopolitiques auxquels étaient confrontés les dirigeants chinois étaient sans commune mesure avec ceux qui pesaient sur l'Union soviétique. Tout comme leurs homologues japonais après 1945, ils étaient donc libres de poursuivre leurs objectifs stratégiques en matière de puissance et de prestige par la voie qui était alors la plus évidente dans la région : l'industrialisation orientée vers l'exportation à destination des consommateurs américains.

Immanuel Wallerstein a souvent comparé (une comparaison d'ailleurs fort controversée) les pays communistes à des usines saisies par un syndicat à l'occasion d'une grève. Si les travailleurs tentent d'exploiter eux-mêmes leur entreprise, il leur faudra inévitablement se plier aux règles du marché capitaliste. Ils pourront obtenir une meilleure répartition des avantages matériels, mais pas l'égalité ou la démocratie. Les dirigeants syndicaux les plus « réalistes » tendront à réimposer une stricte discipline de production au nom des pressions externes du marché. Si l'on en croit la « loi d'airain de l'oligarchie », dans une organisation complexe, le cercle étroit de ceux qui prennent les décisions de gestion finit par se couper du reste du groupe et se transformer en une nouvelle élite dirigeante. L'illusion idéologique peut prendre un certain temps avant de se dissiper, mais le moment viendra où les anciens militants devenus gestionnaires ne ressentiront même plus le besoin de dissimuler la réalité. L'usine sera alors redevenue une entreprise capitaliste normale où les gérants accumuleront les bénéfices liés à leur position. On peut percevoir cette analyse comme une version sociologique de *La Ferme des animaux*, de George Orwell, mais Wallerstein s'efforce de préciser de façon claire et logique les conditions structurelles et les séquences causales d'une telle dynamique. Il formule également une importante clause politique : aucun socialisme dans un seul pays – ou dans une seule usine – ne peut survivre tant que le système-monde capitaliste ne sera pas remplacé par un système historique différent où l'accumulation du capital ne sera plus la priorité absolue.

La métaphore de Wallerstein était fondée sur l'observation des faits réels. C'est dès 1953 que les dirigeants soviétiques ont essayé d'amender leurs positions idéologiques et militaires en vue d'une intégration économique avec l'Occident. Quelques jours après la mort de Staline, le redoutable chef de la police secrète, Lavrenti Beria, ordonna la première libération massive de détenus du Goulag et signala aux Occidentaux que l'Union soviétique était prête à se retirer d'Allemagne de l'Est. Cet épisode fugitif suggère une possibilité intrigante. Beria était connu pour son opportunisme cynique, mais aussi pour son impitoyable pragmatisme économique. S'il avait abouti à ses fins, le communisme aurait probablement expiré beaucoup plus tôt. Beria aurait sans doute instauré une dictature personnelle et gouverné en permettant sélectivement à ses alliés et complices de se partager les profits d'un capitalisme restauré, ce à une époque où l'industrie et la main-d'œuvre qualifiée soviétiques étaient au meilleur de leur forme. Une telle dynamique aurait peut-être même surpassé le rebond de la Chine lié aux réformes de marché après la mort de Mao. Les consommateurs occidentaux conduiraient aujourd'hui d'élégantes Volga de fabrication soviétique et porteraient au poignet des montres Vostok. Mais, en 1953, l'Occident ne souhaitait pas une réunification de l'Allemagne, et l'Europe disposait elle-même d'une abondance de travailleurs qualifiés et motivés après des décennies de guerre et de dépression.

Dans l'histoire réelle, bien sûr, Beria fut arrêté et exécuté par ses rivaux du Politburo. Pour les membres de la *nomenklatura* du Parti et de la haute hiérarchie militaire, c'était l'occasion de se venger des peurs et des humiliations qu'ils avaient connues aux mains de la police secrète. En 1956, le nouveau dirigeant soviétique, Nikita Khrouchtchev, dénonça les crimes de Staline et survécut sans problème à cette audace. Ce n'est qu'en 1964 qu'il sera renversé pour un tout autre motif : la tentative de démolir les bastions de l'immobilisme bureaucratique enkystés dans les gigantesques ministères industriels verticalement intégrés, équivalent soviétique des firmes géantes capitalistes. Nul doute que les cadres de la *nomenklatura* étaient favorables à une déstalinisation limitée, mais ils souhaitaient que les réformes ne touchent pas aux privilèges de leur paradis bureaucratique : sécurité de l'emploi à vie, généreux avantages matériels et un rythme de travail pas trop exigeant. C'est ainsi que l'appareil dirigeant tentaculaire des ministères économiques, né lors de la vague d'industrialisation des années 1930, continua à fonctionner pratiquement sans modifications. De fait, il allait même en subsister des pans entiers après l'effondrement de l'Union soviétique en 1991, ce qui explique pour une bonne part le caractère nettement oligarchique du capitalisme postcommuniste, avec son incroyable concentration de richesses et la corruption politique qui l'accompagne.

Les coûts de cette espèce d'émancipation corporatiste de la bureaucratie étaient déjà perceptibles au lendemain de la mort de Staline. L'économie de commande a besoin d'un chef suprême qui prenne les décisions concernant l'affectation des ressources. En son absence, le gouvernement central est réduit à l'inertie bureaucratique, paralysé par le lobbying et les querelles d'influence des divers ministères et administrations locales. Le vieux débat économique sur les vertus respectives du marché et de la planification repose sur l'hypothèse intemporelle et donc erronée qu'il s'agirait d'options idéologiques mutuellement exclusives. Il est possible que l'économie planifiée, qu'on devrait plutôt appeler économie de commande, soit plus efficace à court terme, lorsque les circonstances exigent des résultats rapides et presque miraculeux en matière de production standardisée à grande échelle. C'est par exemple le cas pendant les guerres, au lendemain des catastrophes naturelles ou lors des campagnes d'industrialisation accélérée. Mais elle n'est pas adaptée au long terme et aux périodes plus normales qui exigent une gamme d'ajustements plus diversifiés et plus flexibles. Sauf que personne n'aurait alors osé suggérer qu'il fallait se débarrasser de cette gigantesque machinerie administrative obsolescente, orgueil des premiers plans quinquennaux, et dont les principaux dirigeants, d'ailleurs, étaient membres du Comité central. C'est justement une telle tentation qui avait provoqué la chute de Nikita Khrouchtchev en 1964. Les cadres et les idéologues soviétiques avaient fini par éprouver envers les rapports marchands une aversion aussi forte que celle de leurs homologues capitalistes de l'époque néolibérale envers le secteur public et toute forme de réglementation. Mais l'intransigeance des dirigeants du Parti et de l'industrie n'était pas seulement motivée par des raisons idéologiques. Ils avaient surtout peur d'être déplacés par des subordonnés plus jeunes, plus instruits et plus énergiques si jamais on laissait libre cours au débat et à la concurrence ouverts.

La principale source de tension du communisme soviétique dans sa période tardive était l'opposition entre la *nomenklatura* ankylosée et les couches émergentes de spécialistes instruits et d'intellectuels créatifs. Portée par le souffle romantique des années 1960, cette nouvelle vague avait émergé des rangs inférieurs et intermédiaires de la hiérarchie des institutions de l'économie planifiée, de l'enseignement supérieur et de la culture. Il s'agissait littéralement des enfants de la modernisation soviétique. À l'origine, l'idéologie des jeunes spécialistes était une version soviétique des idées propagées par la « nouvelle gauche » partout dans le monde entre 1956 et 1968. Ce n'est que bien plus tard, lors de la crise de la *perestroïka* gorbatchévienne, que l'humeur antibureaucratique des échelons subalternes allait trouver une expression radicalement différente dans la philosophie individualiste du néolibéralisme ou dans l'affirmation des divers nationalismes ethniques. Face à l'idéologie antisystémique officielle du bloc soviétique, les jeunes rebelles adoptèrent l'idéologie du système occidental, et en vertu de la logique de polarisation, ils en adoptèrent les versions les plus extrêmes.

Ce phénomène n'était nulle part plus vigoureux que dans le domaine de la culture. L'orthodoxie officielle prescrit le « réalisme socialiste » ? Écrivons des comédies absurdistes et prônons un spiritualisme mystique ! La *nomenklatura* vante l'amitié entre les peuples ? Jouons sur les sentiments ethniques locaux ! Le ministère de la Culture impose le canon du classicisme dans le domaine de la musique et des arts ? Vive l'abstraction, le jazz et le rock ! L'ironie, bien entendu, c'est qu'à partir du moment où le régime dictatorial vieillissant cessa de se comporter comme une dictature, il devint la cible idéale de la satire et des provocations de la jeunesse. La génération désormais sclérosée de bureaucrates soviétiques dociles formés à la fin des purges staliniennes était incapable de récupérer à son profit cet enthousiasme iconoclaste, comme avaient su le faire les bolcheviks des générations précédentes.

Incapable de brider l'intelligentsia, le régime soviétique arrivé à son stade final n'arrivait pas non plus à faire travailler les ouvriers, et ce avant tout pour des raisons politiques. Ayant limité le pouvoir de la police secrète pour assurer sa propre sécurité, la *nomenklatura* n'était guère encline à déclencher une nouvelle répression de masse. Parallèlement, l'expansion de l'industrie excluait l'usage du chômage comme moyen de discipline. Les managers soviétiques avaient besoin de main-d'œuvre pour accomplir les objectifs du plan, et les travailleurs étaient ainsi à même de négocier de meilleures conditions salariales ou d'aller les chercher ailleurs, à Moscou, qui bénéficiait d'un régime d'approvisionnement spécial, ou bien en Sibérie, où les rémunérations du secteur industriel étaient plus généreuses.

Mais le principal facteur structurel qui garantissait aux travailleurs soviétiques un certain pouvoir de négociation était la transition démographique. Les villages de la Russie centrale étaient désormais vidés de leur population active masculine. Par défaut, cette situation augmenta considérablement le pouvoir social des femmes. Parallèlement, dans les centres urbains, l'emploi dans l'industrie et l'éducation transformait de manière irréversible leur mode de vie, faisant chuter le taux de natalité en à peine une génération. La Russie faisait désormais face à une pénurie de main-d'œuvre sans précédent. Du temps des tsars, et même de Staline, on pouvait toujours compter sur un réservoir apparemment inépuisable de main-d'œuvre rurale qui fournissait aussi une masse de recrues à l'armée. Mais, dans les années 1960, ce réservoir démographique s'était soudainement tari. De fait, la transformation des paysans en ouvriers avait été le grand accomplissement de la civilisation soviétique. Mais cela signifiait aussi que la Russie ne pouvait plus se reposer sur la tradition séculaire qui faisait supporter à la paysannerie le poids du train de vie des élites et de la rivalité militaire avec l'Occident. Cette relative pénurie démographique sapait les fondements du despotisme traditionnel.

C'est dans la formation de la société industrielle soviétique et dans sa nouvelle dynamique démographique qu'on peut identifier deux des conditions structurelles de la transformation des structures désormais désespérément obsolètes de ce mode de production militarisé. Mais, pour en finir avec le despotisme de la *nomenklatura*, la démocratisation émergente avait encore besoin d'une troisième condition, de nature plus ouvertement politique : une alliance entre les couches techniques et intellectuelles libérales et la force ascendante des travailleurs. De fait, ce type d'alliance démocratique large avait déjà prouvé son efficacité lors des mobilisations populaires explosives qu'avaient connues la Tchécoslovaquie en 1968 et la Pologne en 1980. Les régimes post-staliniens semblaient et étaient de fait extrêmement vulnérables aux soulèvements populaires marqués à gauche parce qu'ils ne disposaient plus des ressources idéologiques et coercitives leur permettant d'affronter les mouvements sociaux par une violence massive, ou bien ne voulaient plus les utiliser. Contrairement à l'imagerie marxiste classique, la lutte des classes dans une société industrielle avancée ne répond pas à un schéma binaire. Dans le cas soviétique, elle mettait en jeu essentiellement trois acteurs : les cadres dirigeants de l'économie, l'intelligentsia libérale et les travailleurs. Par conséquent, la meilleure option de la *nomenklatura* était d'acheter les travailleurs au détriment de l'intelligentsia.

Pendant la période Brejnev, la domestication politique des travailleurs soviétiques fut mise en œuvre par le biais de deux tactiques assez coûteuses : l'augmentation de la consommation populaire et la tolérance tacite de l'inefficacité dans la production. Au fond, la *nomenklatura* invitait les travailleurs à partager ses privilèges et à imiter son impéritie complaisante tout en dénigrant les ingénieurs et les intellectuels et en réprimant périodiquement l'intelligentsia dissidente au nom de la lutte contre le « cosmopolitisme déraciné ». À partir des années 1970, la manne des pétrodollars permit de subventionner confortablement ce contrat social conservateur pendant plus de deux décennies. Ses véritables coûts défient toute tentative d'estimation chiffrée. L'augmentation significative de l'alcoolisme, de la mortalité masculine et des vols de matériel au sein des entreprises, ainsi que la piètre qualité des marchandises soviétiques sont autant de conséquences pathologiques de cet essoufflement et du cynisme généralisé qui l'accompagnait. C'est à cet aveuglement, accompagné par un immobilisme social étouffant dont pâtissaient particulièrement les jeunes générations, qu'on doit le mépris auxquelles sont vouées les « décennies de stagnation » de l'ère Brejnev.

L'effondrement était-il inévitable ?

Le jeune leader énergique si longtemps attendu, Mikhaïl Gorbatchev, appartenait à la génération du Spoutnik et de la déstalinisation, deux accomplissements du début des années 1960 qui avaient validé empiriquement la croyance de ses pairs dans le système soviétique. On pourrait même considérer Gorbatchev comme un homme de la « nouvelle gauche » émergente des années 1960. Mais son accession au pouvoir était aussi fortement associée aux mécanismes hiérarchiques officiels du pouvoir autoritaire et, objectivement parlant, ses visées étaient assez conservatrices. En assurant la transition du bloc soviétique à un capitalisme d'État, il espérait avant tout renforcer les structures politiques existantes et transformer au moins les membres les plus juvéniles de la jeune *nomenklatura* en gestionnaires technocratiques de grands complexes industriels avec participation étrangère. Telles étaient les contradictions qui rendaient la rhétorique fervente de Gorbatchev si ambivalente pour ses partisans potentiels, créant une confusion qui finit par se révéler fatale pour le Secrétaire général lui-même. Peu d'observateurs croyaient à l'époque que les discours généreux de Gorbatchev reflétaient ses intentions réelles, mais tout le monde supposait au moins que cet apparatchik expérimenté savait ce qu'il faisait. Or c'était exactement le contraire qui était vrai. Si la stratégie politique de Gorbatchev trahissait une telle dose d'amateurisme et d'improvisation, c'est parce que plusieurs décennies de suppression du débat politique en Union soviétique avaient engendré une polarisation idéologique extrême. Entre la langue de bois rituelle du Parti et l'humanisme abstrait des dissidents, il y avait un énorme vide en matière d'idées et de solutions pratiques. Un dirigeant qui voulait vraiment faire des réformes en était donc fatalement réduit à ce type d'amateurisme et d'improvisation.

Mais imaginons un instant que Gorbatchev ait réussi. En extrapolant les dynamiques fondamentales de sa politique, on peut se faire une idée assez plausible de ce qu'aurait été le résultat final. L'Union soviétique aurait abandonné ses nombreuses positions dans le tiers monde et se serait retirée de l'Europe de l'Est. Du point de vue de Moscou, ça n'aurait pas été une perte si grave, étant donné que la Pologne et la Tchécoslovaquie se seraient bientôt retrouvées dans une position intermédiaire entre une Allemagne unifiée et une Russie devenue partenaire économique stratégique de Berlin. Des accords de désarmement avec Washington auraient considérablement réduit le fardeau géopolitique de Moscou et lui auraient permis de restructurer son complexe militaro-industriel. L'industrie soviétique, toujours formidable et disposant d'une main-d'œuvre avec des niveaux de rémunération relativement bas, aurait attiré les investissements ouest-européens par le biais de contrats parrainés par l'État. (Les gestionnaires soviétiques se sont toujours sentis proches de leurs homologues allemands, français et italiens, porteurs de dispositions assez similaires en matière de capitalisme d'État.) La demande jusqu'ici réprimée des consommateurs des anciens pays communistes et la création d'emplois nouveaux auraient rapidement engendré un boom économique substantiel. Les partis communistes se seraient sans doute divisés entre une majorité de gestionnaires sociaux-démocrates modérés et des minorités isolées d'irréductibles. Le continent européen tout entier, de l'Oural à l'Atlantique, se serait unifié en un seul bloc économique et géopolitique dans lequel l'Allemagne aurait été le moteur de la croissance et la Russie le principal fournisseur de main-d'œuvre, de matières premières et de ressources militaires. Dans cette version de l'histoire, l'hégémonie géopolitique mondiale des États-Unis aurait commencé à décliner beaucoup plus tôt. Alliée à une Union soviétique reconstruite, une Europe sociale-démocrate et paternaliste aurait eu suffisamment de motifs pour s'opposer au consensus néolibéral de Washington, et elle en aurait aussi eu les moyens. Mais, malgré son isolement géopolitique et idéologique, l'Amérique ne s'en serait pas trop mal tirée sur le plan économique. Sensibles aux avantages du modèle européen, les élites américaines auraient peut-être été capables de se convaincre d'adopter une politique de relance de la demande interne et d'établir leur propre bloc commercial avec l'Amérique latine et la Chine. On serait certes resté dans le cadre d'un capitalisme mondialisé, mais cela aurait été une autre forme de mondialisation capitaliste et une autre configuration géopolitique.

Si le monde avait suivi cette voie, Gorbatchev passerait aujourd'hui pour un véritable « sphinx » de la politique, capable de séduire habilement des publics différents avec ses messages ambigus. Ce visionnaire pragmatique aurait alors été couvert de louanges pour avoir été capable de « traverser la rivière en tâtant du pied chaque pierre » et de conduire son pays jusqu'au rivage de la prospérité capitaliste, pour reprendre une célèbre métaphore utilisée par Deng Xiaoping. Peut-être vaut-il la peine de se rappeler que, jusqu'à la fin de l'année 1989, voire un peu plus tard, Gorbatchev était célébré universellement comme le grand promoteur de la démocratie et l'audacieux unificateur de l'Europe, tandis que Deng était vilipendé en tant que boucher de la place Tiananmen. Mais la différence entre les transitions postcommunistes chinoise et soviétique ne relève pas seulement de la personnalité ou du style politique de leurs leaders respectifs. Il existait aussi beaucoup de différences structurelles, et dans la plupart des cas elles étaient liées à l'héritage historique de chaque pays et n'avaient qu'un rapport assez contingent avec le système communiste.

L'année 1989 marqua donc la disparition du communisme, mais dans deux versions très différentes. La chute de l'Union soviétique fut encore plus rapide que l'essor de la Chine. La République populaire de Chine avait également connu une grave crise politique au printemps de 1989, lorsqu'une faction dissidente de la direction du Parti provoqua l'émergence du mouvement étudiant symboliquement associé à la place Tiananmen de Pékin. Ledit mouvement affichait les mêmes forces et les mêmes faiblesses que les mouvements antiautoritaires soviétiques de la même époque ; les mêmes aussi, d'ailleurs, que la « « nouvelle gauche » » en 1968 ou le « printemps arabe » en 2011. Ces protestations spontanées cristallisèrent un puissant courant d'énergie émotionnelle juvénile essentiellement dirigé contre l'hypocrisie et l'égoïsme de la génération au pouvoir. Mais ce qui manquait au mouvement, c'était une organisation autonome d'envergure suffisante, des objectifs politiques à court terme et des relais substantiels dans les villes de province et dans les campagnes. Si les cadres du Parti chinois surent resserrer les rangs en 1989, c'est qu'ils avaient encore en mémoire les luttes factionnelles de la fin des années 1960, sur le terreau desquelles s'était développé l'activisme étudiant ultramaoïste de la Révolution culturelle. Un facteur peut-être plus important encore, c'est que les dirigeants chinois étaient des vétérans de la lutte armée, à la différence de Gorbatchev et ses camarades, apparatchiks de carrière que deux générations séparaient de la révolution et de la guerre civile. Pour des gens comme Deng Xiaoping, l'idée que le pouvoir est au bout du fusil n'était pas seulement une métaphore.

La répression des manifestations de Tiananmen eut toutefois un coût idéologique non négligeable. Les activistes étudiants se réclamaient des mêmes idéaux qui étaient censés légitimer le pouvoir du Parti communiste. La critique de gauche d'un régime lui aussi officiellement de gauche entraîna un virage à droite, même si aucun dirigeant n'osa jamais le reconnaître ouvertement. Car 1989 est aussi la date de la fin du communisme chinois. L'idéologie officielle du Parti communiste chinois était une arme à double tranchant, et ses dirigeants la mirent discrètement au placard pour la remplacer par ce qu'on pourrait appeler une légitimité fondée sur la performance, ce qui est une évolution classique dans le répertoire politique de régimes communistes. Dès 1921, les bolcheviks russes, toujours très conscients des exemples révolutionnaires du passé, admettaient timidement que leur Nouvelle politique économique (NEP) axée sur le marché équivalait en quelque sorte à une étape nécessaire de « restauration thermidorienne auto-induite ». Autrement dit, tant qu'à passer par une phase de libéralisation, autant mettre soi-même en œuvre cette forme de repli temporaire qui préempte l'initiative des ennemis de classe. Mentionnons également, dans les années 1960, les exemples jadis fameux de la Yougoslavie de Tito et de la Hongrie de Janos Kadar, qui combinaient une série de réformes marchandes et un ciblage plus fin de la répression politique. Même le règne monotone de Leonid Brejnev en Union soviétique, que d'aucuns décrivent aujourd'hui avec nostalgie comme les « décennies heureuses », était en fait une réaction conservatrice à l'inquiétante agitation du dégel khrouchtchévien. Mais si, dans les années 1970, les dirigeants soviétiques purent éliminer toute référence à un socialisme de marché, c'est parce que les recettes d'exportation du pétrole et du gaz naturel leur offraient le luxe transitoire d'une inertie bureaucratique sans risque.

La Chine postmaoïste, elle, n'avait guère de pétrole à exporter. En revanche, pour mettre en œuvre sa propre NEP, le Parti communiste pouvait y mobiliser un véritable océan de petits paysans industrieux et d'artisans de province, sans parler de la connaissance du marché que possédait la diaspora chinoise. La motivation politique immédiate de cette mobilisation des forces du marché dans les campagnes et les zones d'exportation était claire et simple : désamorcer les tensions en permettant aux paysans de pouvoir tout à la fois cultiver leur propre nourriture et alimenter les villes. Ce qui n'était au départ qu'une série de mesures défensives finit par ouvrir la voie à une transformation qui permit aux communistes chinois de surmonter la crise politique de 1989. Au-delà des étiquettes idéologiques officielles, la Chine ne faisait finalement que reproduire, quelques décennies plus tard et à plus grande échelle, l'évolution promue pendant la guerre froide par des États développementistes anticommunistes d'Asie de l'Est sous hégémonie américaine, en particulier la Corée du Sud et Taiwan.

Le caractère contingent du succès communiste chinois peut nous aider à mieux comprendre les causes non moins contingentes du désastre soviétique. On peut y voir au fond un gigantesque fiasco de la capacité d'action collective de la *nomenklatura*. L'avalanche d'événements politiques de 1989 provoqua la panique et une série de défections dans les rangs de la bureaucratie soviétique. Ce ne sont pas les nationalistes romantiques des républiques non russes ni l'intelligentsia démocratique de Moscou et de Leningrad qui ont détruit l'État soviétique, mais la couche dirigeante elle-même. Les adversaires de la *nomenklatura*, malgré l'attrait émotionnel de leur position, n'avaient pas encore accumulé suffisamment de forces pour renverser le communisme par leurs propres moyens. Que ce soit en 1989 ou en 1991, ils ne disposaient pas de bases organisationnelles sérieuses susceptibles de se mobiliser rapidement et d'exploiter le déclin rapide du pouvoir politique.

Mais, le plus étonnant, c'est que la *nomenklatura* soviétique se révéla pour sa part tout aussi incapable de mobiliser de quelconques réseaux de pouvoir légitimes pour coordonner son autodéfense à un moment critique. Pendant les années de la *perestroïka*, entre 1985 et 1989, Mikhaïl Gorbatchev avait habilement utilisé ses pouvoirs suprêmes en tant que secrétaire général pour se protéger du type de réaction bureaucratique qui avait jadis sonné le glas de Nikita Khrouchtchev. Les manœuvres de Gorbatchev, menées tout à la fois en public (la *glasnost*) et au niveau des intrigues des cercles d'initiés de l'appareil, dans lesquelles il était réputé expert, avaient mystifié et paralysé les trois piliers institutionnels du régime soviétique : le Parti communiste, les ministères centraux et la police secrète. Mais, en 1989, lorsqu'il s'était vu contraint de sacrifier les régimes communistes satellites d'Europe de l'Est, il avait soudain dessillé la *nomenklatura,* qui avait enfin compris quels étaient ses véritables intérêts dans ce grand jeu plein d'incertitudes. Après 1989, la fragmentation de l'élite oligarchique soviétique suivit très exactement les lignes de fracture bureaucratique des divers secteurs industriels et des diverses républiques nationales. Pour la première fois depuis les légendaires années 1920, on vit émerger plusieurs factions politiques à l'intérieur du Parti communiste, mais aussi à sa périphérie. La durée de vie de ces diverses factions, qu'elles soient progressistes ou réactionnaires, se révéla toutefois assez brève ; la situation évoluait si rapidement et de façon si chaotique qu'elles n'avaient guère le temps de se consolider. Par défaut, les membres de la *nomenklatura* se raccrochèrent à leur véritable domaine d'expertise : la gestion individuelle et personnalisée de leurs réseaux élémentaires de corruption et de collusion. Malgré l'impression de chaos qu'offrait ce processus à l'époque, il n'était pas tout à fait aléatoire.

La *nomenklatura* représentait l'échelon supérieur de l'administration bureaucratique. Ses membres étaient donc tous soumis à une hiérarchie et pouvaient théoriquement perdre leur poste. Comme dans toute grande bureaucratie managériale, le secret de la survie consistait pour chacun à étendre son réseau de connexions clientélistes, à augmenter sa capacité d'influence et à protéger son pré carré. Après 1989, il devenait plus qu'opportun de reproduire ces stratégies de survie à une échelle supérieure. Au sein de la *nomenklatura* cohabitaient trois hiérarchies qui se recouvraient partiellement : les administrations territoriales (y compris celles des entités ethniques autonomes), les ministères des diverses branches de l'économie et l'appareil de direction centrale de la police secrète et du dispositif d'« inquisition » idéologique du Parti. C'était ce dernier appareil qui avait joué un rôle prééminent jusqu'à présent, mais il était aussi le plus difficile à « privatiser ». Car, en fin de compte, une police secrète sans État devient une mafia, et une inquisition idéologique sans parti dirigeant est réduite à l'état de secte morose. En revanche, les unités territoriales et économiques de l'ex-Union soviétique démontrèrent rapidement les fabuleux bénéfices qu'elles pouvaient tirer d'une sécession qui leur convenait parfaitement. Il devenait désormais difficile d'éliminer un président à vie d'une ex-république soviétique ou un oligarque capitaliste ayant dissimulé ses biens dans un paradis fiscal exotique.

Par le bais de divers procédés d'une simplicité assez brutale, les actifs industriels soviétiques passèrent sous le contrôle du secteur privé (une façon polie de dire qu'ils furent volés) avant même que leur privatisation ait été sanctionnée par une législation quelconque. Parallèlement, les républiques ex-soviétiques et les administrations municipales furent également transformées en fiefs privés gérés par des appareils politiques mafieux. Paradoxalement, ce sont les intellectuels libéraux qui suggérèrent l'adoption de ces nouvelles stratégies et leur fournirent une justification idéologique. Les « sociétés civiles » naissantes (soit en réalité les réseaux métropolitains de l'intelligentsia) aspiraient désormais à transformer leurs pays en démocraties libérales vouées à rejoindre l'Occident capitaliste chacune pour son propre compte, sans attendre le feu vert de Moscou ni prêter attention aux atermoiements de Gorbatchev, qui se trouva complètement dépassé. Cette dérive idéologique rapide, d'une position de communisme réformateur proche de la « nouvelle gauche » au credo de Margaret Thatcher, reflétait la radicalisation des revendications typiques de toute révolution. Après

1989, l'intelligentsia rebelle exigeait essentiellement trois choses : des élections libres, la souveraineté nationale et le marché. Ces trois revendications étaient perçues à la fois comme des armes de choc contre la bureaucratie au pouvoir et comme les moyens d'une émancipation miraculeuse de l'initiative populaire. Mais les dirigeants des républiques soviétiques, témoins de ce qui s'était passé en 1989 en Europe de l'Est, étaient aussi conscients du fait qu'une déclaration préemptive d'indépendance pouvait les sauver de la campagne de « rajeunissement des cadres » (de la purge, en fait) mise en œuvre par Gorbatchev. L'organisation précoce d'élections permit par ailleurs bien souvent aux représentants de la *nomenklatura* de distancer dans les urnes les candidats de l'intelligentsia, dont la rhétorique virulente n'arrivait pas à dissimuler l'utopisme idéologique. La privatisation se révéla dès lors une véritable corne d'abondance pour les anciens/nouveaux présidents, qui pouvaient prodiguer les contrats les plus mirifiques à leurs proches et à leurs clients.

La défection massive des membres de l'ancienne *nomenklatura* et leur reconversion accélérée en cadres capitalistes et nationalistes firent des ravages dans les structures de l'État et de l'économie. Tout le long de la périphérie sud d'une Union soviétique en pleine décomposition, des guerres ethniques éclatèrent. Même au centre, l'effondrement de l'ordre public était tel que les membres de la *nomenklatura* risquaient leur vie s'ils ne négociaient pas en sous-main avec les entrepreneurs mafieux et leurs sicaires. Ces résultats invalidèrent complètement les aspirations de Gorbatchev, qui avait souhaité négocier pour son pays une inclusion collective avantageuse dans les réseaux capitalistes d'Europe occidentale à partir de la position de force acquise en tant que superpuissance. Mais cette position et tous ses avantages – armée puissante, prestige international, développement scientifique et préservation de l'ordre public – furent rapidement dilapidés par les anciennes républiques soviétiques, et la dramatique faiblesse des États successeurs de l'URSS empêcha toute forme de développement industriel contrôlé.

L'Union soviétique avait favorisé une société industrielle mono-organisationnelle où toutes les sphères de l'activité publique étaient dirigées de manière centralisée. La désintégration de l'État mina toutes les institutions modernes et finit par invalider toute forme d'action collective au-delà du niveau des réseaux familiaux et clientélistes. En vertu de cette dynamique auto-entretenue, le cours d'action individuel le plus rationnel et le plus profitable consistait à piller les actifs de l'État et à abriter son butin à l'étranger après quelques « coups » lucratifs. Les gouvernants eux-mêmes étaient tout à fait complices de l'affaiblissement de leurs États dans la mesure où la corruptibilité des fonctionnaires et l'impuissance de la justice devenaient les conditions nécessaires du clientélisme et du pillage généralisés. Dans un contexte géopolitique caractérisé par l'hégémonie des États-Unis et des institutions de la finance mondiale, des préoccupations traditionnelles des pouvoirs publics telles que la puissance militaire ou la répression des protestations internes n'avaient plus guère de sens. Tous les anciens États soviétiques revendiquèrent complaisamment leur statut de démocraties de marché tout en défendant diverses « spécificités nationales » censées excuser la monopolisation grossière du pouvoir par leurs dirigeants.

La privatisation porta un coup terrible à l'intelligentsia jadis turbulente, dont les emplois stables et prestigieux et les réseaux professionnels dépendaient fondamentalement des institutions étatiques. Face à l'instrumentalisation cynique de leurs programmes libéraux et nationalistes, les intellectuels libéraux, et plus encore les défenseurs d'une forme de critique sociale, se retrouvèrent dans un état d'appauvrissement économique dégradant aggravé par leur impuissance politique et leur paralysie idéologique. Les priorités stratégiques des élites au pouvoir n'étaient plus la planification de la production industrielle et l'accroissement du potentiel militaire de la nation, mais la sécurité privée, l'exportation des produits primaires et la spéculation financière, tendances que ne fit que renforcer l'isolement des oligarchies postcommunistes par rapport au reste de la population. Le déclin de l'industrie et de l'armée diminua drastiquement l'influence collective des experts et des travailleurs, qui non seulement ne pesaient plus grand-chose en tant que producteurs et défenseurs potentiels de la patrie, mais n'avaient guère de pouvoir en tant qu'électeurs ou que contribuables. À quoi aurait-il désormais servi d'organiser des grèves dans des usines en faillite, de marcher dans les rues sous les slogans discrédités de l'indépendance nationale et des réformes pro-marché ou de faire campagne pour des politiciens qui ne sauraient tarder à trahir leurs électeurs ? L'atmosphère d'optimisme et d'enthousiasme civique qui prévalait au temps de la *perestroïka* céda brusquement la place à un cynisme apathique, à l'angoisse du lendemain et aux obsessions sécuritaires, ainsi qu'à un désir désespéré d'émigrer. Au lieu d'aborder la terre promise de l'Europe occidentale, l'expérience postsoviétique ressemblait plus aux dures réalités du Moyen-Orient.

Prédictions et trajectoires historiques

Dans l'ensemble, Randall Collins et Immanuel Wallerstein ont correctement diagnostiqué les tendances structurelles qui indiquaient la chute imminente du communisme. Collins a mis en lumière le fait paradoxal que le pouvoir soviétique s'est heurté à ses limites géopolitiques au moment même où il atteignait l'apogée de son expansion. Il a également vu juste en anticipant la dynamique spécifique de l'effondrement soudain suite à la défection massive des élites subalternes des diverses républiques soviétiques et des pays satellites face à la paralysie politique du centre impérial. Mais le modèle de Randall Collins ne pouvait prévoir ni le rythme ni l'orientation des initiatives de Moscou face aux dilemmes de la superpuissance soviétique.

Wallerstein est allé plus loin dans son analyse des options disponibles en soutenant que la meilleure issue réformiste possible pour l'Union soviétique était un retour négocié au capitalisme dans le cadre d'une alliance continentale paneuropéenne. Dans le contexte de la guerre froide, pratiquement personne n'a jamais envisagé sérieusement cette possibilité, pas même les réformateurs soviétiques eux-mêmes. Mais Wallerstein sous-estimait le fardeau de la complexité institutionnelle engendrée par le fédéralisme ethnique et les ministères industriels de l'Union soviétique. Après l'éclatement de l'empire, les États successeurs sont certes tous revenus dans le giron du capitalisme, mais sous la forme d'une variété périphérique faible de ce système. Au lieu d'une stratégie rationnelle mettant à profit les atouts de la superpuissance soviétique pour négocier une inclusion collective plus honorable au sein de la hiérarchie capitaliste mondiale, la *nomenklatura* a dilapidé et cannibalisé les actifs soviétiques dans une fuite en avant visant à protéger ses positions oligarchiques individuelles tant face à la purge gorbatchévienne que face au danger de rébellions populaires. La théorie de Wallerstein était fondamentalement correcte en raison de la perspective macroscopique qu'elle adoptait sur le capitalisme mondial ; mais c'est aussi cette perspective macro qui l'empêchait d'envisager la pathétique incapacité politique des élites soviétiques à agir collectivement pour saisir les opportunités historiques les plus favorables. La leçon de cet échec est peu encourageante : les élites oligarchiques, surtout quand elles manquent de cohésion institutionnelle et sont aveuglées par leurs préjugés idéologiques, sont souvent incapables de gérer une transition.

Contrairement aux convictions dominantes de l'époque, qui analysaient la réalité soviétique en fonction de critères idéologiques de type droite/gauche, si les analyses de Collins et Wallerstein se sont révélées dans l'ensemble correctes, c'est en vertu de leur caractère systémique et relationnel. Elles ont en effet considéré le bloc soviétique dans le cadre d'un panorama mondial beaucoup plus vaste. Collins fondait ses pronostics sur les régularités à long terme de la géopolitique militaire. Wallerstein s'intéressait pour sa part aux dimensions de l'économie-monde capitaliste et aux options politiques capitalistes accessibles aux élites de différentes régions. Il s'agissait de dimensions distinctes mais complémentaires sur le plan analytique. De fait, c'est la combinaison de ces deux approches qui est le mieux à même d'expliquer les facteurs structurels ayant favorisé l'issue heureuse de la transition postcommuniste en Chine.

Le legs historique respectif des deux civilisations a sûrement joué un rôle majeur dans le caractère et la trajectoire divergente des communismes russe et chinois. Les historiens de l'économie ont amplement documenté le rôle de pionnier de la Chine médiévale et son dynamisme protomoderne en matière de commerce et de production manufacturière. Mais, si la Chine impériale n'est pas devenue la première puissance capitaliste de l'histoire, c'est pour des raisons essentiellement géopolitiques. On constate avant tout à son sujet la permanence impressionnante d'un empire préoccupé par la préservation de l'« harmonie » interne et la prévention des attaques nomades. Depuis la chute de Rome, l'Occident n'a jamais connu un tel empire, ce qui a obligé les capitalistes occidentaux à protéger et consolider leur activité d'abord au sein d'un système de cités-États, puis des États-nations modernes.

L'Empire chinois s'est effondré à la fin du XIXe siècle, mais la série d'événements catastrophiques qui a accompagné cet effondrement n'a que superficiellement porté atteinte au capitalisme autochtone. Les entrepreneurs chinois furent désormais confrontés à la fois à des troubles internes et à la domination étrangère des puissances occidentales et du Japon. Il fallut attendre un siècle particulièrement tourmenté avant que les rebelles communistes s'emparent du pouvoir et s'y enferment dans leurs propres impasses. La tentative maoïste de promouvoir une industrialisation de type soviétique au détriment de la paysannerie provoqua une famine énorme suivie par une décennie de luttes de factions féroces dans les rangs du Parti. La tragédie humaine dépassa même celle vécue par les Soviétiques dans les années 1930, sans pour autant donner naissance à une grande industrie et à une urbanisation modernes. La Chine se révélait incapable d'atteindre même ses objectifs les plus immédiats dans son contexte régional, sans parler de l'objectif idéologique de promouvoir une révolution anticapitaliste mondiale.

Mais c'est précisément ici que la théorie géopolitique de Randall Collins nous aide à identifier le revers positif de la médaille. Le même équilibre de pouvoir mondial et régional qui contenait les ambitions de la Chine permettait aussi à Pékin de se tenir à l'écart des lignes de front de la guerre froide, laissant la voie libre à une sorte de décompression idéologique et à une interaction économique positive avec l'Occident. Pour les cadres chinois, le maoïsme radical était une menace tout aussi inquiétante que le stalinisme pour la *nomenklatura* soviétique d'après 1953. La longue tradition historique de la Chine suggéra alors la possibilité d'une restauration de l'« harmonie » interne fondée sur la libération de l'initiative économique de la population, et en particulier des paysans, dont la masse avait heureusement survécu aux tentatives avortées d'industrialisation stalinienne. Ce tournant en faveur du marché facilita aussi bien entendu la domestication des cadres locaux du Parti par le biais d'un clientélisme qui multipliait les possibilités d'enrichissement personnel tout en protégeant les « clients » loyaux et performants de tout danger de poursuites pour corruption. C'est ainsi que l'effondrement du communisme a été évité en Chine. L'idéologie communiste officielle a même réussi à y survivre dans une version « *light* ». Les successeurs de Mao ont bénéficié de façon contingente de conditions structurelles leur permettant de reproduire à plus grande échelle le modèle est-asiatique de développement étatique autoritaire fondé sur l'exportation. Ce faisant, ils ont confirmé les prédictions déjà anciennes d'Immanuel Wallerstein : les communistes pouvaient s'intégrer au capitalisme mondial en tant qu'intermédiaires pragmatiques entre les capitaux étrangers et la main-d'œuvre locale.

Le capitalisme et ses rivaux au XXe siècle

Si les facteurs géopolitiques et militaires interviennent de manière récurrente dans notre analyse du communisme, c'est parce qu'ils jouent un rôle causal de premier plan dans les révolutions du XXe siècle. Insistons encore une fois sur le fait que le communisme n'est pas un produit des idées de Karl Marx ou des traditions autochtones de la Russie ou de la Chine. Il a émergé du fait qu'un courant de gauche spécifique, les bolcheviks russes, a su saisir l'occasion d'une guerre désastreuse pour s'emparer d'une plate-forme géopolitique facile à défendre et la moderniser. Imitant consciemment le précédent jacobin français, l'épopée bolchevique montre comment une intelligentsia radicale est capable d'inspirer et de mobiliser les masses populaires pour renverser un ancien régime, vaincre les envahisseurs étrangers et construire un nouvel État plus puissant sur des bases sociales beaucoup plus amples.

L'expérience soviétique, que ce soit par le biais d'une aide directe ou du simple fait de sa présence sur la scène mondiale du XXe siècle, a facilité le succès de toute une gamme d'insurrections patriotiques animées par des intelligentsias indigènes radicalisées. Toutes ne sont pas devenues communistes, loin de là, mais toutes ont adopté une partie des stratégies initiées par les bolcheviks. Leurs révolutions se différencient essentiellement par le degré d'expropriation économique mis en œuvre par les nouveaux États. Partout où ces derniers se sont proposé de contrôler l'économie tout entière, jusqu'aux petites exploitations familiales paysannes, le régime au pouvoir a été déclaré socialiste. Dans les pays où l'État s'est seulement emparé des biens détenus par les étrangers et par des secteurs considérés comme particulièrement « obscurantistes » ou antipatriotiques, tels que les grands propriétaires terriens ou les gros commerçants compradores, on parle simplement de nationalisme. L'onde de choc de la révolution bolchevique s'est fait sentir plus fortement dans les antiques empires agraires qui, à l'instar de la Russie, avaient été humiliés par le capitalisme occidental et réduits à un statut de dépendance. C'est ainsi que sont nés les mouvements de libération nationale du tiers monde, depuis l'exemple précoce de la Turquie kémaliste après 1918 jusqu'à la révolution iranienne de 1979 en passant par l'épopée de la lutte indienne pour l'indépendance. Dans le cas iranien, c'est un mouvement étudiant postmoderne de type soixante-huitard qui a fini par déclencher une rébellion typiquement prémoderne des pauvres urbains et du bazar contre le despotisme impie du shah. Mais ce qui en est sorti est un État révolutionnaire moderne par excellence ressemblant beaucoup plus aux régimes de type soviétique qu'au califat médiéval. De même que l'Union soviétique s'est largement forgée au feu des deux guerres mondiales, le régime *sui generis* de la République islamique s'est consolidé dans la puissante résistance patriotique des Iraniens à l'agression de Saddam Hussein, dont on ne peut guère douter qu'il agissait en tant que fondé de pouvoir d'une ample coalition d'intérêts contre-révolutionnaires étrangers.

Malgré la logorrhée qui a accueilli l'activisme djihadiste sunnite à partir de 2001, on peut considérer que, dans le panorama général des défis antisystémiques, il ne s'agissait là que d'une réaction marginale magnifiée par d'énormes bévues américaines, l'invasion de l'Afghanistan et celle de l'Irak. Al-Qaida s'efforçait de susciter une confrontation géopolitique mondiale en encourageant, par le biais de provocations terroristes, les révoltes puritaines et la résistance contre la domination étrangère. Plus que celle des bolcheviks, leur stratégie évoque les *narodniki* russes du XIXe siècle, qui sont après tout les précurseurs des attentats-suicides. Et plus encore que les terroristes russes d'hier, les djihadistes ont essuyé un grave échec politique dans leur tentative de susciter des rébellions populaires.

Mais dans les pays capitalistes du centre, la prospérité et le parlementarisme consolidé des sociétés occidentales ont favorisé les tactiques modérées de la social-démocratie et compliqué la tâche des partis communistes. Pendant l'entre-deux-guerres, en Italie, en Espagne et surtout en Allemagne, ces derniers furent brutalement réprimés par les fascistes, expression d'un nouveau type de force contre-révolutionnaire mobilisant tout à la fois les élites dominantes réactionnaires et le chauvinisme de l'« homme de la rue en colère ». Il convient de se pencher sérieusement sur la variété fasciste des mouvements antisystémiques car, dans le contexte d'une grande crise, elle peut tout à fait resurgir. Après 1945, l'idéologie occidentale de la guerre froide considérait fascisme et communisme comme deux fléaux totalitaires apparentés. On ne peut nier la convergence des techniques de propagande de masse, de guerre industrielle, de planification économique et de contrôle étatique, mais, au cours du XXe siècle, elles étaient en fait bien plus répandues qu'on ne voulait souvent le reconnaître. Comme l'a souligné l'historien Eric Hobsbawm, l'âge de la guerre de masse et de la dépression économique contraignit tous les gouvernements à vraiment gouverner. Cela valait tout aussi bien pour des régimes plus pacifiques, comme les social-démocraties scandinaves ou les démocraties libérales anglo-saxonnes ; eux aussi ont adopté jusqu'à un certain point les nouveaux dispositifs de planification économique et de consommation de masse, mais aussi de surveillance policière. Il suffit de penser à l'architecture publique et à l'iconographie viriliste des années 1930.

Le niveau de violence réelle et symbolique exercé par l'État, aussi tragique qu'il fût sur le plan humain, dépendait principalement de la position géopolitique relative des pays concernés et de la puissance des défis révolutionnaires internes qui en découlaient. Les classes dominantes des démocraties anglo-saxonnes se sentaient moins menacées que leurs homologues d'Europe continentale, et donc moins enclines à laisser des groupes racistes violents et peu ragoûtants se battre dans les rues contre les révolutionnaires de gauche ou tenter de conquérir leur *Lebensraum* à travers des conflits armés avec leurs voisins. Lorsque est venue l'heure d'affronter l'ultramilitarisme d'Hitler, qui menaçait de faire sombrer le capitalisme non pas sous les coups de la révolution, mais plutôt dans le chaos sanglant de la guerre, les libéraux anglo-saxons n'eurent guère de scrupules à s'allier avec leurs adversaires communistes. Le grand paradoxe du XXe siècle – un paradoxe toutefois parfaitement explicable –, c'est que le système capitaliste mondial a été sauvé par un complexe militaro-industriel soviétique engendré par une révolution communiste.

Fascisme et communisme exprimaient une escalade radicale, suscitée par l'expérience cataclysmique de la Première Guerre mondiale, au sein des deux courants politiques rivaux du XIXe siècle, le nationalisme et le socialisme. Tous deux étaient engagés dans une lutte féroce pour la conquête des couches émergentes de la société de masse : petits fonctionnaires, officiers subalternes, intellectuels, ouvriers et paysans. Tous deux offraient aussi à leurs adeptes une série de bénéfices considérables en termes de prestige et d'affirmation de soi, mais aussi des perspectives de carrière alléchantes dans les rangs du Parti, de l'administration et de l'armée. Enfin, tous deux brisaient les tabous des anciens régimes aristocratiques et promouvaient la mobilité sociale ascendante de leurs adhérents issus des couches les plus modestes.

Il est embarrassant de constater que l'idéal moderne de justice et d'égalité civique des citoyens ordinaires, en théorie et en pratique, peut avoir non pas une seule mais deux expressions antagonistes. La justice en tant qu'égalité sociale et unité de l'humanité était généralement conçue sous le nom de socialisme et s'inscrivait bien entendu dans la droite ligne des idées originelles des Lumières, avec leur riche tradition intellectuelle et leur durable pouvoir d'attraction. Mais, au niveau politique, il s'agissait d'un programme difficile à mettre en œuvre, dans la mesure où il était transversal aux clivages sociaux liés aux groupes de statut et aux identités locales, religieuses, ethniques et sexuelles. Lorsqu'elle est conçue en termes moins universels et privilégie tel ou tel groupe spécifique contre tel ou tel autre, l'idée de justice se traduit généralement au niveau politique par diverses formes de nationalisme, de sexisme, de racisme et de fondamentalisme religieux, ou bien par une hybridation variable de ces courants, qui reposent par ailleurs sur une tradition intellectuelle beaucoup plus grossière. Ce qui ne les a pas empêchés de se révéler souvent plus efficaces à l'ère de la politique de masse. Au cours des deux derniers siècles, les idées nationalistes ont inspiré un grand nombre de mobilisations politiques passionnées, voire carrément frénétiques. Et, de fait, le nationalisme est toujours aujourd'hui le programme politique le plus efficace.

Le communisme n'était pas un jumeau génétique du fascisme mais son adversaire idéologique et son ennemi mortel. Ce qu'ils avaient en commun, c'est d'avoir surgi à la chaleur des guerres impérialistes technologisées du début du XXe siècle. Aujourd'hui, ni le communisme ni le fascisme ne sont heureusement susceptibles de refaire surface sous leur forme traditionnelle, car leurs prémisses géopolitiques et idéologiques n'existent plus. Cela ne veut pas dire pour autant qu'en cas de nouvelle crise majeure à l'avenir, on ne verra pas surgir des réactions radicales des deux côtés opposés du spectre politique. En fait, une telle polarisation sera d'autant plus susceptible de se produire au fur et à mesure que les courants politiques centristes dominants se délitent. Mais, si les pronostics formulés dans cet ouvrage par mes coauteurs se confirment, comme cela a déjà été le cas dans le passé, alors nous pouvons faire plusieurs autres prédictions.

Au XXIe siècle, le facteur principal de la crise du capitalisme ne sera pas la géopolitique mais l'économie mondiale. Plutôt que des confrontations armées planétaires entre coalitions d'États, elle aura pour conséquence des conflits de type lutte des classes impliquant non seulement les secteurs subalternes mais les couches de spécialistes instruits. Ces luttes affecteront essentiellement les pays capitalistes du centre, où la démocratie politique repose sur des institutions fortes et des traditions de mobilisation sociale de longue date. L'enjeu en sera le degré de contrôle public du secteur privé plutôt que celui des forces armées nationales ou des formations paramilitaires idéologiquement motivées. Certes, on aura toujours des réactions xénophobes agressives, parce que, dans le contexte d'une société mondialisée où les migrations jouent un rôle majeur, la lutte des classes aura immanquablement des dimensions ethnoraciales et religieuses. Les nationalismes extrémistes essaieront probablement d'orienter les forces de l'État moderne dans le sens d'un niveau extrême de coercition et de répression qui ressemblera aux pratiques totalitaires d'autrefois, avec sans doute un degré supérieur de sophistication technologique. C'est indéniablement un grand danger. Mais, d'un autre côté, on verra apparaître des coalitions politiques se mobilisant autour du programme progressiste de justice universelle qui n'a cessé de gagner en influence depuis au moins l'époque des Lumières. Tant du côté des élites capitalistes que des mouvements sociaux, on a tiré les leçons de la première moitié du XXe siècle et multiplié les garde-fous contre l'éclatement de conflits interétatiques et de guerres civiles internes. Si la guerre a pu être évitée, alors les révolutions violentes et les dictatures d'extrême gauche et d'extrême droite pourront sans doute elles aussi être évitées au XXIe siècle.

Si notre analyse est correcte, alors le précédent bolchevique de 1917 n'est heureusement plus très pertinent pour prédire à quoi pourrait ressembler la fin du capitalisme. Peut-être assistera-t-on à des mobilisations civiques de masse comme pendant le printemps de Prague en 1968 ou la *perestroïka* soviétique à son apogée en 1989 ? Dans les deux cas, la réaction des élites dirigeantes a davantage relevé de la panique que de la violence pure et simple. Mais, dans les deux cas, l'incapacité des mouvements rebelles à exploiter la désorganisation massive dans les rangs des classes dominantes fut d'autant plus patente. Le résultat final n'est pas beau à voir. Il s'ensuit que pour réfléchir de façon à la fois audacieuse et responsable à ce que nous réserve l'avenir, il est indispensable d'analyser les divers programmes politiques et économiques ainsi que les coalitions et les compromis possibles afin de minimiser les incertitudes de la transition en cas de crise majeure. Telle pourrait bien être, en fin de compte, la leçon la plus utile du communisme.

CHAPITRE 5

Ce qui menace le capitalisme aujourd'hui

Craig Calhoun

Le capitalisme semble avoir survécu pour l'instant à la pire crise financière et économique de son histoire depuis la Grande Dépression. Même si cette crise n'a pas été aussi profonde qu'elle le fut alors, la période de ralentissement de la croissance ou même de stagnation qui en a résulté dans les pays riches a été plus longue que dans les années 1930. En outre, la crise actuelle est arrivée dans le sillage d'une époque néfaste de financiarisation perverse, d'érosion néolibérale des institutions sociales et d'intensification des inégalités. Tout cela n'a fait qu'aggraver les problèmes, neutraliser les moyens de les traiter et affaiblir les mécanismes amortisseurs censés protéger les gens ordinaires des effets des turbulences de l'économie. Les investisseurs continuent à faire de l'argent et aucun État ne s'est complètement effondré, mais l'avenir semble fort précaire.

Pour autant, un tel point de vue, ainsi que tous les discours catastrophistes en général, ne fait que refléter l'opinion qui prévaut dans les vieux pays du centre du système-monde capitaliste, inquiets de perdre les bénéfices liés à leur position privilégiée. Si vous considérez les choses depuis nombre de pays d'Asie, d'Afrique et d'Amérique latine, c'est une autre histoire.

La crise actuelle sert à la fois de révélateur et d'accélérateur d'un déplacement du dynamisme économique des économies du centre (Europe et Amérique du Nord) vers les régions en voie de développement. La question de savoir si cette dynamique est soutenable à terme est cruciale pour l'avenir du système capitaliste. En migrant de l'Ouest vers l'Est et du Nord vers le Sud, le capitalisme connaît une transformation qui lui assurera peut-être un regain de vitalité, mais les économies émergentes à croissance rapide sont elles aussi confrontées à des défis. Et la reprise de la croissance dans les vieilles économies du « centre » dépend à son tour des transformations en cours, en particulier au niveau de la relation entre capitalisme, pouvoir politique et institutions sociales. Fondamentalement, le capitalisme n'est pas seulement vulnérable aux perturbations du marché, aux prises de risques excessifs ou aux déficiences du système bancaire, mais aussi aux conflits armés, à la dégradation de l'environnement, au changement climatique et à la crise de la solidarité sociale et de l'État-providence.

Pour bien penser les modalités du déclin, du renouveau ou de la transformation du système, nous devons d'abord reconnaître qu'il n'est pas parfaitement autonome. Au niveau théorique, on peut toujours mettre en parenthèses la complexité des circonstances historiques pour obtenir un système capitaliste « pur ». Mais, au niveau du vécu concret, les relations capitalistes sont systématiquement articulées à des activités économiques non capitalistes et des facteurs politiques, sociaux et culturels. Le capitalisme n'est pas seulement un système économique, mais aussi un système juridique et institutionnel, et nombre des menaces les plus profondes auxquelles il est confronté tiennent à sa dépendance envers des facteurs dépassant la dimension purement économique.

J'entends ici argumenter contre l'idée que l'effondrement du système est imminent et suggérer que si le capitalisme devait perdre sa place dominante dans les affaires économiques mondiales, ce serait plutôt par le biais d'une transformation prolongée et de l'essor d'autres types d'organisation économique se développant parallèlement aux activités capitalistes. Ce qui ne veut pas dire pour autant que l'avenir à long terme du système capitaliste soit assuré.

En premier lieu subsiste la question des risques systémiques et du rapport entre la finance et les autres secteurs économiques. En deuxième lieu, la rentabilité des activités capitalistes dépend souvent de l'externalisation de leur coût humain et écologique autant que financier. Les gouvernements et d'autres institutions sociales sont préoccupés par des questions telles que la pollution ou le chômage sur des marchés volatils. Il existe un déficit d'intervention institutionnelle : dans les pays où la croissance a repris avec vigueur, le développement social reste loin derrière, et le néolibéralisme a non seulement affaibli les capacités institutionnelles des pays occidentaux mais érodé la légitimité politique des États. En troisième lieu, le capitalisme n'est pas seulement vulnérable à des facteurs « intra-économiques » ou institutionnels, mais aussi à des problèmes externes, comme la guerre ou le changement climatique. On peut se poser la question de savoir si le système capitaliste – cette machine à engendrer de la croissance telle qu'il n'en a jamais existé auparavant dans l'histoire – n'est pas en train de se heurter à des limites écologiques, ou s'il n'est pas menacé par des conflits géopolitiques potentiels exacerbés par les inégalités.

Pourtant, dans chacun de ces domaines, il est possible que les menaces qui pèsent sur le capitalisme l'amènent en fait à se transformer sans provoquer son effondrement. On peut dès lors imaginer l'émergence d'un monde dans lequel le capitalisme resterait prédominant et récupérerait une partie de sa vitalité, mais sans être mesure d'organiser et de dominer le système-monde à la manière dont il le faisait auparavant.

L'« effondrement », une notion trompeuse

L'idée que le capitalisme pourrait tout simplement s'effondrer, comme par exemple l'Union soviétique, n'est pas vraiment pertinente. Elle impliquerait une transition soudaine de l'existence à la non-existence, en quelques années seulement. Si l'Union soviétique a pu cesser d'exister du jour au lendemain, c'est parce qu'il s'agissait d'une structure institutionnelle spécifique – un État – et que sa forme juridique pouvait être dissoute. Dans le cas du capitalisme, on n'a pas une situation strictement analogue.

En tant qu'État, l'URSS fonctionnait comme une espèce de firme, et c'est d'abord cette firme qui a été démantelée. Bien entendu, la dissolution de cette structure juridico-politique a également entraîné des modifications radicales dans les autres rapports de pouvoir et les activités pratiques en vigueur en URSS. Pourtant, de nombreuses institutions liées à l'État soviétique ont continué d'exister après sa chute sous une forme plus ou moins modifiée. Le statut juridique et institutionnel de la ville de Moscou au sein de la Fédération et de la République de Russie, par exemple, n'est pas totalement différent de ce qu'il était sous l'Union soviétique. Gazprom, en revanche, a connu des changements plus profonds. Avec sa création en 1989, le statut juridique et le système d'exploitation de l'industrie du gaz russe ont été complètement restructurés. Au lendemain de la dissolution de l'URSS, en 1992, Gazprom a été privatisé et fonctionne depuis comme une société anonyme. Après une phase de démembrement de ses actifs dans les années 1990, il a été partiellement reconstitué et mis sous contrôle de l'État pendant la première décennie des années 2000. De la même façon, on pourrait tracer une longue liste de continuités et de transformations partielles.

Quoi qu'il en soit, il est très instructif de lire le chapitre de Derluguian sur la façon dont l'URSS pouvait être considéré comme une entité stable et durable pratiquement jusqu'à la veille de sa chute. On aurait tort d'envisager l'avenir uniquement en termes de projections linéaires, sans tenir compte d'éventuelles discontinuités fortes. Derluguian nous rappelle à quel point l'accumulation des pressions peut à la fois miner la soutenabilité d'un système et le rendre vulnérable à des actions et des événements mineurs ayant des conséquences majeures en raison de l'intégration déficiente de l'ensemble : même une grande structure censée fournir le contexte et les conditions fondamentaux de l'existence tout entière peut être beaucoup plus sujette au changement que ne le suggère une continuité de surface. Mais nous devons reconnaître qu'il n'existe pas d'équivalence simple entre l'Union soviétique et le socialisme, et donc pas d'analogie directe avec le capitalisme. Il s'agit de quelque chose d'un autre ordre et de plus spécifique.

Et il en va ainsi que nous analysions le capitalisme comme un ensemble d'activités pouvant être pratiquées par des capitalistes partout dans le monde ou comme un système économique reliant entreprises, marchés, investissements et main-d'œuvre à l'échelle planétaire. Le capitalisme est une formation historique ancrée dans un ensemble de réseaux de pouvoir, pour reprendre le lexique de Michael Mann. Il existe depuis 400 ans principalement sous la forme du système-monde moderne analysé par Immanuel Wallerstein. Il s'agit d'une organisation hiérarchique à plusieurs niveaux d'intégration asymétriques au sein de laquelle les unités primaires sont les États-nations et où les acteurs économiques sont étroitement dépendants de leurs relations avec le pouvoir politique et les conditions qu'il instaure.

Certes, l'idée d'État-nation est plus un horizon idéal qu'une réalité ; l'identité socioculturelle n'est jamais complètement alignée sur les institutions gouvernementales. L'intégration économique peut parfois elle-même stimuler l'intégration nationale et il ne fait pas de doute que les gouvernements sont eux aussi influencés par certains acteurs économiques majeurs. Pourtant, même s'il s'agit en partie d'une fiction, l'État-nation est une unité formelle indispensable au bon fonctionnement des affaires mondiales et qui se reproduit par isomorphisme politique. D'ailleurs, la plupart des organisations internationales sont littéralement « inter-nationales », à savoir structurées par une participation organisée au niveau national. Et l'infrastructure du capitalisme dépend fortement de ce type d'organisation étatique nationale, dans la mesure où c'est elle qui fournit les bases juridiques et financières de l'activité des firmes et des marchés et qui régit ou produit les paramètres de la gestion de l'interdépendance entre les différentes entreprises, les différentes industries et les différents secteurs. En organisant les structures d'appartenance sociale et culturelle, même de façon imparfaite et parfois par le biais de la régulation des marchés, les États organisent la main-d'œuvre, les marchés de la consommation et la confiance. On peut sans doute considérer le terme d'« État-nation » comme une notion sténographique exprimant « les efforts pour organiser les modes d'appartenance politique et socioculturelle en termes d'États-nations », mais le fait est que l'ère du capitalisme et l'ère des États-nations coïncident complètement. Il n'existe pas de capitalisme « réel », quel que soit son degré de mondialisation, qui ne soit conditionné par cette organisation politico-économique et socioculturelle. Il ne faut pas oublier que la prospérité et la soutenabilité du système capitaliste existant dépendent des États-nations et des structures d'opportunité institutionnelles qu'ils suscitent. Or ces structures ont besoin d'être renouvelées ou remplacées, mais depuis quarante ans les pays de l'OCDE se sont détournés de cette tâche et ont préféré saper les institutions traditionnelles de l'« État providence ». Obsédés par la réduction des coûts et la poursuite de la compétitivité immédiate, ils ont négligé le bien-être et la sécurité à long terme de leurs populations ainsi que les investissements collectifs nécessaires pour participer à la vie économique de demain.

Pour autant, on ne peut pas dire que la plupart des vieux pays capitalistes d'Europe ou des colonies de peuplement européennes soient au bord de l'effondrement. Le service national de Santé britannique fonctionne toujours, même s'il coûte de plus en plus cher et met en danger le budget de l'État. On observe même une amélioration tardive de l'offre de santé aux États-Unis, en particulier pour les millions de personnes qui ne sont pas couvertes par leur employeur. On pourrait citer d'autres exemples. Certes, l'érosion de l'État-providence est spectaculaire et les déficits budgétaires sont un obstacle à sa reconstruction, mais il n'est pas forcément trop tard pour remettre de l'ordre. En guise de signal d'alarme, on peut citer la situation des pays européens qui font face à des crises budgétaires si aiguës qu'ils sont obligés de réduire les prestations fournies à leurs citoyens au moment où ceux-ci en ont le plus besoin. On a vu l'Espagne, le Portugal, l'Irlande, l'Italie, la Grèce et Chypre frôler l'abîme, et d'autres pays peuvent être eux aussi menacés. Mais c'est l'Union européenne qui en pâtit plus que le capitalisme en tant que tel.

Il est possible que le capitalisme s'éloigne de plus en plus d'un état d'équilibre. On peut interpréter ce phénomène comme une

« bifurcation » irréversible d'un système quasi naturel (ainsi que la décrit Wallerstein en empruntant les termes de Prigogine), comme un déficit de régulation, de stratégie entrepreneuriale et de prudence des investisseurs sur des marchés financiers chaotiques, ou bien tout simplement comme un manque de coordination institutionnelle entre des acteurs dispersés aux intérêts divergents. Il peut s'agir aussi d'une incapacité de redistribuer la richesse de façon suffisamment large pour créer une demande correspondant à l'augmentation de la productivité, conséquence possible du tarissement de la création d'emploi envisagé par Collins (même si les conséquences proprement politiques du chômage seront sans doute plus immédiates). Quelle que soit la dynamique sous-jacente, cette tendance au déséquilibre augmente les coûts de cohésion du système, accroît les pressions politiques et engendre des tensions sociales. C'est en tout cas là une façon d'interpréter le sens du terme « crise », et plus le déséquilibre est grand, plus les mesures nécessaires pour rétablir l'équilibre seront difficiles et coûteuses.

Pour autant, je ne pense pas que le capitalisme risque de s'effondrer. Il pourra perdre une partie de son emprise sur le cours de l'évolution sociale, laissant plus de marge d'organisation propre à la politique, économique et sociale, mais l'image de l'effondrement est trompeuse. On peut certainement dire que l'Empire romain s'est effondré, par exemple, mais il est intéressant d'observer que cet « effondrement » est un processus qui s'est étalé sur plus de deux siècles, et pas une brève crise unique. Quant au féodalisme, dire qu'il se serait effondré et aurait donné naissance dans la foulée au capitalisme moderne – comme le suggère le *Manifeste communiste* – me paraît nettement moins crédible. En premier lieu, le féodalisme n'avait pas le caractère « systémique » que revêt le capitalisme moderne. Mais, surtout, on ne peut pas identifier un moment spécifique d'effondrement des relations féodales et des institutions qui leur sont liées. Le long déclin de ces relations était associé à un processus de construction étatique, de conflits armés, d'innovation agricole, de développement du commerce mondial et de renouveau religieux (en particulier avec la Réforme protestante) qui a duré au moins 300 ans. On ne peut donc parler de simple effondrement. Le déclin du féodalisme a entraîné une profonde transformation de l'Église catholique, qui n'a plus jamais joué le même rôle par la suite, mais qui a tout de même survécu. Beaucoup de monarchies ont disparu, mais pas toutes ; certaines d'entre elles ont réussi à évoluer suffisamment pour pouvoir se maintenir – en jouant un rôle parfois important – à une époque qui ne peut plus guère être désignée comme féodale.

De la même façon, la fin de l'ère capitaliste, à supposer qu'elle se produise, risque d'être un processus tumultueux, inégal et difficile à cerner de l'intérieur. Certaines institutions lui survivront, y compris probablement de nombreuses entreprises privées, qui ne cesseront pas nécessairement de produire, de commercer ou de spéculer simplement parce que le capitalisme aura cessé d'être la force motrice de l'époque. Acheter bon marché, vendre cher, voilà une impulsion bien antérieure à l'émergence du capitalisme et qui lui survivra probablement très longtemps.

Capitalisme en général et capitalisme financiarisé

Le système capitaliste engendre une série de problèmes qui ont un impact sur son propre fonctionnement, sur la société humaine et sur la nature. Mais, globalement, ces problèmes n'ont pas de conséquences nécessairement fatales pour le capitalisme. La financiarisation extrême engendre une forte vulnérabilité de ce type.

La finance est bien entendu un élément fondamental du capitalisme. Elle alimente son dynamisme, sa capacité d'expansion rapide, et lui fournit des outils de gestion des coûts dans la durée. Elle joue également un rôle crucial dans les révolutions technologiques. Plus généralement, il s'agit d'un facteur central dans la mobilité des capitaux, qui ont besoin de se déplacer vers tel ou tel secteur en fonction du niveau de profit espéré.

Comme son nom l'indique, le capitalisme est avant tout un mode d'organisation de l'activité économique reposant sur le déploiement flexible de la richesse – le capital – par le biais d'investissements dans différents types d'entreprises à but lucratif. Le capital, c'est de la richesse investie ou investissable. La finance – qui inclut la création directe de dette, mais aussi toute une gamme de titres négociables – est un élément important de cette richesse dont le rôle est crucial pour la liquidité et la mobilité du capital ainsi que pour l'expansion économique et la répartition des coûts sur la durée. Il n'y a pas de dynamisme entrepreneurial sans soutien financier. Mais une financiarisation déséquilibrée peut aussi engendrer toute une série d'effets de distorsion. C'est à elle qu'on doit l'augmentation spectaculaire des inégalités de revenu national dans toutes les grandes économies capitalistes. C'est elle qui a détourné quantité d'investissements du secteur productif. On lui doit aussi la longue « mégabulle » du prix des actifs, y compris l'inflation des crédits hypothécaires qui a alimenté la crise de 2008-2009. Enfin, elle encourage la spéculation.

Au cours des années qui ont précédé la crise de 2008-2009, dans les vieux pays du centre du système-monde capitaliste, les activités génératrices d'emploi et de redistribution ont été dépassées en volume par les activités spéculatives. Alors que les instruments financiers ne représentaient qu'un quart des actifs investis dans les années 1970, ce pourcentage était de 75 % en

2008. Globalement, la somme des actifs financiers représente quatre fois la valeur de tous les titres et dix fois celle du PIB mondial.

Il s'agit d'un phénomène déterminé par une série de facteurs ayant émergé pour la plupart pendant les années 1970, avec une forte accélération à partir de la fin du XXe siècle. Engagé dans un conflit extrêmement impopulaire, Washington a dû financer les dernières années de la guerre du Vietnam en grande partie à crédit. Face aux difficultés économiques qu'ils affrontaient dans les années 1970, les États-Unis et d'autres pays du centre du système-monde capitaliste ont mis fin au système monétaire de Bretton Woods, qui indexait la valeur des monnaies sur le cours des métaux précieux, et l'ont remplacé par un système de changes flottants susceptible de donner lieu à une infinité de mouvements spéculatifs. Au lendemain du conflit israélo-arabe de 1973, les producteurs de l'OPEP ont restreint l'offre pétrolière, multipliant de façon exponentielle leurs bénéfices dans un monde profondément dépendant des combustibles fossiles. Une bonne partie de ces profits ont été canalisés dans des fonds souverains. Mais c'est dans les vieilles économies capitalistes du centre (et les pays moins importants liés à celles-ci, que ce soit à travers leur appartenance à l'Union européenne ou à travers un échange asymétrique de produits primaires) que la financiarisation a atteint son paroxysme. Et même si elle était fondamentalement liée aux activités du grand capital, elle impliquait également les citoyens ordinaires qui, voyant leurs revenus stagner, ont commencé à emprunter pour maintenir un niveau de dépense élevé. De fait, aujourd'hui, un des avantages des économies à forte croissance qui sont en train de passer de la semi-périphérie au centre du système-monde, comme l'Inde ou la Chine, c'est qu'on y observe un meilleur équilibre entre la production industrielle et la finance.

La récente crise financière révèle la principale vulnérabilité interne du capitalisme : le risque systémique, à savoir l'ensemble des risques inhérents au réseau complexe de connexions internes qui composent le système financier moderne. Il est important d'être clair à ce sujet, ainsi que sur la nature de la crise. Il ne s'agit pas d'une crise capitaliste « classique » de surproduction et de sous-consommation. Malgré toute une série d'effets sur la sphère de la production et de l'économie « réelle », il s'agit avant tout d'une crise financière. Son impact a été multiplié par l'énorme essor de la finance mondiale au cours des décennies précédentes et par la position dominante acquise par les actifs financiers dans les économies occidentales avancées. C'est pour cela que l'usage intensif de l'effet de levier, la prise de risque excessive, le déficit de régulation et l'utilisation massive et abusive d'une gamme de nouvelles technologies financières se sont révélés si dangereux et en fin de compte si nocifs. Non seulement la financiarisation a augmenté le volume des actifs financiers, renforçant ainsi l'impact de la crise, mais, plus fondamentalement, elle a intensifié l'interconnexion des institutions capitalistes, laquelle ne passe plus seulement par des rapports marchands plus ou moins transparents, mais par une multitude de relations financières complexes et souvent opaques. C'est particulièrement vrai pour le secteur bancaire. Lorsque les grandes banques ont été décrites en 2008-2009 comme « trop grosses pour faire faillite » (*too big to fail*), il aurait été plus exact de dire « trop connectées pour faire faillite ». Mais la financiarisation n'a pas seulement une incidence sur les entreprises du secteur financier ; elle est devenue un facteur fondamental de toutes les activités capitalistes d'envergure.

La financiarisation renforce le dynamisme du capitalisme. Elle facilite la « destruction créatrice » des structures existantes (des modes spécifiques de la production industrielle, par exemple) et stimule le développement de nouvelles technologies, de nouveaux produits, de nouveaux processus de production et de nouveaux sites de production. Mais, à son paroxysme, elle détourne les investissements vers les secteurs de profits à très court terme et sape les opportunités de croissance plus soutenue à long terme. Elle engendre également des bulles spéculatives et des phases de dépression. Elle augmente la pression du marché sur les entreprises dont la rentabilité est en dessous du niveau médian, poussant les capitaux à se désinvestir de secteurs traditionnels encore profitables et exerçant par là même une pression à la baisse sur les rémunérations en réduisant la tendance du capitalisme industriel à partager les bénéfices par le biais de hausses des salaires. Elle intensifie donc les inégalités.

Avec la financiarisation, les investissements spéculatifs sont bien plus rentables que la création d'emplois ; les traders sont bien mieux récompensés que les producteurs matériels (et, malgré quelques exceptions célèbres, beaucoup plus que la plupart des entrepreneurs) ; de nombreuses entreprises sont contraintes de payer plus cher pour les services financiers. En 2010, dans la seule ville de New York, le montant total des bonus destinés aux salariés du secteur financier était de 20,8 milliards de dollars ; cette même année, les vingt-cinq plus importants gérants de *hedge funds* gagnaient 22,7 milliards de dollars – tout ça, donc, *après* que l'effondrement du marché a révélé l'ampleur des dommages économiques provoqués par la financiarisation.

Obsolescence technologique et réorganisation spatiale sont deux des caractéristiques générales de la croissance capitaliste qui sont accélérées par financiarisation. Cette dernière augmente la vitesse à laquelle les investissements se déplacent des anciens vers les nouveaux secteurs et se délocalisent au niveau géographique, avec des effets qui ne se limitent pas à des évolutions technologiques et économiques, mais entraînent aussi des déplacements de populations. L'urbanisation rapide des pays en voie de développement et le déclin des métropoles industrielles dans les anciens pays du centre sont les deux facettes d'un même processus. Prenant prétexte de la baisse des profits dans le secteur manufacturier, nombre d'entreprises européennes et américaines ont commencé à demander à leurs salariés de faire des sacrifices, à introduire de nouvelles technologies et à exiger des allégements fiscaux, voire des subsides directs, de la part de l'État en menaçant de délocaliser leur production. Parfois, elles délocalisent même après avoir obtenu satisfaction et promis de maintenir leur production sur place. Pour leur part, les gouvernements néolibéraux aident les entreprises à briser le pouvoir de résistance des syndicats. Tout cela contribue à la disparition des emplois décents décrite par Collins comme une menace à long terme, mais il est important d'observer que les raisons de cet essor du chômage ne sont pas exclusivement « technologiques ». Il s'explique aussi par la délocalisation rapide de la production industrielle sous l'égide du capital financier.

La fluidité des ressources financières alimente aussi les bulles inflationnistes. Le long boom immobilier international de la fin du XXe siècle en est un exemple. Il a entraîné une hausse vertigineuse du prix des logements, en particulier dans les villes et les zones touristiques. Bien souvent, ce phénomène n'a fait qu'aggraver les déséquilibres économiques et engendré diverses autres distorsions, mais, plus fondamentalement, il a créé une gigantesque toile d'araignée planétaire liant entre eux le secteur immobilier, le secteur de la construction, l'épargne individuelle des propriétaires de logement et les activités jadis prudentes des banques locales. C'est cette interconnexion généralisée qui a engendré le risque systémique ayant débouché sur la crise de 2008-2009.

Le risque systémique a également été renforcé par les nouvelles techniques d'ingénierie et de placement financiers. Encouragés par la dérégulation, *hedge funds* et produits dérivés ont commencé à jouer un rôle économique central. Fondamentalement, on constate le développement d'une multitude de nouveaux instruments financiers qui mettent en relation une série d'acteurs économiques distincts dans un réseau d'obligations mutuelles telles que l'endettement et l'assurance. Ces nouveaux types de placement attirent des sommes sans précédent et les déploient à travers des mécanismes d'échange largement dissimulés à la vue du public. C'est ainsi qu'une masse d'actifs locaux apparemment stables, comme les crédits hypothécaires, ont été repackagés sous forme de titres négociés à l'échelle mondiale par des investisseurs parfaitement incapables d'estimer leur valeur réelle. Alors même que nombre de ces nouveaux instruments financiers ont été conçus pour réduire les risques et rendre le capitalisme plus prévisible, ils sont en fait devenus l'objet de transactions largement spéculatives. Ce faisant, on a obtenu un niveau de risque encore plus concentré et dangereux. Pour les entreprises individuelles, il est de plus en plus difficile de connaître leur niveau d'exposition à ce risque et les facteurs concrets qui le déterminent.

Les produits dérivés, qui sont fondamentalement des titres basés sur des paris sur le prix final d'un actif sous-jacent, ont commencé à fonctionner comme une forme d'assurance censée compenser d'autres types de placement risqué. Leur niveau de risque est également devenu très élevé, mais leur rendement potentiel était extrêmement alléchant, en particulier pour les *hedge funds*. Dans les années 1990, le volume de ces placements « alternatifs » a dépassé 50 000 milliards de dollars ; au moment de la crise de 2008, il était de 600 000 milliards. Ces sommes fabuleuses ont sans doute encouragé les gestionnaires de fonds et autres investisseurs à penser que le risque avait été apprivoisé, mais les caprices récurrents du marché des valeurs à haut risque montrent qu'il n'en est rien. Des défaillances massives sont régulièrement enclenchées par de soudaines pénuries de liquidités ou par des initiatives politiques. Comme l'observait Raghuran Rajan, ancien économiste en chef du FMI, à propos du défaut sur la dette russe en 1998 : « Une couverture de risque peut être mise en défaut au pire moment, infligeant des pertes considérables aux acteurs qui croient à tort qu'ils sont protégés. »

L'élimination totale de tous ces problèmes équivaudrait à la fin du capitalisme tel que nous le connaissons. Dès lors que les investisseurs ne peuvent plus déplacer leurs capitaux à la recherche de meilleurs rendements, et en l'absence de demande de réinvestissement visant une augmentation de la productivité en tant que moteur de l'innovation et de l'accumulation, on ne peut plus parler de capitalisme. Toute forme de régulation qui chercherait à obtenir de tels résultats saperait le dynamisme de l'économie et la création de richesses. En revanche, un certain niveau de régulation associé à une dépense publique du gouvernement serait sans doute un facteur crucial de relance et de résilience. Et un entrepreneuriat socialement plus diffus serait préférable à une économie dominée par le capital financier. Quoi qu'il en soit, on peut malheureusement constater que pratiquement aucun effort sérieux de régulation n'a été accompli depuis le début de la crise financière. Presque rien n'a été fait pour réduire le potentiel de risque systémique.

Penser à partir de la crise

En mars 2008, les marchés boursiers se sont effondrés, l'épargne des retraités a été anéantie. Une série de grandes banques ont fait faillite, en particulier en Grande-Bretagne et aux États-Unis. D'autres, jugées « trop grosses pour faire faillite » (*too big to fail*) – en vertu d'un processus dont nous savons aujourd'hui qu'il reposait en partie sur des délits d'initiés et sur la collusion entre dirigeants d'entreprise et hauts fonctionnaires –, ont été massivement renflouées par l'État. Non seulement cette injection d'argent public a servi à compenser une prise de risque excessive, mais elle est aussi devenue une source directe d'enrichissement privé. L'État a également soutenu certaines grandes entreprises industrielles, mais c'est surtout le secteur financier qui a bénéficié de cette manne, transformée directement en capital sans obligation de création d'emplois ni d'aides aux petits propriétaires menacés par la saisie. Sans ce renflouement de l'État, la crise des marchés aurait sans doute été encore plus profonde, et aurait mis en danger le système capitaliste mondial.

Aux États-Unis, les travaux d'infrastructure et l'aide directe au secteur financier ont constitué un gigantesque investissement anticyclique (gigantesque, mais peut-être en dessous de ce qui était nécessaire). En Grande-Bretagne, le gouvernement a préféré mettre en œuvre un programme d'austérité en s'imposant des coupes budgétaires bien supérieures à ce qu'exigeaient les marchés et les créditeurs. Quant aux pays d'Europe du Nord, notamment l'Allemagne, ils ont choisi d'imposer l'austérité à l'Europe du Sud, aggravant de façon dramatique les tensions au sein de l'Union européenne.

Les pays d'Europe continentale ont cru que leurs institutions avaient mieux résisté à la crise que celles des pays anglophones, jusqu'au jour où les finances publiques de plusieurs États membres de l'Union européenne, soumises à de fortes pressions, ont commencé à s'effondrer. Le sauvetage des banques, surtout en Europe du Sud, a transformé la crise du secteur financier privé en crise budgétaire des États. Grèce, Irlande, Portugal et Espagne sont toujours au bord de la faillite, même après l'imposition de sévères programmes d'austérité. Cette crise financière a révélé de graves faiblesses dans la constitution même de l'Union européenne et de la zone euro – faiblesses qui sont pour une bonne part le produit de l'ère de la financiarisation. L'intensification de la concurrence mondiale avait semblé exiger une Europe élargie capable de rivaliser avec la Chine et les États-Unis, selon une logique assez semblable à celle qui avait stimulé la frénésie d'expansion de Citigroup et de la Royal Bank of Scotland. L'aspiration à une monnaie unique – qui avait les faveurs des dirigeants économiques et financiers européens – s'est concrétisée sans être accompagnée par des mécanismes efficaces de gouvernance financière commune, ni par la mise en place d'institutions politiques susceptibles de la soutenir. La Banque centrale européenne est régie par un conseil d'administration représentant une série de gouvernements nationaux aux intérêts divergents. Les différents pays de l'Union ont des politiques et des pratiques budgétaires distinctes. Et, au fur et à mesure que l'Union européenne s'élargit au-delà de son noyau originel, elle doit intégrer des économies de plus en plus disparates. Tacitement tolérée pendant les années de croissance, la logique de redistribution est devenue une pomme de discorde dans le contexte de la crise.

L'avenir de l'euro et de la zone euro reste aujourd'hui incertain. Tandis que l'Espagne et le Portugal ont récupéré un peu de stabilité, l'Italie commence à vaciller et Chypre est en chute libre. Personne ne sait jusqu'où la crise européenne peut se propager : risque-t-elle d'affecter un membre de longue date, comme la Belgique, ou bien un nouveau membre, comme la Slovénie ? Est-ce l'Union tout entière qui peut être touchée, avec un risque de remise en cause de la monnaie unique ? Pendant ce temps, les programmes d'austérité font de l'hypercorrection macroéconomique en réduisant systématiquement l'offre de services publics. Les divers dispositifs de coupes budgétaires adoptés au niveau national sont des réponses auto-imposées aux pressions du marché, et les injonctions de Bruxelles et de Francfort, pour leur part, ne sont pas sans évoquer les politiques d'ajustement structurel que le FMI exigeait des pays endettés du tiers monde dans les années 1980. Cette pression sur les différents États membres vise à préserver les intérêts des investisseurs et à éviter un approfondissement de la dépression économique. Alors que ce sont justement ces mêmes investisseurs et le secteur financier transnational qui ont récolté les gigantesques bénéfices de la bulle spéculative et bénéficié directement des plans de sauvetage et de l'offre de liquidité des gouvernements, ce sont les États-nations qui doivent payer la facture de la crise et prendre les mesures correspondantes. Bien entendu, interpréter tout ce processus en termes vulgairement psychologiques – impéritie gaspilleuse des Grecs, gestion prudente des Allemands –, c'est occulter le rôle central de la financiarisation elle-même. (Sans compter que la construction du récit de la crise financière en termes essentiellement nationaux renforce d'autres aspects de l'idéologie nationaliste, dont une xénophobie et surtout une islamophobie de plus en plus répandues.) Les profits réalisés par les institutions financières ont encouragé l'Union européenne à s'élargir et à fermer les yeux sur les problèmes budgétaires des États membres. Aujourd'hui, les citoyens des pays dotés d'un système bancaire plus solide et plus solvable se plaignent d'avoir à renflouer leurs partenaires moins

« vertueux », fragilisant davantage l'Union et oubliant à quel point leur système financier et leurs grandes entreprises ont eux-mêmes bénéficié des plans de sauvetage.

Même après ces injections massives d'argent, les institutions financières européennes et américaines restent fragiles. Certaines d'entre elles ont été contraintes de réduire le volume des investissements sur les marchés à haut risque ; seule l'intervention de la finance intergouvernementale a permis d'éviter l'effondrement. Presque toutes s'efforcent péniblement de rééquilibrer leurs bilans après une phase d'expansion spéculative irresponsable. Mais les marchés boursiers ont retrouvé leur dynamisme, colmaté leurs pertes et parfois même atteint de nouveaux sommets. Les introductions en Bourse engendrent à nouveau des profits, tant pour des entreprises qui produisent vraiment quelque chose avec une faible rentabilité que pour des firmes qui ne vendent que des espoirs et de l'image. Les banques d'investissement et autres sociétés financières ont repris l'habitude de payer d'énormes primes, incitant à nouveau à prendre des risques excessifs (même si elles sont maintenant plus nombreuses à verser ces primes sous forme d'actions dont la vente immédiate est prohibée afin de mieux lier les intérêts des salariés à la prospérité de l'entreprise). Mais d'autres licencient leurs salariés sous prétexte de « surcapacités » ; la crainte d'une nouvelle récession est bien réelle. Il n'y a eu pratiquement aucune réforme sérieuse de la régulation du secteur financier, ce qui perpétue l'opacité des marchés de produits dérivés et la spéculation massive sur des actifs plutôt fragiles. La concentration du secteur bancaire aux mains de quelques entreprises géantes est encore plus forte qu'avant la crise. Le prix des logements reste faible, leur hausse dans certains endroits étant compensée par des baisses ailleurs après un semblant de stabilisation. Il y a toujours une pénurie relative de crédit, avec des taux d'intérêt faibles dont la hausse est attendue avec crainte.

Si l'« économie réelle » est toujours déprimée, il ne s'agit pas pour autant d'une vraie « dépression ». La croissance du PIB est faible, tandis que le chômage reste élevé ; la création de nouveaux emplois est constamment inférieure aux attentes des analystes. Pourtant, la peur de l'inflation et de l'endettement public conduit nombre d'entre eux à préférer l'austérité budgétaire à la quête de la croissance. Les perspectives budgétaires à long terme de nombreux États américains sont presque aussi sombres que celles de la Grèce ou de l'Espagne (malgré la reprise à court terme dont bénéficient certains d'entre eux), et le gouvernement central, bien que disposant d'outils fiscaux que les États n'ont pas, est confronté à des déficits massifs sans qu'aucun accord politique n'émerge sur le meilleur moyen de les réduire ou de refinancer le budget fédéral. Les difficultés économiques des citoyens contribuent largement à alimenter une frustration politique profonde et généralisée. Tant à gauche qu'à droite, on sent monter une forme de rage populiste contre la corruption, l'égoïsme ou l'incompétence des gouvernants. Ce déficit de légitimité politique menace la continuité du capitalisme.

Cependant, la trajectoire européenne ne semble devoir déboucher ni sur un effondrement ni sur la révolution, mais plutôt sur la stagnation. Même avec une croissance très faible, l'Europe bénéficie encore d'un niveau de vie relativement élevé et son économie fonctionne bien dans l'ensemble. Il y a des produits dans les magasins (même si de plus en plus de commerces ferment leurs portes). La plupart des gouvernements arrivent à payer leurs factures (même s'ils continuent à réduire les dépenses). Pour remédier aux déficits des comptes publics, la réponse dominante a été l'austérité. Comme cette politique n'est guère couronnée de succès, malgré son apparence abstraite de prudence sur le long terme, les politiciens s'intéressent de nouveau à la relance de la croissance, sans toutefois pouvoir identifier pour l'instant des mécanismes acceptables susceptibles de la stimuler.

N'ayant pas réussi à résoudre ses problèmes financiers au niveau de l'Union tout entière, l'Europe fait face à une série de crises financières au niveau des États. Pourtant, Bruxelles a encore assez de vigueur économique et de volonté politique pour renflouer les banques et les marchés financiers dans chacun de ces cas. Le niveau de mécontentement populaire est élevé, mais on n'observe pas pour l'instant de mouvements sociaux d'envergure suffisante qui pourraient menacer les partis et les institutions politiques existants. Pour exprimer cette frustration massive, d'énormes manifestations sont organisées et les places publiques parfois occupées, mais aucun programme politique nouveau n'en a pour l'instant résulté. Même si les populistes de droite ont le vent en poupe avec leurs discours anti-immigration et leurs programmes réactionnaires, ils restent pour l'instant à la marge du système politique, leur présence ayant surtout pour effet de tirer les partis conservateurs traditionnels vers la droite. La gauche européenne peine à émerger. À sa place, on voit plutôt surgir une série de mouvements essentiellement « antipolitiques », tels que le Mouvement 5 Étoiles de Beppe Grillo en Italie, qui rencontrent un certain écho dans des pays où le vote exprime principalement un rejet des gouvernements et des politiciens. Au niveau populaire, la réponse à la crise économique et à la faible légitimité des gouvernants se traduit souvent par une agitation xénophobe et d'extrême droite.

Aux États-Unis, plus d'efforts ont été faits pour relancer la croissance, avec pour résultat une légère amélioration : environ 2 % de croissance, ce qui est certes nettement mieux que les 0 à

1 % prévalant en Europe mais ne peut guère porter au triomphalisme. Cette amélioration au moins temporaire est due en partie à l'exploitation de nouvelles ressources énergétiques et, à plus long terme, à un plus grand dynamisme entrepreneurial. Mais ces atouts n'arrivent pas à compenser l'impasse qui caractérise la vie politique. S'il est vrai qu'au niveau électoral le Tea Party fonctionne désormais essentiellement comme une aile du Parti républicain, ses racines sont beaucoup plus antipolitiques et ne sont pas sans évoquer le mouvement de Beppe Grillo en Italie. Au lieu de faciliter la recherche de solutions, son influence incite la droite républicaine à refuser tout compromis, et donc toutes les options politiques viables. L'administration Obama est avant tout l'expression d'un centrisme technocratique, même si ses quelques innovations majeures en matière de politique publique ont une coloration plus progressiste. Elle s'est toutefois révélée incapable de formuler une réorientation majeure face à la crise. Du côté du secteur financier, ce sont les mêmes institutions qui dominent, avec des stratégies largement identiques à celles qui prévalaient avant la crise. Par ailleurs, les déficits des États et des municipalités constituent un des plus grands dangers qui menacent l'économie américaine. Non seulement les coupes budgétaires effectuées à ce niveau réduisent l'effet positif des programmes de relance fédéraux, mais, plus fondamentalement, les administrations locales font face à des obligations à long terme qui pourraient déboucher sur une catastrophe financière, à moins qu'une combinaison de croissance et d'inflation vienne leur sauver la mise.

Bien que la crise de 2008 ait pris sa source aux États-Unis et dans l'Union européenne, ses effets se sont fait ressentir dans le monde entier. Sous l'effet de la multiplicité des interconnexions et de la rapidité des flux au sein du capitalisme et des médias internationaux, l'impression que la crise était d'amplitude mondiale s'est imposée comme une évidence immédiate. Pourtant, cela n'est qu'à moitié vrai et repose en partie sur une illusion d'optique. Les turbulences économiques de 2008-2009 ont bien eu des effets lointains. L'effondrement du marché a eu un fort impact négatif sur les fonds souverains d'Abu Dhabi et a poussé l'émirat voisin, Dubaï, au bord de la faillite. Il est également possible que l'aggravation du chômage, surtout parmi les jeunes, ait contribué à déclencher ce qu'on a appelé le « printemps arabe » (même s'il est évident que la crise économique n'est pas le seul facteur explicatif d'un processus bien plus complexe). Les marchés boursiers de Shanghai, Tokyo et Johannesburg ont plongé à l'unisson de ceux de New York et Londres, mais leur récupération a été beaucoup plus rapide. En Chine et au Vietnam, le fléchissement de la demande mondiale a entraîné des licenciements dans l'industrie mais, au terme d'une brève phase de fragilisation, les économies chinoise et vietnamienne ont retrouvé la voie d'une croissance soutenue. Les prix de l'énergie et d'autres ressources naturelles sont devenus extrêmement volatils. Après une chute spectaculaire, ils sont remontés grâce à la demande de pays encore en pleine croissance, comme la Chine, avant de fléchir de nouveau lorsque l'économie chinoise a ralenti.

Pendant un certain temps, tandis que les États-Unis essayaient désespérément d'échapper à une récession en W et que l'Europe se débattait avec les problèmes de dette souveraine de plusieurs États membres, la Chine, l'Inde et d'autres pays en voie de développement maintenaient une croissance rapide. De fait, jusqu'à fin 2011, la préoccupation majeure des décideurs chinois n'était pas l'éventualité d'un ralentissement de l'économie mais plutôt celle d'une « surchauffe » de la croissance, avec pénurie relative de matières premières, de main-d'œuvre et d'autres intrants entraînant une inflation difficile à maîtriser. Étant donné que la

Chine est devenue l'un des plus grands créanciers de Washington, tout comme d'autres investisseurs étrangers, elle doit se préoccuper de la valeur de ses actifs en dollars et de la santé de ses principaux marchés d'exportation. Au moment où j'écris ces lignes, la croissance chinoise se poursuit à un rythme qui fait sans doute l'envie des Européens, mais n'en connaît pas moins une forte décélération, ce qui prouve que la Chine n'est pas à l'abri de la récession mondiale. La surchauffe des marchés financiers est un autre problème. Il y a aujourd'hui à Pékin et Shanghai des milliers d'appartements vides achetés par des spéculateurs qui espèrent les revendre rapidement. Si la croissance ne reprend pas bientôt ou, pire, si elle tombe bien en dessous de 5 %, cette bulle immobilière pourrait éclater et la panique des propriétaires surendettés se défaisant de leurs avoirs risque d'entraîner l'économie dans une spirale descendante. Il s'agit d'un exemple relativement local et limité de risque systémique, mais il en existe d'autres à une échelle beaucoup plus grande partout où des marchés financiers hautement spéculatifs sont très interconnectés entre eux. C'est aussi une des raisons pour lesquelles les dirigeants chinois craignent des troubles intérieurs.

En Inde, le capitalisme est tout aussi dynamique, plus entrepreneurial et moins lié aux structures étatiques, ce qui est une bonne chose, car l'administration publique y est particulièrement inefficace. L'Inde souffre d'une pauvreté endémique et ses infrastructures sont moins développées que celles de la Chine. L'impéritie de l'État indien constitue un handicap, ce qui n'a pas empêché le pays d'avoir une forte croissance et d'être apparemment mieux protégé des risques de bulle spéculative. Mais, tout comme en Chine, l'efficacité des institutions économiques et politiques y est amoindrie par une corruption généralisée, et les problèmes environnementaux y sont très nombreux, même si la pollution de l'air, par exemple, n'y atteint pas encore des taux aussi désastreux. Plus ouverte aux initiatives institutionnelles autonomes, l'Inde dispose d'une gamme plus importante d'organisations philanthropiques luttant contre les risques et la pauvreté. Elle est toutefois confrontée à une inégalité massive qui prend des formes de plus en plus problématiques en raison de l'urbanisation galopante. L'État n'a guère les moyens institutionnels de venir en aide aux citoyens dépourvus des ressources qui leur permettraient de s'en sortir sur le plan matériel.

Heureusement, on observe une croissance continue sur la quasi-totalité du continent africain et dans certains des marchés émergents d'Asie et d'Amérique latine. Après avoir été snobée pendant des années par l'Union européenne, la Turquie a maintenant un taux de croissance qui fait pâlir d'envie l'Europe, même si cela n'élimine pas les expressions de mécontentement. Mais de nombreux autres pays à travers le monde sont fragilisés et la dynamique du capitalisme au niveau mondial est en panne. L'idée que les BRICS et d'autres marchés émergents pourraient prendre le relais et poursuivre l'expansion capitaliste sans interruption – ou bien, en d'autres termes, l'idée que la crise était entièrement locale et limitée aux économies les plus riches de la planète – s'est révélée illusoire. Il s'agit bien d'une crise mondiale et complètement liée au type de mondialisation que le capitalisme a contribué à promouvoir. Cela étant, bien entendu, cette crise n'a pas eu les mêmes conséquences partout. Elle a accéléré le transfert du pouvoir économique mondial à la Chine (et, à des degrés divers, à d'autres économies « émergentes »). Ironiquement, cette évolution, qui n'était hier encore qu'un corollaire de la financiarisation des économies industrielles des pays riches, a beaucoup plus contribué à combler le fossé entre pays riches et pays pauvres que les politiques d'aide au développement des décennies de prospérité antérieures. Cette phase de croissance durable n'a toutefois pas mis la Chine à l'abri de la récession mondiale, et d'autres pays des BRICS ont souffert d'une volatilité encore plus grande (comme la Russie) ou ont vu leur croissance ralentir considérablement (comme le Brésil).

Sur le fond, reste que l'effondrement du capitalisme ne sera sans doute pas seulement le résultat d'une crise économique. C'est plutôt une conjonction de crises économiques et de crises politiques qui risque de le menacer sérieusement, ou bien l'érosion du consensus autour du compromis implicite qui fait que les gens acceptent les coûts sociaux et environnementaux du système au nom de la croissance. L'Europe est hantée par le spectre d'une économie capitaliste stationnaire – ce qui est presque une contradiction dans les termes – et on ne voit pas bien comment elle pourrait l'affronter. Du côté de l'Asie, on a encore un horizon de croissance, mais dans un contexte politique fragile et volatil. Et les turbulences politiques sont récurrentes, tant dans les pays où le déficit de croissance provoque la frustration des attentes de progrès et de mobilité, que dans ceux où les dirigeants élus cherchent à éroder les libertés publiques et à réprimer toute dissidence.

Bien que l'ère capitaliste ait été marquée par l'idée qu'on pouvait nettement distinguer la sphère (imaginaire) de l'économie « pure » de la sphère de l'État et de la société civile, la réalité du capitalisme, c'est qu'il est et a toujours été le produit de pratiques et d'institutions qui chevauchent ces frontières. La relation entre État et activité économique n'est pas contingente mais constitutive. Le capitalisme ne dépend pas seulement de l'organisation du marché en tant que phénomène systémique « objectif », mais de constructions sociales et culturelles, comme l'entreprise en tant qu'entité juridique et espace d'organisation du travail. En outre, l'expansion du capitalisme ne dépend pas seulement des États et des sociétés, mais aussi de l'exploitation de la nature. Or, dans chacun de ces cas – État, société, nature –, le système capitaliste tend à détruire ce qui rend possible son existence même, le néolibéralisme et la financiarisation extrême ne faisant qu'aggraver cette tendance. L'humanité trouvera-t-elle les moyens de limiter ou de stopper cette destruction sans éliminer le capitalisme lui-même ? La survie du système en dépend.

Déficits institutionnels

On sent bien qu'une vague de transformation et de renouveau est en train de parcourir nombre de pays d'Asie et plusieurs régions d'Afrique et d'Amérique latine. Stimulé par des taux de croissance élevés, un optimisme généralisé se propage à propos de l'avenir du capitalisme. Dans certains cas, on voit des gouvernements adopter les mots d'ordre des militants et s'engager en faveur d'une « croissance verte » et de la construction de meilleurs systèmes de protection sociale. Le contraste est patent avec une Europe en proie à l'austérité et des États-Unis politiquement paralysés dont l'économie est à peine plus dynamique. Ce qui prédomine pourtant, malgré des humeurs et des trajectoires différentes, ce sont des similitudes essentielles.

La croissance capitaliste a un coût énorme en termes de pollution, de bouleversements sociaux et d'inégalité. Les élites capitalistes ne cherchent même plus à dissimuler la façon dont elles accaparent massivement les richesses, même si jusqu'à présent le système a suffisamment distribué de miettes à d'autres secteurs pour bâillonner la protestation. La corruption est un défi supplémentaire qui aggrave les inégalités. Parallèlement, il existe une énorme demande d'investissements dans les infrastructures et les ressources, que ce soit pour stimuler les activités économiques ou pour soutenir un taux d'urbanisation accéléré. Tous ces coûts sont largement externalisés, tandis que les nouvelles richesses sont accaparées par ceux qui possèdent du capital, qui en tirent une rémunération ou qui peuvent prélever une rente. Autrement dit, les coûts sociaux et environnementaux ne sont pas pris en compte dans les bilans des entreprises ; et, en général, ce sont les États qui payent la facture des investissements en infrastructures.

Qu'en est-il, dès lors, de la fin du capitalisme ? Le système dépend aujourd'hui d'un « régime d'externalisation » qui permet aux entreprises de se reposer sur l'État, les organisations à but non lucratif et même les familles et les gens ordinaires pour prendre en charge deux coûts fondamentaux : celui des infrastructures et celui des externalités négatives de la croissance capitaliste. De fait, une bonne partie de la rentabilité et de la croissance du capitalisme dépend de cette externalisation. Les entreprises ne payent généralement pas la totalité des investissements publics dont elles bénéficient : santé publique, formation des travailleurs ou construction d'infrastructures indispensables. Elles génèrent de la pollution et des déchets mais n'assument pas les coûts financiers, humains ou naturels de ces dommages. Autrement dit, le capitalisme est un formidable producteur de richesse, mais aussi de « mal-être » (« *illth* », soit le contraire de « bien-être », ainsi que le suggérait John Ruskin dans l'Angleterre pauvre et polluée du XIXe siècle), et ce n'est que tant que ce « mal-être » est toléré qu'il peut continuer à produire de la richesse. Les États tentent de négocier un compromis entre ces exigences contradictoires, mais s'ils décidaient de taxer le capitalisme à hauteur des coûts réels de son activité, ils mettraient en danger la compétitivité de leur économie et risqueraient de saper la dynamique de création des richesses.

Les entreprises capitalistes tirent un certain nombre d'autres bénéfices de l'activité de l'État, qu'il s'agisse par exemple de la défense de leurs droits de propriété ou de la possibilité d'exploiter à leur profit et à titre privé les résultats des recherches financées par le gouvernement. On peut mentionner aussi d'autres biens publics, comme la monnaie, les voies de communication et la garantie des contrats. Enfin, le bon fonctionnement du capitalisme dépend de la solidarité sociale et de toute une gamme d'institutions qui vont des écoles aux hôpitaux. Celles-ci offrent d'ailleurs souvent au secteur privé des opportunités additionnelles de faire du profit, alors même qu'elles sont au moins en partie organisées sur des bases publiques ou à but non lucratif. Mais, plus fondamentalement, elles fournissent des services que les entreprises n'ont dès lors pas besoin d'internaliser et un contexte stable pour leur activité.

De fait, les entreprises capitalistes elles-mêmes sont des entités qui débordent du cadre strict du capitalisme en tant que système purement économique : elles ont une structure juridique, une dimension inextricablement politique et offrent à leurs employés des services et des prestations qui vont au-delà de la recherche du profit par leurs propriétaires. L'emploi dans le secteur privé est une source importante de prestations sociales, en matière de retraites et de santé en particulier, même si ces prestations n'ont cessé de décliner pendant l'ère de la financiarisation extrême. Menacées par le désinvestissement et les OPA, les entreprises ont en effet perdu la capacité de planifier à long terme et ont dû réduire leurs dépenses pour obtenir le taux de rentabilité immédiate exigé par des marchés financiers capricieux. En ce qui concerne l'atténuation des risques existentiels – y compris ceux qui sont engendrés ou intensifiés par le capitalisme lui-même –, n'oublions par le rôle encore plus important que jouent les institutions publiques de la santé et de l'éducation et les programmes d'aide aux personnes âgées et aux chômeurs. Nombre de ces institutions ont été considérablement affaiblies pendant l'ère de la financiarisation, tandis que des entités traditionnelles, comme les familles, les communautés et les organisations religieuses, n'arrivent pas à compenser complètement ce déficit. On constate l'émergence de nouvelles formes d'organisation à but non lucratif dans le domaine de l'auto-assistance et de la bienfaisance. Pour ceux qui ont de l'argent, l'assurance et l'épargne offrent d'autres options en matière de gestion du risque. Mais, dans la mesure où il s'agit d'un système économique qui produit inévitablement des risques et de la volatilité, le capitalisme ne peut pas fonctionner sans une structure institutionnelle capable de venir en aide aux gens ordinaires. On constate d'ores et déjà une forte érosion de la lutte organisée contre les risques sociaux dans les économies capitalistes les plus anciennes, tandis que les institutions conçues à cet effet peinent à se développer dans les économies capitalistes émergentes. Ce qui nous amène à nous demander si le système capitaliste et les gouvernements qui le promeuvent sont viables en termes de légitimité politique.

La prospérité et la légitimité du capitalisme se sont construites sur la base d'institutions et de rapports sociaux qui se sont détériorés au cours des dernières décennies ; le système ne pourra se régénérer qu'à travers leur renouveau. C'est en partie une question de légitimité, de solidarité et de protection sociale. Mais il s'agit en outre d'affronter le fait que la croissance capitaliste est aussi une question d'urbanisation, de pression sur les ressources, de dégradation de l'environnement, de migration (et on pourrait citer bien d'autres thèmes), pas seulement une question d'investissements, de production et de profits. Or le traitement de toutes ces questions ne dépend pas seulement du marché mais aussi de l'État, et d'une ample gamme d'institutions sociales. Au beau milieu d'un XXe siècle marqué par la dépression et la guerre, Karl Polanyi – qui pensait ainsi au XIXe siècle mais aussi à un possible futur – soulignait que le développement d'un capitalisme sans entraves ne peut que saper les conditions sociales de sa propre survie et du bien collectif. En s'efforçant de construire de nouveaux supports institutionnels, on peut à la fois stabiliser le système capitaliste et promouvoir un partage plus efficace des bénéfices de la croissance.

La légitimité non seulement de l'entreprise capitaliste, mais aussi des États qui assurent sa continuité, repose sur un contrat social implicite : les citoyens tolèrent les inégalités et l'externalisation des coûts à long terme au nom de la croissance. Aujourd'hui, les pays à forte croissance d'Asie, d'Afrique et d'Amérique latine sont tous mis au défi de trouver un modèle de croissance suffisamment équilibré pour garantir la cohésion nationale et les investissements futurs. Il est clair qu'ils ne pourront pas maintenir leurs taux de croissance actuels, surtout dans le contexte d'une économie mondiale beaucoup moins dynamique ; dans une phase de décélération, ils finiront par devoir affronter à la fois l'éclatement de bulles spéculatives et le mécontentement de leurs citoyens.

L'Europe et les États-Unis sont confrontés aux mêmes défis sans avoir l'avantage de l'optimisme ou d'une croissance forte. On sent bien l'angoisse que provoquent cette longue stagnation économique et la patente incapacité politique de l'affronter mais, jusqu'à présent, aucun mouvement social n'a su formuler de réponse susceptible de peser véritablement sur l'issue de la crise. La réaction populaire à la crise économique et à la faible légitimité des gouvernements est venue en grande partie des agitateurs d'extrême droite sous des dehors souvent xénophobes. Malheureusement, les gouvernements européens se sont contentés d'essayer de rétablir les équilibres budgétaires à travers des programmes d'austérité tout en préservant les richesses des principaux responsables de la crise, qui sont aussi les principaux bénéficiaires de la financiarisation. Les États-Unis ont fait plus d'efforts pour relancer la croissance, mais souffrent d'une série de blocages politiques, et les Américains restent convaincus que ce sont les contribuables qui doivent assumer les coûts de la crise plutôt que les institutions financières et leurs investisseurs.

Durant les périodes de croissance soutenue, en particulier au lendemain de la Seconde Guerre mondiale, le capitalisme était capable de créer des emplois et d'augmenter les salaires. Parallèlement, la croissance économique finançait l'expansion des services de santé et d'éducation, des transports et d'autres programmes auxquels tous les citoyens avaient largement accès grâce à un système de taxation progressif et aux investissements publics. De nos jours, ces mêmes citoyens doutent que leurs enfants puissent bénéficier du même niveau de prospérité et des mêmes opportunités qu'eux. Le désir d'enrichissement des habitants des pays riches se heurte à la nécessité qu'ont leurs gouvernements de rester compétitifs au niveau international (et ce non seulement pour des raisons commerciales, mais aussi parce qu'ils doivent préserver la confiance des élites et des entreprises, lesquelles sont enclines à fuir les régimes d'imposition trop contraignants). Il y a de bonnes raisons de penser que les taux de croissance des pays capitalistes du centre resteront à la traîne de la croissance mondiale, de sorte que même s'ils restent riches, leur situation ne s'améliorera guère en l'absence de réformes structurelles majeures. Par ailleurs, les structures institutionnelles qui ont longtemps assuré la légitimité globale du capitalisme subissent depuis les années 1970 une érosion qui s'est accélérée sous l'effet de la crise financière et budgétaire.

On a recours au terme « néolibéralisme » pour désigner un ensemble de politiques qui cherchent simultanément à réduire les dépenses et l'intervention active de l'État dans l'activité économique et à démanteler la régulation étatique des marchés capitalistes. Si ce libéralisme post-1970 doit beaucoup au libéralisme classique du XIXe siècle, il s'en différencie toutefois principalement par son effort de démantèlement d'une multitude de protections sociales et de dispositifs économiques mis en place dans le cadre du capitalisme avancé, essentiellement en réponse à la Grande Dépression et en lien avec la longue période d'expansion de l'après-guerre. Mais cet enracinement dans le libéralisme du XIXe siècle est symptomatique, car il nous rappelle que la tension entre la quête d'un capitalisme « sans entraves » et la volonté de remédier aux limites et excès du développement capitaliste ne date pas d'aujourd'hui. Au XIXe siècle, les libéraux ont souvent cherché à démanteler les institutions traditionnelles qui faisaient obstacle à la recherche du profit et à limiter la création de nouvelles institutions. On observe le même phénomène partout dans le monde en développement aujourd'hui.

En Chine, par exemple, le développement d'un capitalisme extrêmement dynamique entre en tension aussi bien avec les structures communautaires locales traditionnelles qu'avec les institutions alternatives mises en place pendant l'époque communiste, telles que les *danwei*, les « unités de travail », qui jouaient un rôle central non seulement en termes d'emploi, mais aussi dans l'attribution de logements et la prestation de services de santé (non sans évoquer certaines pratiques paternalistes des grandes entreprises dans la phase initiale du développement capitaliste en Occident). Les salariés chinois qui arrivent aujourd'hui sur le marché du travail, en particulier ceux qui migrent vers les bassins d'emploi des régions urbaines à croissance rapide, ne bénéficient plus ni des anciennes formes de capital social qui prévalaient dans leurs communautés d'origine, ni des dispositifs institutionnels jadis offerts par les *danwei*. Ils bricolent de nouveaux modes d'existence dans les villes et n'arrivent à s'en sortir que s'ils ont suffisamment d'argent pour se procurer sur le marché l'équivalent des anciennes formes de prestation sociale. Parfois, ils créent de nouvelles institutions sociales, tout comme l'avaient fait, une génération auparavant, les migrants installés dans des villes comme Shanghai en créant des associations de travailleurs originaires du même village ou du même clan. Souvent, ils vivent dans une quasi-marginalité en essayant d'épargner pour envoyer de l'argent dans leur village ou faire venir leur famille en ville. L'État s'efforce de réglementer ce processus, en utilisant par exemple le système de *hukou*, qui restreint l'accès des migrants non autorisés à des institutions urbaines, comme les écoles par exemple. Ce type de restriction fonctionne comme outil de contrôle social et apparaît comme un symptôme d'un déficit institutionnel.

Mais, à mesure que la Chine avance sur la voie du développement capitaliste, elle a de plus en plus besoin d'institutions fortes. De fait, le gouvernement chinois est en train de promouvoir les services d'éducation et de restructurer les services de santé, notamment en introduisant un nouveau système de soins primaires. La question de savoir quelle institution prendra en charge les personnes âgées dans une société qui vieillit rapidement – la solidarité familiale étant menacée non seulement par l'évolution des mentalités, mais aussi par la migration et la politique de l'enfant unique – est particulièrement préoccupante. Quant à l'indemnisation du chômage et autres prestations sociales, on ne peut que spéculer sur leur avenir. On peut imaginer l'émergence d'associations caritatives ou de mutuelles d'entraide, même si, jusqu'à présent, l'État s'est montré assez réticent à leur accorder un minimum d'autonomie. La Chine a clairement adopté un modèle capitaliste, mais on ne sait pas jusqu'à quel point cela implique une imitation des institutions occidentales, une émulation du néolibéralisme, qui cherche à saper ces institutions, ou le développement d'un certain type de capitalisme d'État (« avec des caractéristiques chinoises »).

Le capitalisme d'État a plutôt constitué une exception au cours des 450 dernières années, mais il n'est pas impossible qu'il représente pour une bonne part l'avenir du système. On peut soutenir l'idée que le communisme soviétique représentait une forme de capitalisme d'État, à l'instar du fascisme. Partout où les États ont aujourd'hui recours à des formes de nationalisme réactionnaire pour consolider leur légitimité, la voie du capitalisme d'État semble plus probable. Ce qu'il faut comprendre avant tout, c'est que le capitalisme du futur ne sera plus nécessairement le prolongement du « capitalisme libéral » qui a dominé au cours des deux derniers siècles en Occident. Il est fort possible que le lien tant commenté entre capitalisme et démocratie libérale n'ait été qu'une forme contingente de relation entre économie et politique, due à une série de conditions et des luttes historiques spécifiques.

Bien entendu, le néolibéralisme au niveau national a un lien étroit avec la promotion du « libre-échange » au niveau international. En un sens, la réduction des droits de douane et autres réglementations commerciales est similaire à la lutte contre les « rigidités » du marché du travail et l'« interventionnisme » de l'État dans l'économie. Qu'il s'agisse de sécurité (ou de dominance) militaire ou de sécurité sociale, d'investissements publics ou d'amortissement des chocs économiques internationaux, les avantages apparents du capitalisme d'État en font un modèle plausible. C'est particulièrement vrai dans les pays qui ont peu d'expérience de la démocratie libérale. Bien entendu, les entreprises d'État existent aussi dans les pays occidentaux – surtout dans les transports, la communication et l'énergie –, mais elles visent plus à compenser les défaillances du marché qu'à orienter l'accumulation du capital. Une caractéristique du néolibéralisme est justement d'exiger leur privatisation, une politique qui a été mise en œuvre non seulement dans de vieux pays du centre comme la Grande-Bretagne, mais aussi dans un certain nombre de pays en voie de développement, notamment en Amérique latine. Quoi qu'il en soit, la question reste ouverte de savoir si la structure institutionnelle caractéristique du capitalisme de demain distinguera secteur public, secteur privé et société civile de façon aussi nette que ce fut le cas en Occident.

Limitation des ressources et dégradation de l'environnement

La poursuite de l'accumulation de capital est menacée non seulement par les problèmes et les difficultés économiques qui affectent la reproduction des infrastructures sociales et politiques du capitalisme, mais aussi par la destruction de son environnement « naturel ». Le capitalisme dépend des matières premières, des moyens de subsistance de la population et de la capacité des membres des diverses sociétés humaines à tolérer l'externalisation des coûts de la dégradation de l'environnement, lesquels échappent au marché et pèsent sur la société, qu'il s'agisse des dépenses publiques ou de la répartition sociale de la souffrance humaine.

Il est d'autant plus difficile de relever les défis écologiques et climatiques en raison de la compréhension fautive de la notion de « nature » en Occident, et même ailleurs. La nature y a longtemps été perçue comme l'« autre » de la société humaine, et souvent comme un obstacle à surmonter, en oubliant à quel point nous sommes nous-mêmes des êtres naturels et ne pouvons subsister qu'au sein de la nature. Plus spécifiquement, avec l'essor et le triomphe du système capitaliste, la « nature » a été construite en tant que réservoir de *ressources*. Pour le capitalisme, la nature est là pour être utilisée, exploitée. Des forêts à l'eau, nous connaissons bien les conséquences de cette conception. Ainsi, par exemple, la consommation mondiale d'eau douce a triplé au cours de la seconde moitié du XXe siècle (alors que la population n'a fait que doubler). Le progrès technologique permet aux agriculteurs et autres usagers de l'eau de pomper à des profondeurs de plus en plus grandes, menaçant les aquifères et le niveau de la nappe phréatique. La construction de barrages de plus en plus énormes a permis d'augmenter la production d'énergie électrique et parfois de gérer les crues, mais elle s'est également traduite par des déplacements de populations, des inondations de terres agricoles et une diminution des stocks de poissons. Des fleuves s'assèchent et des lacs disparaissent. Dans ce domaine, l'usage de l'analyse « coût/bénéfice » conduit presque toujours à une sous-estimation radicale des coûts que l'exploitation d'aujourd'hui impose aux générations de demain.

Étant donné que la « nature-en-tant-que-ressource » apparaît comme toujours limitée et que le capitalisme repose pour sa part sur une logique d'expansion perpétuelle, les capitalistes ont stimulé les efforts visant à en transcender les limites. La combinaison de la science moderne et du secteur privé appuyé par l'État s'est révélée formidablement productive sur le plan de l'innovation technologique. Grâce à l'ingénierie des ressources naturelles, on a pu améliorer les performances de l'agriculture, fabriquer de nouveaux matériaux et inventer de nouveaux procédés d'extraction de l'énergie. Le capitalisme a donc joué un rôle fondamental dans la multiplication des moyens de subsistance de l'humanité en apportant un complément au potentiel « naturel » par l'agriculture intensive fondée sur les engrais, la mécanisation, l'irrigation et le drainage, ainsi que par les nouvelles cultures issues de la recherche scientifique. On lui doit aussi la médecine moderne et sa gamme de technologies spécifiques, des produits pharmaceutiques aux hôpitaux hautement technologisés. La durée « naturelle » de la vie humaine a été ainsi prolongée pour un nombre toujours plus important d'êtres humains. Au nombre des nouvelles technologies, il faut aussi compter les procédés et les équipements qui modifient considérablement et réduisent substantiellement le rôle du travail humain dans la création de nouvelles marchandises. Mentionnons aussi les technologies du transport et de la communication, qui surmontent les obstacles de la distance et de la topographie, et d'autres infrastructures technologiques qui facilitent la vie urbaine à une échelle sans précédent. Associées à d'énormes investissements dans les infrastructures, elles ont permis l'expansion spectaculaire de la population humaine, l'urbanisation massive et une énorme augmentation de la mobilité géographique.

Mais la nouvelle organisation de la vie sociale a également multiplié la demande d'énergie, satisfaite par l'exploitation des sources de carbone comme le charbon et le pétrole, mais aussi par les centrales nucléaires et d'autres formes d'énergie. Grâce aux nouvelles technologies, toute une gamme de minéraux est désormais accessible. Or, non seulement cette énorme expansion de l'échelle de la vie humaine est alimentée par des ressources rares, mais elle engendre aussi des dommages écologiques de grande envergure, dont le changement climatique, avec ses conséquences potentiellement catastrophiques.

L'augmentation de la production d'aliments due à l'agriculture intensive a aussi pour effet l'érosion des sols et entraîne d'autres dommages collatéraux. Les nouveaux matériaux sont souvent moins biodégradables que les anciens. Les sources d'énergie à base de carbone polluent. Et toute une série d'activités stimulées par la croissance capitaliste induisent le réchauffement climatique. Pour autant, que ce soit à Rio, à Doha, ou à Kyoto, aucun consensus international n'a été obtenu pour appuyer des initiatives sérieuses de lutte contre le changement climatique.

Plus généralement, à l'ère de la financiarisation, les efforts pour lutter contre la dégradation de l'environnement deviennent eux-mêmes des objets d'échange marchand. Les propositions visant à gérer les émissions polluantes à travers le commerce du carbone en offrent un excellent exemple. Par le biais de ces programmes de « *cap and trade* », on fixe une limite théorique aux émissions, mais on laisse tous ceux qui ne polluent pas au-delà de cette limite vendre leurs quotas non utilisés aux pollueurs pour leur permettre de polluer davantage. Le succès de ces dispositifs doit plus au fait que les droits de polluer peuvent être avantageusement « repackagés » sous forme de produits boursiers et négociés par les banques d'investissement qu'à leur efficacité réelle dans la réduction des émissions.

La question de savoir jusqu'à quel point la nature peut être exploitée ou irrémédiablement détériorée est un problème pour l'avenir du capitalisme (ainsi que pour la vie en général). Et c'est un problème qui défie les catégories de l'analyse économique. C'est en partie parce qu'il est extrêmement difficile d'attribuer un prix adéquat aux ressources naturelles, surtout si l'on se pose la question de la soutenabilité de leur exploitation à long terme. C'est aussi parce que la conception étroite de la nature comme ressource limite considérablement la compréhension de l'appartenance de l'être humain au monde naturel et de sa dépendance à l'égard de ce monde.

Lorsqu'on la conçoit comme une ressource fondamentalement limitée, l'appropriation de la nature devient l'objet d'une compétition entre les organisations capitalistes et les États dont elles dépendent. L'économie politique du pétrole est l'exemple classique de ce type de relations depuis un siècle, et surtout depuis les années 1970. Mais l'avenir proche nous réserve toute une série de nouvelles luttes pour les ressources rares qui représentent un défi pour le capital, pour les États et pour les sociétés humaines. La question de l'énergie est fondamentale. Les technologies modernes dépendent de l'extraction de minéraux. L'eau est une ressource rare et souvent victime de la pollution. Les terres agricoles elles-mêmes sont un objet de concurrence, comme on le voit en Afrique, dont les étendues fertiles sont convoitées à la fois par l'Arabie aride et la Chine surpeuplée.

La lutte pour les ressources est aussi un des facteurs majeurs de tension géopolitique. Elle joue déjà un rôle important dans toute une série de conflits armés de faible envergure qui ont souvent un statut hybride, entre guerre civile, guerre interétatique et activité criminelle. Par ailleurs, la question de l'accès aux ressources naturelles – en particulier au pétrole et à toute une série de minéraux – est un aspect fondamental de la croissance chinoise. Pour garantir et stabiliser cet accès, Pékin a noué des relations avec tout un éventail de pays parfois lointains, dont certains sont connus pour la volatilité de leur situation politique mais occupent une position cruciale, comme les deux Soudans récemment séparés, qui vendent presque tout leur pétrole à la Chine. L'exportation de ressources naturelles joue également un rôle fondamental pour la Russie et pour d'autres pays de l'ex-Union soviétique. L'Europe importe beaucoup d'énergie de Russie et s'est déjà trouvée impliquée dans des conflits autour de ses sources d'approvisionnement. En tant que pouvoir régional doté d'une certaine influence sur les populations musulmanes, l'Iran est un facteur d'incertitude. Les États du Golfe sont de gros investisseurs internationaux et des acteurs de premier plan pour la sécurité de la région. Leur déstabilisation aurait des conséquences majeures. Le Nigeria, qui a longtemps été un exemple type de pays victime de la « malédiction des ressources », semble avoir commencé à s'engager dans la voie du développement mais affronte encore bien des difficultés. Plusieurs pays d'Amérique latine sont de gros exportateurs de pétrole et certains, comme le Brésil, sont également des puissances émergentes. Les États-Unis ont réduit leur dépendance à l'égard des sources d'énergie internationales en partie grâce aux investissements effectués pendant la crise financière, notamment en direction des nouvelles technologies de fracturation hydraulique. Les nouvelles méthodes d'extraction du pétrole et du gaz de schiste sont peut-être le meilleur exemple d'une possible solution technologique à l'un des principaux problèmes qui grèvent l'avenir de l'accumulation de capital (une solution plus plausible que les technologies « vertes » qui, jusqu'à présent, n'ont pas réussi à fournir une offre proportionnelle à la demande d'énergie). Mais cette solution technologique engendre elle-même de nouveaux problèmes écologiques. Et le capitalisme reste profondément dépendant de la politique mondiale de l'énergie et des ressources. On pourrait établir une longue liste de pays importants dont l'avenir est intimement lié à cette problématique. La dispute sur les îlots du Pacifique en mer de Chine, la situation politique en Asie centrale et même le conflit postcolonial entre la Grande-Bretagne et l'Argentine à propos des Falkland, outre la question idéologique de la souveraineté, mettent tous en jeu des dimensions énergétiques.

Les ressources énergétiques sont peut-être le facteur le plus important d'une possible dérive violente des conflits de demain, mais elles ne sont pas les seules. L'eau et les terres arables sont elles aussi des ressources rares. Et, au-delà du problème des ressources, il existe toute une série de tensions autour de la religion, des migrations et des frontières, à quoi s'ajoutent des aspirations quasi impériales d'extension des territoires. La course aux armements ou le soupçon que tel ou tel voisin régional est en train d'acquérir une capacité nucléaire sont aussi des facteurs de tension et d'instabilité, de même que le comportement d'une série de dictateurs et d'acteurs non étatiques. Quant aux conflits réels de la dernière décennie, en particulier l'invasion de l'Irak et la guerre en Afghanistan, ils ont tout à la fois exacerbé les tensions et amoindri la capacité de Washington de concrétiser son pouvoir hégémonique à travers des interventions efficaces. Tout cela renforce la probabilité que des guerres éclatent et que des conflits régionaux ou de faible envergure soient happés dans des conflagrations géopolitiques à plus grande échelle. À bien des égards, les quarante-cinq ans de guerre froide apparaissent comme un simple intermède dans une longue histoire de conflits et de recompositions géopolitiques.

Secteur informel et capitalisme illicite

La financiarisation et le néolibéralisme ont affaibli une série d'institutions cruciales pour la stabilité du capitalisme dans les pays relativement riches d'Occident. C'est le cas non seulement des institutions publiques régulatrices, mais aussi des syndicats et même des entreprises elles-mêmes. Ces dernières, qui semblaient jadis fournir un cadre stable aux carrières individuelles, ne sont plus capables désormais d'offrir des prestations de santé, des retraites et la sécurité d'emploi à long terme ; dans de nombreux cas, elles ont tout simplement cessé d'exister, leurs actifs ont été démantelés et revendus sur les marchés de capitaux, ce qui les a libérées de toute obligation envers leurs salariés, les communautés locales ou leurs partenaires économiques. Les communautés ont subi le choc du bouleversement de leur base économique et des déplacements de populations. Il existe de moins en moins d'institutions formelles susceptibles de fournir un filet de sécurité aux citoyens ordinaires, sans parler d'opportunités de travail ou de carrière. Il ne s'agit pas d'une transition aussi violente que la crise institutionnelle qui a accompagné l'effondrement de l'URSS, mais nous n'en sommes pas si loin. Des organisations religieuses ont commencé à intervenir sur ce terrain, non seulement en termes de prestations caritatives, mais à travers toute une gamme de services institutionnels allant de l'aide à l'insertion professionnelle au conseil juridique. Et, dans tous les pays de l'OCDE, des réseaux de solidarité locale ont émergé pour organiser des échanges économiques sur une base partiellement non monétaire.

À la faiblesse des institutions formelles répond l'essor du secteur informel. Le terme dérive des analyses – notamment celles d'Arthur Lewis et Keith Hart – visant à décrire les conditions prévalant dans les pays du tiers monde où les institutions formelles ne sont pas développées à l'échelle de la nation et où, par conséquent, l'économie monétaire enregistrée par les statistiques officielles ne reflète qu'une petite partie de l'activité économique totale. Tout le reste, qui est essentiel pour la survie d'une large fraction de la population, implique des combinaisons variées : une dépendance à l'égard des rapports sociaux « traditionnels », reconfigurés de manière à offrir un soutien dans des circonstances nouvelles ; le développement d'alternatives aux rapports marchands formels, telles que le troc ; des réseaux de relations directes au sein desquels les transactions échappent au contrôle de la loi et du fisc. Certaines des activités du secteur informel peuvent être catégorisées comme criminelles, d'autres pas. Et même si le concept a émergé dans le cadre des études sur le tiers monde, il est clair que le phénomène de l'informalité a toujours accompagné la trajectoire du capitalisme et les efforts des États-nations pour organiser les cadres juridiques pertinents.

Au cours des quarante dernières années, l'essor du secteur informel a été spectaculaire. Il est devenu une dimension importante de la vie économique des pays riches aussi bien que des pays pauvres en offrant aux gens une alternative aux dysfonctionnements des institutions publiques – comme ce fut le cas pendant les dernières années du communisme dans le contexte d'économies formellement planifiées – et au déclin de l'offre de biens publics – notamment dans les anciens pays communistes en phase de post-transition, mais aussi dans les pays capitalistes qui imposent à leurs populations des régimes d'austérité néolibérale. Une bonne partie de cette activité est organisée au niveau des communautés locales : troc à petite échelle, associations coopératives, échanges monétaires échappant à la fois au fisc et au secteur financier. Le secteur informel n'est pas simplement une source de problèmes sociaux, il est aussi un vecteur de créativité. Les inventeurs et les entrepreneurs qui travaillaient à partir de leur garage, véritable mythe de la Silicon Valley, ont souvent lancé leurs entreprises dans des conditions d'informalité – du moins aux époques où le capital-risque était difficilement accessible. Leurs homologues indiens ou nigérians opèrent dans les mêmes conditions aujourd'hui, de même que nombre d'artistes et de cinéastes. Sociologiquement, le secteur informel a tantôt un petit air bohème, tantôt un aspect étonnamment classe moyenne ; et ses entreprises, au dynamisme souvent séduisant, entretiennent des relations assez aléatoires avec le fisc et avec leurs employés, qui n'ont pas toujours de couverture santé ou d'assurance retraite.

Mais le secteur informel ne se réduit pas aux réseaux communautaires locaux et aux échanges directs qui se substituent aux rapports marchands formels et aux institutions officielles. Il existe également dans une version à plus grande échelle à travers les structures capitalistes transnationales qui fonctionnent au moins partiellement en dehors du cadre de l'État et de la loi. Mentionnons entre autres le blanchiment d'argent et les transactions financières qui s'appuient tout autant sur la menace de la violence que sur des rapports contractuels : fraude fiscale, contrebande et trafics illicites en tout genre, qu'il s'agisse de minéraux (diamants africains, coltan), d'armes (légères en général, mais aussi parfois des chars, des avions et des missiles), de médicaments ou de personnes. Ce capitalisme plus ou moins clandestin est souvent plus organisé que ne le suggère le terme de « secteur informel », et son chiffre d'affaires représente plusieurs milliers de milliards de dollars (même si, bien entendu, il est très difficile de le calculer de façon précise).

Déjà considérables auparavant, l'industrie de la fraude fiscale et les flux d'investissements illicites ont été grandement renforcés par les modalités de la transition du communisme au capitalisme en Russie. Pour une bonne part, celle-ci a reposé sur un véritable pillage des biens de l'État par d'anciens hauts fonctionnaires et par leur transformation en entités hybrides entre l'entreprise capitaliste et le crime organisé. D'où la croissance massive d'un commerce illicite qui a injecté d'énormes sommes dans un réseau mondial déjà florissant de marchés illicites. On estime parfois à mille milliards de dollars le montant des capitaux clandestins exportés depuis des pays comme la Russie vers des paradis fiscaux comme Chypre et les îles Caïmans. Ces capitaux ont ensuite été investis dans une série d'activités aussi bien légales qu'illégales en Russie et dans le reste du monde.

L'importance de l'activité du secteur informel, relativement localisé, et du capitalisme illicite, largement internationalisé, témoigne des déficiences de la croissance capitaliste « officielle ». En premier lieu, celle-ci n'est pas en mesure d'accomplir les tâches de redistribution nécessaires à la vie et à la reproduction sociales. Bien au contraire, dans nombre de sociétés, le capitalisme formel dépend du secteur informel pour la préservation des conditions basiques d'existence – et donc pour maintenir la paix sociale nécessaire à la prospérité des secteurs sociaux qui vivent des marchés légitimes. Cela est particulièrement vrai pour les couches sociales les plus touchées par les défaillances du marché, comme les habitants des bidonvilles, par exemple, qui doivent compter essentiellement sur la réciprocité locale et sur des formes de micro-entreprise pour survivre, car l'État et le capitalisme à grande échelle y sont inefficaces. Mais cela affecte aussi parfois plus amplement la société là où la corruption n'est pas seulement une question de cupidité individuelle mais de sous-développement institutionnel. En second lieu, les grandes quantités de capitaux illicites qui circulent au niveau international soustraient des ressources au secteur formel et augmentent la volatilité des marchés. Certes, il arrive que les capitaux illicites soient réinvestis sur les marchés de capitaux légitimes et en viennent à financer des activités légales – qui pourront toutefois elles-mêmes être éventuellement marquées par des méthodes de gestion illégales, comme la corruption ou les menaces de violence. Informalité et corruption menacent le rôle régulateur de l'État et favorisent l'hybridation et l'intégration entre activités légitimes et activités criminelles, comme la drogue ou le trafic sexuel.

Une bonne partie de l'économie politique mondiale déborde des cadres du système-monde « officiel » des États-nations et du capitalisme. La collusion entre secteur public et secteur privé, les échelles multiples du crime organisé, le pouvoir politique de seigneurs de guerre et de cartels qui n'ont été élus par personne, le pouvoir économique d'institutions étatiques fonctionnant de façon partiellement autonome, comme souvent les forces armées, sont autant d'expressions d'un monde plus complexe qui remettent en cause le fonctionnement conventionnel du capitalisme. On pourrait en dire autant des défis de la sécurité informatique, de WikiLeaks au piratage, en passant par les virus et le « hameçonnage », et de toutes ces tactiques déployées parfois avec le soutien d'appareils étatiques, parfois par des amateurs, parfois contre des États et parfois contre des entreprises. Tout cela fait partie d'une transformation du capitalisme qui n'est pas sans précédent historique mais dont l'avenir est incertain.

Conclusion

L'effondrement du système capitaliste n'est sans doute pas pour demain, mais il est également peu probable qu'il dure éternellement. Il n'est guère judicieux d'imaginer l'avenir comme une projection linéaire des tendances du présent.

Le capitalisme pourrait succomber à des contradictions internes, en particulier à sa propension aux crises et à l'intensification des risques associée à une financiarisation perverse dans une bonne partie du monde. Il est surprenant de constater la quasi-absence de mesures prises au lendemain de la récession de 2008-2009 pour perfectionner la régulation ou la structuration des marchés ; ce sont plus ou moins les mêmes entreprises et les mêmes personnes qui restent en place. Le niveau de risque n'a donc pas changé.

Mais il faut aussi compter avec les facteurs potentiels de perturbation externe, tels que les catastrophes environnementales, les épidémies, les guerres ou les révoltes. Les systèmes d'infrastructures dont dépend le capitalisme, comme les réseaux de communications ou d'approvisionnement en énergie, peuvent eux aussi être menacés par des acteurs politiques, par exemple. Pour toutes ces raisons, la dynamique de plus en plus intense d'intégration mondiale doit pouvoir être renversée. Face à ce type de perturbations, une déconnexion partielle des divers systèmes leur permettrait de mieux s'en sortir.

Le capitalisme pourrait être amené à décliner sans pour autant s'effondrer : le volume d'activité en son sein pourrait s'amenuiser à mesure que des systèmes d'organisation alternatifs s'affirmeraient. On pourrait assister à une décélération de la croissance, soit uniformément dans le monde entier, soit, plus probablement, de façon inégale selon les pays et les régions. On peut imaginer des formes d'organisation économique différentes selon les contextes. Le capitalisme jouera sans doute un rôle plus central dans certains d'entre eux, plus circonscrit ou marginal dans d'autres. On peut également imaginer une économie davantage contrôlée par de grandes entreprises privées en étroite relation avec l'État, visant d'autres fins que la pure accumulation du capital et laissant moins de latitude au « libre » marché. Enfin, on pourrait avoir des institutions politiques et sociales qui fonctionnent comme un contrepoids plus ou moins efficace au capitalisme ; quant à l'économie capitaliste informelle, son degré d'extension pourrait être variable. Bref, tout en restant un élément essentiel de l'économie politique mondiale, le capitalisme pourrait perdre un peu de sa prééminence. Une autre possibilité est l'émergence d'une structure économique radicalement nouvelle.

Avec la crise actuelle, ce n'est pas la première fois que le capitalisme survit grâce à l'intervention des États et leur disposition à assumer les coûts énormes entraînés par ses « excès ». Bien entendu, les citoyens qui ont à supporter le fardeau de cette externalisation ont des raisons d'être mécontents. Mais, si les États viennent en aide au capitalisme en assumant les coûts externalisés par les entreprises, ils aident aussi les citoyens en gérant des risques tels que le chômage et la maladie. Pour l'heure, aucun mouvement social n'apparaît capable de renverser les gouvernements qui imposent l'austérité dans le but de défendre les institutions financières du capitalisme. Mais n'oublions pas que le capitalisme n'est pas seulement vulnérable aux crises économiques, il peut aussi être remis en cause par la destruction des conditions politiques, sociales et environnementales de son fonctionnement.

La question des déficits institutionnels est un défi fondamental qui pourrait bien entendu être relevé aussi bien par des organisations non étatiques que par les États eux-mêmes. On pense en particulier aux organisations à but non lucratif, mais aussi éventuellement à des entreprises capitalistes suffisamment stables pour fonctionner comme des institutions sociales venant en aide à leurs employés. En outre, comme on l'a dit, beaucoup de gens dépendent d'un secteur informel qui offre des prestations aux populations mal desservies par les institutions existantes mais qui alimente aussi la corruption à grande échelle.

La question de savoir si l'État est encore capable de garantir les conditions de fonctionnement de la croissance capitaliste est cruciale, que ce soit dans certaines régions d'Europe ou dans les pays moins développés, généralement assimilés à des « États fragiles ». Les défis sont nombreux : crises budgétaires, problèmes de sécurité, déficit d'investissements en infrastructures et autres mesures promotrices de croissance. Pour pouvoir réguler la finance mondiale et relever les défis de l'environnement, des structures de gouvernance transnationales de grande envergure sont indispensables, mais on observe peu d'efforts substantiels allant dans ce sens. La cohésion du système-monde dépend de l'hégémonie et des contributions disproportionnées de certains pays. Si l'on constate un déclin de la volonté de Washington d'assumer ce fardeau unilatéralement, aucune autre puissance ne semble pouvoir prendre la relève et aucune alternative multilatérale n'a émergé. Il est possible que le système-monde perde sa cohésion et soit remplacé par des structures régionales concurrentes au sein desquels le capitalisme jouera un rôle plus ou moins grand.

Le système capitaliste contribue lui-même à engendrer certains des déséquilibres « externes » qui peuvent remettre en cause son avenir – notamment la dégradation de l'environnement et le changement climatique. Deux scénarios sont possibles : une « croissance verte » qui permettra au capitalisme de prospérer tout en relevant le défi écologique, ou bien l'existence de limites à la croissance qui rendront la survie du capitalisme – machine de croissance par excellence – problématique et insoutenable.

Pour toutes ces menaces, il existe des stratégies susceptibles de limiter les dégâts et d'atténuer les risques d'un développement capitaliste unilatéral et qui peuvent être promues tantôt par l'État, tantôt par le secteur privé ou par des organisations à but non lucratif. Elles pourraient aussi émerger de l'action des mouvements sociaux, même si pour l'instant aucun ne s'est montré à la hauteur des défis planétaires. Quoi qu'il en soit, le capitalisme ne pourra pas prospérer sans une refonte des institutions, une relance de l'emploi et une volonté de s'attaquer aux problèmes de l'environnement ou de la santé publique, par exemple.

Qu'il soit l'effet d'une crise systémique ou, plus vraisemblablement, de transformations écologiques ou d'une explosion de violence, un effondrement généralisé et plus ou moins simultané des marchés capitalistes serait tout à fait catastrophique ; il aurait des conséquences désastreuses non seulement au niveau économique mais aussi au niveau des institutions politiques et sociales. Le risque systémique est accru par l'externalisation des coûts qui porte préjudice à la fois à l'environnement et aux institutions sociales potentiellement stabilisatrices. Mais une discontinuité forte n'est pas nécessairement toujours soudaine ou catastrophique.

Comme je l'ai suggéré au début de ce chapitre, il est également fort possible qu'au cours des prochaines décennies le capitalisme connaisse des transformations qui le rendent pratiquement méconnaissable. Les problèmes de l'Europe féodale ont jadis été résolus par la construction d'États toujours plus forts, par une plus grande productivité agricole et par un renouveau de la foi religieuse. À long terme, ces innovations ont fini par transformer complètement le système et inaugurer une ère nouvelle. Au milieu du XXe siècle, l'essor simultané de la grande entreprise et de l'intervention de l'État dans la gestion des risques et l'orientation de l'économie a apporté ses propres solutions aux problèmes du capitalisme. Ces transformations profondes restaient toutefois inscrites dans le cadre de l'ordre dominant.

L'ordre capitaliste est un vaste système d'une extrême complexité. Les événements des quatre dernières décennies ont profondément bouleversé les institutions qui lui avaient garanti un fonctionnement relativement efficient dans la période d'après guerre. Les efforts visant à restaurer ou remplacer ces institutions feront évoluer le système, tout comme pourrait le faire l'apparition de nouvelles technologies et de nouvelles pratiques entrepreneuriales et financières. En supposant même que le capitalisme réussisse à se renouveler, ce renouveau le transformera lui-même et transformera le système-monde moderne au sein duquel sa dynamique s'est déployée pendant 400 ans. Au minimum, il sera transformé par le déplacement de la croissance vers les pays de l'ancienne périphérie non occidentale, qui l'obligera à assimiler des histoires, des cultures et des institutions sociales complètement différentes.

Reste à savoir si cette transformation sera suffisante pour faire face aux risques systémiques et contrecarrer les menaces extérieures. Si ce n'est pas le cas, on peut se demander quelle sera l'étendue de la dévastation que nous aurons à subir avant que n'émerge un nouvel ordre.

CONCLUSION

La réalité en face

Immanuel Wallerstein, Randall Collins,
Michael Mann, Georgi Derluguian et Craig Calhoun

En fin de compte, sommes-nous en accord ou en désaccord entre nous ? Nous avons en commun la même analyse de la situation actuelle du monde – y compris de son climat intellectuel et politique – et des points aveugles dont l'identification nous permet de décrire les principaux dangers qui nous menacent dans l'avenir. C'est sur ces points d'accord que reposera l'essentiel de notre conclusion. Nous ne dissimulerons pas pour autant les divergences théoriques qui caractérisent notre manière d'interpréter le monde et ses perspectives futures. En joignant nos forces pour écrire ce livre, notre ambition initiale était que ce mélange d'accords et de divergences engendre un débat productif et une vision panoramique. Mais, plus profondément, nous espérons aussi que, si nous réussissons à attirer l'attention d'un nombre suffisant de lecteurs, cet ouvrage aura un impact dans la pratique.

Nous sommes tous d'accord pour penser que le monde est entré dans une période historique sombre et orageuse qui durera plusieurs décennies. Les grandes structures historiques ont besoin de temps pour évoluer ou se désagréger. La grande récession qui vient de se produire nous oblige tous à réfléchir profondément aux perspectives d'avenir de l'humanité. La question centrale n'est pas seulement de savoir si la domination économique et l'hégémonie géopolitique des États-Unis peuvent se perpétuer, ni si leur déclin se produira d'abord dans telle ou telle région de la planète, mais si nous allons assister à d'importantes transformations structurelles. Malgré nos divergences sur certains aspects du pronostic, il y a une forte convergence au niveau de notre vision sociologique. Nos raisonnements s'appuient sur un acquis de connaissances accumulées dans le domaine de la macrosociologie historique – à savoir sur une étude comparative du passé et du présent largement informée par une tradition marxiste et wébérienne qui privilégie l'analyse des conflits et des structures de pouvoir. Nous sommes sensibles aux dimensions multiples de la causalité historique et tendons à partager la même conception de la façon dont fonctionnent le capitalisme, la politique, l'État, la géostratégie et l'idéologie. Là où nous divergeons, c'est plutôt sur le poids respectif et l'interaction des différents niveaux de causalité. Telle dynamique spécifique est-elle susceptible de devenir si puissante qu'elle marginalisera les autres niveaux de causalité, ou bien faut-il penser qu'un monde multicausal engendrera toujours un haut degré d'imprévisibilité ? Existe-t-il une perspective de surplomb qui permettrait de dégager un système d'ordre supérieur réunissant tous les niveaux de causalité dans une configuration historique plus ample ?

Dans ce chapitre de conclusion, nous allons d'abord offrir une description de type macrosociologique de la mondialisation actuelle, de ses origines et de ses avenirs possibles. Dans un second temps, nous aborderons la question de l'état actuel de relative paralysie des sciences sociales et des solutions possibles à cette impasse dans un avenir immédiat. En d'autres termes, nous allons esquisser ce que nous considérons tous comme une image plus réaliste du monde et des façons de l'analyser.

La fabrication de notre présent

La Grande Récession occidentale marque (pour l'instant) la fin d'une phase historique de moyen terme qui a commencé voici environ quarante ans, lors de la crise des années 1970. Il s'agit d'une période qui prête à controverse, comme en témoigne la multiplication des appellations douteuses par lesquelles on a voulu la caractériser : néolibérale, postindustrielle, postfordiste, post-guerre froide, postmoderne, postconsumériste, etc. Depuis la fin des années 1980, c'est le terme de mondialisation qui est le plus souvent utilisé pour décrire de manière générique la situation mondiale actuelle. Toutes ces désignations nous semblent problématiques. On fait passer la mondialisation pour la grande cause historique de phénomènes qui sont en réalité les conséquences géoéconomiques de la crise des années 1970 et de l'évolution qui s'en est ensuivie dans la répartition mondiale des processus de production, à savoir tout simplement la généralisation de la sous-traitance et de la délocalisation. Mais une des raisons de ces problèmes d'étiquetage tient à ce que la phase actuelle de la longue trajectoire historique du capitalisme n'est ni complètement homogène ni vraiment inédite.

Comme le souligne Randall Collins, même l'essor d'Internet n'a fait que raviver les anciens dilemmes de la substitution des machines au travail humain et à sa fonction de moyen de subsistance. La caractéristique majeure de la période qui va des années 1970 aux années 2000 n'est pas l'émergence de nouvelles forces structurantes mais plutôt la désagrégation des forces antérieures. Nous entendons par là principalement l'épuisement ou l'extinction des trois grands courants de la « vieille gauche » : le réformisme social-démocrate et progressiste dans le « premier monde » ; les dictatures communistes révolutionnaires promotrices d'un développement industriel rapide dans le « deuxième monde » ; les mouvements nationaux-populistes du tiers monde.

Les triomphes passés de la « vieille gauche » procédaient directement des bouleversements géopolitiques du XXe siècle. Ils ne reflétaient pas de façon immédiate la marche abstraite du progrès ni même la croissance de la conscience de classe, mais découlaient des expériences désastreuses de la guerre mondiale et des mobilisations nationales, lesquelles ont donné de nouvelles opportunités aux peuples, qu'ils soient blancs ou non blancs, hommes et femmes confondus. Dans cet ouvrage, Immanuel Wallerstein et Michael Mann, chacun à leur façon, esquissent les grandes lignes de cette transformation du capitalisme, tandis que Georgi Derluguian montre plus en détail les dynamiques qui ont permis l'essor des pays communistes, ainsi que les processus et les forces qui ont gouverné leurs destins divergents. Les deux guerres mondiales ont énormément stimulé la tendance de longue durée au renforcement et à l'amplification des fonctions de l'État moderne. Après 1917, dans de nombreux pays, des organisations de gauche se sont soudain retrouvées en position de s'emparer d'un appareil d'État forgé dans la guerre et de redéployer son potentiel en faveur de la croissance industrielle et de la redistribution sociale. L'avènement de la Grande Dépression dans les années 1930 a ouvert pour la gauche, mais aussi pour les fascistes, des fenêtres d'opportunité politique en discréditant et en affaiblissant radicalement les monarchies aristocratiques résiduelles, les régimes libéraux oligarchiques et leurs empires coloniaux ancrés dans le XIXe siècle. Après 1945, la guerre froide (un autre terme impropre pour décrire ce qui était en fait une « paix froide » faite de trêves multiples et d'ententes diplomatiques implicites) stabilisa les résultats de cette transformation historique pour plusieurs décennies. Elle institutionnalisa le compromis réformiste interne et l'État-providence dans les démocraties occidentales, neutralisant le spectre de la révolution qui hantait l'Occident depuis longtemps. Elle assura aussi une coexistence pacifique avec le bloc soviétique, neutralisant également le spectre de la guerre. Et, en instaurant une forme de parrainage politique et d'aide économique internationale à destination des anciennes colonies, l'ordre mondial de la guerre froide apprivoisa le spectre de la révolte anti-Blancs des peuples coloniaux, lui substituant des expectatives optimistes de coopération et de modernisation universelles. Cette époque bénie était perçue comme une juste et généreuse compensation pour les épreuves et les sacrifices de plusieurs décennies de guerre.

Mais les années 1970 ont marqué la fin brutale de ces temps heureux. Craig Calhoun nous rappelle qu'initialement ce n'est pas une résurgence de la droite qui a présidé à cette nouvelle phase de transition politique. Bien au contraire, c'est des rangs des masses juvéniles de la « nouvelle gauche » qu'a surgi le premier défi lancé aux compromis de la guerre froide. La « nouvelle gauche » revendiquait encore plus de progrès et de bien-être tout en rejetant l'hypocrisie et la bureaucratie sclérosée du système. De fait, on ne peut nier que les régimes en place, que ce soit à l'Ouest, à l'Est ou au Sud, montraient de nombreux signes de pathologie bureaucratique et de despotisme recouverts d'hypocrisie. Mais il est essentiel de ne pas oublier que cet *establishment* tant détesté dans les années 1970 n'était que l'expression de la phase terminale des différents régimes politiques liés à la vague modernisatrice, socialement réformatrice, anticoloniale ou révolutionnaire de l'époque héroïque antérieure. Malgré leurs divergences idéologiques proclamées à l'envi, la génération des États issus de la guerre avait comme socle commun ce que les Américains désignent comme la triade « Big Governement, Big Unions, and Big Business » : État fort, syndicats puissants et entreprises géantes – ou leurs équivalents fonctionnels tels que les ministères industriels et les républiques nationales du monde soviétique. Le pouvoir et la légitimité de ces structures politiques et économiques reposaient sur l'offre d'éducation moderne, de logement, de santé et de prestations sociales, sur l'emploi industriel le plus souvent à vie, sans parler des confortables carrières de classe moyenne au sein des hiérarchies administratives, militaires et professionnelles.

Certes, dans les différents pays, de nombreux groupes sociaux et populations défavorisés se sentaient exclus de cette prospérité bureaucratiquement organisée. En règle générale, dans les pays développés, il s'agissait des immigrants et des minorités raciales, religieuses et sexuelles ; dans les républiques soviétiques, des non-Russes et des sous-prolétaires ; dans les bidonvilles tentaculaires du tiers monde, enfin, des masses de migrants récemment arrivés des campagnes. Mais ces groupes marginalisés avaient du mal à trouver une expression politique. Cela allait toutefois changer dans les années 1960 avec l'arrivée d'activistes étudiants et d'intellectuels dissidents débordant d'énergie militante qui propageaient de nouvelles techniques d'organisation et diffusaient l'idéologie de la rébellion contre le « Système », avec ses slogans faciles à mémoriser et à scander.

Les mouvements antisystémiques de la « nouvelle gauche » trouvèrent un écho partout où ils étaient susceptibles (sans en avoir une claire conscience) d'exploiter les tensions sociales latentes engendrées par l'interaction de nombreux facteurs : récessions industrielles, transitions démographiques, transformations de la géographie sociale et des quartiers urbains, mémoires ethniques réprimées, et jusqu'aux ferveurs des minorités religieuses ou au factionnalisme des élites régionalistes marginalisées par la planification moderniste des nouvelles villes, des nouvelles industries et des nouveaux États. À l'encontre du modèle historique des soulèvements révolutionnaires, ces rébellions antiautoritaires étaient diffuses et souvent adeptes de tactiques non violentes. Leurs revendications mettaient l'accent sur une plus grande autonomie par rapport à l'embrigadement bureaucratique et exigeaient la reconnaissance d'une gamme très variée de groupes de statut, soit ce qu'on appelle aujourd'hui la politique de l'identité. On s'éloignait ainsi de la catégorie marxiste de classe économique en tant que base de la lutte sociale. C'était surtout la présence universelle d'*establishments* bureaucratiques souvent dirigés par des *big bosses* paternalistes et condescendants qui donnait une apparence d'horizon commun aux protestations disparates des années 1960. Pendant une brève période, ce contexte fut propice à une série d'affrontements spectaculaires et fortement polarisés de type « nous contre eux », mis en scène à une échelle massive dans divers espaces publics. Il suffit de mentionner les événements de 1968 en Occident, les énormes manifestations contre le shah d'Iran en 1978 et 1979, les grèves des années 1980 en Pologne et les manifestations de 1989 dans tout le bloc soviétique, ou même le soulèvement de 2011 contre Moubarak en Égypte.

Qu'elles aient été formulées par des participants, des commentateurs extérieurs ou des chercheurs sympathisants, les analyses de ces événements exubérants se sont concentrées avant tout sur l'action des contestataires, porteuse de tant d'espoirs et d'énergie. À l'époque, ce type d'analyses tendait à ignorer ou à tenir pour évidentes les initiatives et les réactions des secteurs dominants sur la défensive. Or, dans la majorité des cas, les *establishments* bureaucratiques semblaient étrangement réticents à l'idée de déclencher une répression ou une terreur massive contre les insurgés. Il y a de quoi être surpris dans la mesure où tant les « cochons de capitalistes » que les « apparatchiks communistes » possédaient certainement les ressources et les troupes nécessaires pour déclencher une violence massive contre des civils indisciplinés, comme cela s'était produit pendant les décennies totalitaires de l'entre-deux-guerres. Certes, on peut citer de sinistres exceptions dans le sillage mouvementé de 1968. N'oublions pas les régressions fascistes de régimes européens comme ceux qui gouvernaient l'Espagne, la Grèce et la Turquie ; les dictatures latino-américaines ; l'ère de l'apartheid en Afrique du Sud ; les coups d'État et les « états d'urgence » dans les pays arabes ; et la violence interne dans les pays d'Asie de l'Est, qu'ils soient communistes ou anticommunistes, comme la Chine maoïste et le régime militaire sud-coréen. Dans chaque cas, c'étaient des motivations locales spécifiques qui dictaient la mise en œuvre de la terreur d'État en réponse à un activisme à dominante estudiantine. Mais, en général, ces formes de répression étaient plus fréquentes dans les régions périphériques et semi-périphériques où les États étaient fondamentalement plus faibles et souvent de création récente.

Cette différence de réaction des États face à la contestation met en relief une question théorique importante. Dans les années 1970, en Occident et dans le bloc soviétique – mais pas en Amérique latine, au Moyen-Orient, ou en Asie –, les régimes politiques étaient devenus complètement bureaucratisés. Leurs institutions et leur personnel dirigeant avaient été forgés au creuset des énormes mobilisations suscitées par les conflits armés du XXe siècle et disciplinés par l'équilibre précaire de la guerre froide. Leurs membres les plus âgés partageaient encore la mémoire collective de l'atmosphère de l'entre-deux-guerres : flirts avec le fascisme et les régimes paramilitaires en Europe, purges staliniennes ou bien violence des conflits sociaux et raciaux aux États-Unis. Peut-être faut-il voir dans la tactique extrêmement pacifique et civique de la « nouvelle gauche », en contraste avec l'activisme révolutionnaire militarisé de la « vieille gauche », la raison pour laquelle les organes de sécurité de l'État n'ont pas pu définir clairement les cibles d'une confrontation violente. Peut-être ces bureaucrates et politiciens insérés dans des environnements fortement institutionnalisés étaient-ils prédisposés à une attitude de prudence qui les incitait à tenter d'éviter les conflits ouverts. Au lieu de quoi ces dirigeants « post-machiavéliens » préféraient mettre en œuvre une tactique typiquement bureaucratique d'ajustement pragmatique temporisateur. Ce qui nous amène à observer, anticipant un peu sur notre conclusion finale, que l'analyse des conditions de l'action violente et de son évitement dans les États bureaucratiques modernes doit être une priorité pour les sciences sociales en vue des grandes crises et des possibles révolutions qui s'annoncent.

Dans les années 1970 et 1980, cette politique d'évitement et d'ajustement pragmatique *ad hoc* de l'*establishment* a plus ou moins bien fonctionné, et son succès relatif s'est poursuivi jusqu'à tout récemment. Les mouvements de la « nouvelle gauche » n'ont été que de brefs feux d'artifice. Pourtant, les dégâts ont été considérables, surtout si on les considère sur le long terme. Discrédités et momentanément désorientés, les milieux dirigeants ont commencé à renier leurs anciens engagements en faveur de la modernisation industrielle, du plein-emploi et de la redistribution. Les systèmes politiques occidentaux étaient suffisamment solides et riches en ressources pour effectuer ce tournant de manière contrôlée, en invoquant une nouvelle ère de postindustrialisme, de flexibilité et de mondialisation. Au sein du bloc soviétique, le processus a échappé à tout contrôle, provoquant la panique dans les rangs des élites politiques et industrielles. Il s'en est ensuivi une désagrégation de l'État et un pillage colossal. Pour les dissidents de la « nouvelle gauche », l'extinction du communisme fut une victoire à la Pyrrhus. Contrairement à la « vieille gauche », qui se caractérisait par son organisation (de type bureaucratique), les énergies rebelles des nouvelles générations ne parvinrent pas à s'incarner dans des institutions et des politiques adaptées à la conquête d'un pouvoir à la dérive. En outre, les effets ultérieurs de la désindustrialisation et des sévères coupes budgétaires qui ont affecté l'enseignement supérieur, les institutions culturelles et les programmes sociaux ont eu tôt fait de saper la confiance populaire et les bases de soutien dont pouvait bénéficier cette nouvelle génération de rebelles antisystémiques.

Parallèlement, on a vu surgir un autre type de mouvement populaire, cette fois marqué à droite. La « nouvelle droite » doit nombre de ses tactiques à la « nouvelle gauche », attirant même certains de ses anciens militants désabusés. Ce virage à droite a marqué la fin d'une longue période dominée par la politique de classe, avec ses tactiques et ses symboles familiers, ainsi que ses rituels de négociation bien rodés. La réaction politique a arboré les couleurs d'un combat identitaire qui a introduit sur la scène politique une forte charge émotionnelle négative, car les questions d'identité ont tendance à favoriser l'intransigeance en se présentant comme non négociables. La « nouvelle droite » s'est manifestée sous deux formes distinctes, bien que souvent mêlées dans la pratique : le fondamentalisme ethnopatriotique ou religieux-patriotique et le fondamentalisme de marché ultralibéral. Ces deux tendances promeuvent la défense agressive de thèmes relevant des croyances censément fondamentales ou des soi-disant identités fondatrices de leurs sociétés respectives. Toutes deux prennent comme cible la bureaucratie étatique, l'accusant d'être perverse, prédatrice, excessivement irréligieuse et trop éloignée des citoyens. Il est fort significatif que les divers fondamentalismes chrétiens, musulmans, juifs, bouddhistes, hindouistes et autres du monde contemporain associent partout à leurs phobies et leurs paranoïas un éloge systématique des vertus de la petite entreprise, des petites villes et de la famille patriarcale.

Le déclin de la gauche a été partout rapide, laissant dans l'imagination populaire un vide qui a été occupé soit par l'apathie, soit par la colère fondamentaliste. Cette crise de la politique de masse a ouvert la voie aux factions conservatrices des élites capitalistes occidentales. Ce qu'on appelle à tort le néolibéralisme découle en fait de la vieille conviction des capitalistes modernes, selon lesquels la société tout entière finira par bénéficier de leur complète liberté de disposer à leur guise des moyens et des méthodes de l'accumulation et de l'allocation des profits. Ancrées dans le XIXe siècle, les notions de progrès universel, de prétendues lois de la nature humaine et de rationalité supérieure sont les fondements intellectuels de cette conviction. Le caractère fondamentaliste du mouvement néolibéral s'exprime dans son refus catégorique de reconnaître que le capitalisme puisse être autre chose que le marché libre absolument vierge de toute intervention ou régulation, de même que les fondamentalistes religieux ne reconnaissent pas d'autre vraie religion que leur propre version radicale de la foi. Les historiens ont pourtant démontré que l'« idéal-type » du marché libre ne peut jamais être observé dans les situations empiriques ; il s'agit d'un fantasme idéologique. Suivant en cela Fernand Braudel et Joseph Schumpeter, nous défendons l'idée que la quête soutenue du profit exige toujours un certain degré de protection de l'État et l'existence de monopoles. C'est de fait l'existence d'un monopole hégémonique qui a stimulé le regain de dynamisme de la puissance politique et financière américaine au tournant du XXIe siècle. À l'époque, Michael Mann et Immanuel Wallerstein s'étaient publiquement opposés au projet d'un empire mondial américain, et tous deux offraient des raisonnements analytiques mettant en cause sa viabilité[1]. On dispose désormais de suffisamment de données pour mesurer à quel point leurs pronostics étaient clairvoyants.

On peut subdiviser la période de quarante ans qui est en train de se terminer en parties à peu près égales. Les années 1970 et 1980 ont été marquées par la crise et l'effondrement des grands projets de gauche du XXe siècle, ainsi que des structures politiques et économiques du national-développementisme étatiste. Pendant les deux décennies suivantes, encadrées par les dates symboliques de 1989 et 2008, la superpuissance américaine s'est émancipée des pressions extérieures de la guerre froide et des contraintes intérieures de compromis sociaux. La prolifération de l'éditocratie néoconservatrice a propagé une croyance factice dans le retour à la normalité capitaliste tout en la présentant comme une nouvelle époque, celle de la mondialisation sans fin. Ce triomphalisme post-1989 aspirait en fait à un retour au type de normalité existant avant la Première Guerre mondiale (par contraste avec les années 1950, qui, bien que souvent conservatrices, se caractérisaient par une intervention croissante de l'État). À une époque où les mouvements de gauche étaient encore embryonnaires et où les peuples non occidentaux étaient asservis, les capitalistes pouvaient

1 Michael MANN, *Incoherent Empire*, Verso, Londres, 2003 ; Immanuel WALLERSTEIN, *The Decline of American Power*, The New Press, New York, 2003.

poursuivre leurs objectifs sans être guère contraints par les exigences des gouvernements nationaux ou par des considérations de politique sociale. Ils exerçaient en outre pour la première fois leur activité dans une arène véritablement globale unifiée par les nouvelles technologies du transport et protégée par les structures politiques et militaires de la domination coloniale.

Les thuriféraires de la mondialisation du XXIe siècle ont vu se déployer à l'horizon des perspectives encore plus prometteuses. L'hégémonie américaine était désormais capable de tenir en échec le type de rivaux impérialistes auxquels on devait la fin de la mondialisation précédente en 1914. La délocalisation des industries intensives en main-d'œuvre, qui ont abandonné le centre de l'économie mondiale pour les sites « émergents » bon marché de la périphérie, a subverti les règles nationales du droit du travail et de la protection de l'environnement et incité les États et leurs citoyens à devenir plus « compétitifs à l'échelle mondiale ». Le démantèlement des réglementations étatiques a permis aux grands groupes capitalistes de se consacrer à la quête de superprofits en s'adonnant aux jeux diaboliquement complexes de la finance mondiale. Dans un retour paradoxal au libéralisme du XIXe siècle, les révolutions populaires secouant les pays jadis autarciques ne se sont plus opposées au capitalisme mais s'en sont au contraire faites les promotrices au nom de la démocratie. Ces démocratisations procapitalistes furent encouragées par une série d'organisations non gouvernementales qui assumaient avec enthousiasme le rôle de missionnaires planétaires de la bonne parole. À l'ère de la mondialisation, le colonialisme d'antan, avec les lourdes contraintes politiques et financières qu'il impliquait, a été remplacé par des formes de contrôle indirect, qu'il s'agisse des puissantes institutions de gestion de la dette ou du réseau mondial des bases militaires américaines. N'oublions pas non plus de mentionner le *soft power* constitué par les organismes de conseil internationaux, les médias de masse planétaires et les normes communes inculquées aux jeunes générations des élites périphériques par l'acquisition de diplômes prestigieux en gestion d'entreprise et en administration publique dans les universités américaines. À cette liste de nouvelles institutions disciplinaires, il faut ajouter les possibilités illicites de blanchiment d'argent offertes par l'archipel mondial de micro-États qui fonctionnent comme des paradis fiscaux. Les quelques « États voyous » indociles et intransigeants qui subsistaient ont pu être relégués dans l'Axe du Mal, où ils assument la fonction idéologique fort utile de l'Autre monstrueux.

Mais ces grandioses aspirations se sont heurtées aux réalités structurelles du système-monde, qui a connu de profondes transformations au cours du XXe siècle. Un retour à la normalité impériale d'avant 1914 s'est révélé impossible. Même la concentration de la force militaire dans les mains d'une seule superpuissance, phénomène sans précédent au cours de l'ère moderne, ne peut plus garantir la poursuite de ses objectifs géopolitiques. De nos jours, les pratiques de répression barbare des empires du passé sont contreproductives. Même si les geôliers américains de la prison d'Abu Ghraib en Irak n'ont pas adopté des méthodes aussi brutales que celles de la Gestapo, voire des tortionnaires de Saddam Hussein, les images scandaleuses diffusées par les médias ont suscité une tempête d'indignation nationaliste à travers le Moyen-Orient et un rejet massif en Occident. De tels épisodes, combinés à l'aversion des sociétés occidentales d'après 1968 pour le sacrifice de leurs propres soldats, imposent des limites politiques à l'utilisation de la violence. Ajoutons à cela le simple coût matériel d'une surextension logistique, qui est loin d'avoir diminué à l'ère de la haute technologie militaire, bien au contraire. Tout cela fait que les « opérations de police » américaines outre-mer deviennent à la fois extrêmement coûteuses et politiquement indéfendables.

Immanuel Wallerstein a identifié un autre type de contrainte qui s'exerce sur la capacité hégémonique des États-Unis et la mondialisation néoconservatrice. Malgré la rhétorique persistante de la réduction des impôts et de la diminution du poids de l'État, les niveaux d'imposition effectifs sont restés presque partout à peu près aux mêmes niveaux historiques, soit assez élevés. Mais, nous dira-t-on, qu'en est-il de toutes ces histoires de crise budgétaire, de dégraissage de services publics, de coupes dans les retraites et de cruelle pénurie de fonds pour l'éducation et les prestations sociales ? Ce paradoxe dissimule la réalité d'une redistribution continue des excédents par des canaux étatiques, qu'ils soient officiels ou non. Sauf que cette redistribution s'oriente maintenant vers le haut et favorise les individus résidant dans les États les plus puissants et surtout les élites occupant les postes de commande politiques et financiers. On observe dès lors une énorme accumulation de la richesse entre les mains de ceux qu'on peut désigner comme les oligarques de notre temps. Le processus est assez simple à décrire. Les coupes dans les programmes de redistribution sociale (au sens large, où il faut inclure les politiques de soutien à la croissance industrielle et à l'emploi) ont libéré des flux d'argent qui sont désormais réorientés au profit des oligarchies financières par les imposants rouages de l'appareil d'État. Cela peut prendre la forme scandaleuse des opérations de sauvetage des entreprises soi-disant « trop grandes pour qu'on leur permette de faire faillite » (« too big to fail »), mais, plus généralement, il s'agit de l'offre massive de crédit qui, au cours des dernières décennies, a servi amplement à remédier aux problèmes budgétaires des États et des ménages.

Mais il y a un hic. Cette avalanche de crédit en direction des États et des ménages s'explique à la fois pour de vulgaires raisons contingentes (cupidité et addiction à la dette) et parce qu'elle est une dimension organique du capitalisme. Dans un passé lointain, le capitalisme était un mécanisme élitaire visant à soutenir le niveau de consommation fabuleux des classes supérieures et les guerres coûteuses menées par les États. Dans le capitalisme du XXe siècle, en revanche, pour des raisons de taille du marché et de légitimité politique, le système s'appuyait sur la consommation de masse des secteurs populaires. En outre, le XXe siècle s'est caractérisé par un niveau d'intervention de l'État et de participation populaire à la vie politique qui a fixé des limites à la tolérance sociale à l'égard de la misère humaine. C'est ce qu'on appelle l'« effet de cliquet », qui s'incarne dans la tendance historique à la croissance des fonctions de l'État dans la société moderne.

Au cours des deux derniers siècles, la démocratisation a été une tendance réelle, même si nullement inexorable. Cela signifie que la plupart des gens, y compris les plus loyaux envers l'ordre établi, partagent tout au long de leur existence trois aspirations fondamentales : de longues années d'études, un emploi stable et correctement rémunérateur et une pension de retraite dans leur vieillesse. On pourrait également mentionner le droit au logement, sachant qu'il s'agit là aussi d'un secteur occasionnant de fortes dépenses publiques. La privatisation généralisée du secteur immobilier a déplacé le fardeau financier vers les propriétaires individuels tout en les transformant en petits capitalistes qui ont commencé à voter en conséquence. Mais cette évolution a entraîné une inflation spéculative des crédits hypothécaires tout en faisant de l'accès à la propriété une chimère pour les jeunes générations. Le krach du marché immobilier en

2008 dans de nombreux pays a rendu cette contradiction intenable.

De leur côté, les gouvernements avaient besoin d'une population éduquée et en relative bonne santé pour obtenir de bons travailleurs, de bons contribuables et des conscrits doués de sentiments patriotiques. Avec le temps, ces tendances historiques allaient forcément exercer une pression sur les profits privés. Les capitalistes de l'Occident ont répondu à cette pression en se rebellant. Leur plate-forme idéologique est une nouvelle forme de conservatisme de marché et leur stratégie principale est la mondialisation marchande. L'idéologie politico-économique de la « nouvelle droite » exige que les capitalistes, grâce aux politiques d'austérité et de déréglementation, aient les mains libres pour affronter à leur guise les turbulences économiques qui n'ont cessé de se succéder depuis les années 1970. La mondialisation signifie d'abord et avant tout la transgression par le grand capital des limites et des règles instaurées par les États. La fuite des capitaux et les contraintes pesant sur les recettes fiscales n'ont laissé à la plupart des gouvernements que trois options peu séduisantes : imprimer de l'argent, s'endetter ou bien réprimer leurs populations, tant par le biais de la brutalité policière directe que par celui d'une lente asphyxie économique. Chacune de ces options entraîne ses propres dilemmes. Réprimer les pauvres, les marginaux et les rebelles coûte cher, ne serait-ce que pour garantir la loyauté de ceux qui consentent moralement à la répression, sans parler de ceux qui sont chargés de l'exécuter. Mais où les gouvernements sont-ils censés obtenir cet argent alors qu'une bonne partie de leurs mécanismes de financement sont déjà captés par les intérêts oligarchiques ?

Tels sont les principaux paramètres politiques et économiques qui ont gouverné les dernières décennies. Ces dilemmes ne peuvent que s'aggraver à court et moyen terme. La théorie wallersteinienne des limites intrinsèques de l'accumulation capitaliste rejoint ainsi la thèse de Mann sur les limites actuelles de l'expansionnisme géopolitique. En l'absence d'une opposition efficace et organisée, l'accumulation de ressources financières à un pôle de la société peut atteindre des proportions exorbitantes. Mais, tout comme les États-Unis ont été incapables d'exploiter pleinement leur monopole militaire pour remplir leurs objectifs impériaux, à un moment donné, ce monopole financier devait forcément finir par s'effondrer comme un château de cartes. Les sommes nominales accumulées ne pouvant être utilisées de manière productive, leur caractère fictif est devenu manifeste.

Ce panorama concerne principalement l'Occident et l'ancien bloc soviétique. Notre description reste-t-elle valable si l'on prend en compte le reste du monde ? Bien entendu, le miracle chinois pèse très lourd dans cette analyse. Certains d'entre nous sont toutefois assez âgés pour se rappeler l'époque où les experts en matière de développement économique considéraient de façon dédaigneuse les perspectives de l'Asie de l'Est. Leurs étoiles montantes étaient plutôt les Philippines, l'Iran du shah, le Nigeria ou le Sénégal, avec leurs institutions imitant les modèles occidentaux, leurs infrastructures modernes, leurs marchés intérieurs de taille appréciable, leurs classes moyennes et leurs technocrates bien formés. En revanche, des « États de garnison » tels que la Corée du Sud et Taiwan, ou bien des ports francs tels que Singapour et Hong Kong, reliquats du colonialisme, leur semblaient déficients à tous les niveaux : souveraineté nationale fragile, absence de classes moyennes, de ressources naturelles et d'un système d'éducation moderne. Les experts de l'époque attribuaient aux pays d'Asie de l'Est une série de handicaps rédhibitoires : surpopulation, masses de réfugiés misérables, corruption endémique, ainsi que le supposé immobilisme des traditions asiatiques. La Chine communiste, avec ses expérimentations maoïstes délirantes et ses cadres fanatiques, était exclue d'emblée, un peu comme la Corée du Nord aujourd'hui. Ironiquement, ce sont peu ou prou les mêmes facteurs qui seront cités ultérieurement de façon routinière pour expliquer les succès des pays de la région : main-d'œuvre bon marché abondante, faiblesse des marchés intérieurs stimulant une stratégie d'exportation, absence de matières premières comme le pétrole (permettant à ces pays d'échapper à la « malédiction des ressources »), ainsi que ces mêmes valeurs asiatiques de discipline, de travail, de réseaux d'entraide et d'obéissance à l'autorité. L'autoritarisme de ces régimes devenait désormais un facteur de stabilité et était décrit comme flexible et visionnaire plutôt que comme un facteur de corruption et de clientélisme.

Dans une étude antérieure, Randall Collins a mis en lumière les origines médiévales autochtones du capitalisme est-asiatique, qui s'enracine dans l'organisation économique des monastères bouddhistes [2]. Il est maintenant bien établi que pendant près de mille ans, voire plus longtemps, l'Asie de l'Est a été une région dotée de son propre système-monde, avec les marchés les plus vastes et les plus dynamiques de l'époque. C'est ce patrimoine de compétences, de ressources et de réseaux sociaux qui a resurgi au cours du XXᵉ siècle sous des formes diverses et souvent brutales. L'expansion de l'impérialisme japonais avant 1945, puis les guerres américaines visant à contenir le communisme ont favorisé l'émergence ultérieure d'une série de dictatures développementistes. Georgi Derluguian montre que si la Chine

2 Randall COLLINS, *Macro-History. Essays in Sociology of the Long Run*, Stanford University Press, Stanford, 1999.

continentale s'est finalement ralliée à cette dynamique capitaliste orientée vers l'exportation, c'est essentiellement sous l'effet de l'interaction d'une série d'événements politiques contingents au niveau national et international, même s'il s'agit d'événements qui, structurellement, devaient forcément se produire à un moment ou à un autre.

Les idéologues du libre marché ont essayé de mettre en exergue les exemples récents de réussite économique en Asie de l'Est comme preuve que la libéralisation totale des marchés y a suscité un formidable essor de l'esprit d'entreprise. Il s'agit d'une thèse indéfendable, tant en termes d'analyse historique que du point de vue des données empiriques. Les pays d'Asie de l'Est sont au contraire depuis longtemps un exemple type de capitalisme d'État fortement réglementé. Le seul rapport entre les politiques de déréglementation néolibérale et la réémergence de l'Asie de l'Est, c'est la délocalisation des activités les plus productives et leur migration hors d'Occident, vers des pays à main-d'œuvre bon marché. Ce qui ne veut pas dire qu'il n'existe dans ces pays aucune réglementation en matière de main-d'œuvre et d'investissement. Certes, on trouve dans nombre d'entre eux de vastes masses de travailleurs pauvres disposés à accepter, au moins initialement, de longues heures de travail contre des salaires peu élevés. Mais il faut d'abord que la main-d'œuvre soit organisée et disciplinée avant d'être mise au travail. Il faut également canaliser et discipliner les ambitions et la cupidité des élites locales. C'est là qu'entre en jeu la cohérence des institutions étatiques formelles de ces pays, ainsi que leurs capacités infrastructurelles plus informelles de régulation du domaine social à travers des pratiques et des réseaux socialement acceptables. Ce sont elles qui font toute la différence. Dans ce type de capitalisme d'État, les scandales de corruption révèlent un élément central du contrat social. Dans tous ces pays, les pots-de-vin versés par les entreprises aux fonctionnaires constituent une part importante de leur rémunération. Pourtant, comme le disait jadis le politicien new-yorkais George Washington Plunkett, il y a « la corruption honnête et la corruption malhonnête ». Dans ce type de contexte, la compétence de l'État consiste pour une bonne part dans sa capacité à sélectionner ses fonctionnaires en fonction tout à la fois de leur performance, de leur loyauté envers la hiérarchie et de leur participation au partage paternaliste des bénéfices de la corruption « honnête ». Cela engendre un type d'environnement institutionnel relativement prévisible que les capitalistes trouvent attrayant.

Malgré sa spécificité, le legs économique et culturel de l'histoire est-asiatique n'est pas tout à fait unique en son genre. Au fur et à mesure que les flux mondiaux de capitaux continuent à migrer en quête de nouveaux sites de production, on peut s'attendre à d'autres renaissances économiques miraculeuses. Les cas de l'Inde et de la Turquie nous rappellent que, par le passé, la géographie économique de l'Asie ne s'est jamais limitée à la Chine. Un autre champ de possibilités semble maintenant émerger du virage à gauche de l'Amérique latine, où le Brésil joue un rôle d'avant-garde. Quelles que soient la rhétorique idéologique et les options tactiques des mouvements populaires de type civique, socialiste, nationaliste ou indigène au pouvoir en Amérique latine, elles ont toutes pour effet de déstabiliser la politique traditionnelle de factions oligarchiques et militaires dépendant fortement de l'extérieur. Malgré ses contradictions, ce processus très hétérogène et conflictuel, qui concerne l'ensemble du continent, est en train de forger des États authentiquement nationaux. Lorsque les dirigeants des mouvements sociaux accèdent au pouvoir d'État, ils ne peuvent prévaloir qu'en affaiblissant le pouvoir local des notables provinciaux et de leurs forces paramilitaires, au nombre desquelles il faut inclure les cartels de la drogue. Cela passe entre autres par l'imposition d'un contrôle civil démocratique sur l'armée et la police. La consolidation des nouvelles démocraties passe aussi par l'intégration de leurs citoyens aux institutions publiques chargées de la défense des droits de l'homme, de la protection sociale, du régime foncier et de l'emploi. Il ne s'agit sans doute pas de socialisme, mais d'une version nouvelle et certainement meilleure du capitalisme. Au cours du XXIe siècle, l'Amérique latine verra peut-être émerger des modèles de social-démocratie ou de capitalisme d'État ressemblant à certaines expériences occidentales antérieures, jetant ainsi par là même les fondations d'une nouvelle vague de développement industriel.

Si la récession qui frappe les pays occidentaux, le Japon et l'ancien bloc soviétique perdure sans pour autant se transformer en catastrophe généralisée, elle pourrait favoriser encore plus l'essor de l'ancien tiers monde. Par le passé, les pays périphériques et semi-périphériques ont souvent bénéficié des perturbations affectant les pays du centre parce que ce type de crise contribuait à réduire les coûts d'importation des technologies de pointe, à affaiblir le contrôle politique des marchés mondiaux et à ouvrir des niches rentables aux producteurs disposant d'une main-d'œuvre bon marché. Ce n'est pas un hasard si la première vague d'industrialisation fondée sur la substitution des importations, à la périphérie du continent européen et en Amérique latine, a eu lieu dans les années 1930 et 1940. Quant au boom des industries d'exportation en Asie de l'Est à partir des années 1970, il a été alimenté par la délocalisation des industries du centre. De même, l'ouverture des marchés et le drainage des ressources des anciennes républiques soviétiques joueront sans doute un rôle important dans l'expansion économique de la Chine et surtout de la Turquie.

Nous sommes tous les cinq d'accord pour considérer la réduction des inégalités au niveau mondial comme une perspective à la fois désirable et réaliste. Comme l'explique Wallerstein, cela permettrait, à court terme, de minimiser les souffrances des populations et, à moyen et long terme, de maximiser les chances d'une transformation du monde dans le bon sens. Michael Mann y voit une source importante d'une éventuelle vitalité durable de l'ordre marchand, voire les fondements d'un ordre capitaliste mondial plus égalitaire et plus prospère, similaire à la renaissance sociale-démocrate de l'Europe d'après guerre. Il s'agit là sans doute d'une perspective attrayante, mais est-elle compatible avec la rationalité de l'économie politique fondée sur le profit privé ? Ni Wallerstein ni Collins ne considèrent que l'essor des pays émergents contredise leurs hypothèses sur l'extinction prochaine du capitalisme. Bien au contraire, d'après eux, la prolifération de nouveaux acteurs capitalistes sur les marchés mondiaux et l'émergence de classes moyennes éduquées et mobiles en concurrence entre elles à l'échelle mondiale ne feront qu'aggraver les dilemmes du capitalisme.

Jusqu'à présent, nous nous sommes contentés d'extrapoler l'avenir proche à partir du passé récent. Mais qu'en est-il des évolutions structurelles majeures, qu'elles concernent les technologies de pointe, le système-monde global ou l'écologie de la planète ?

Limites systémiques ou intensification sans fin ?

Michael Mann a une vision optimiste de la survie du système capitaliste, mais une vision plutôt pessimiste de la crise environnementale. L'essor des pays émergents représente une nouvelle frontière aux perspectives pratiquement illimitées pour le capitalisme, au moins dans un avenir prévisible. La croissance massive des pays pauvres et la migration vers les centres urbains qui en découle finiront par se stabiliser, avec les effets que cela implique sur la politique et l'économie mondiales. Mann ne croit guère à l'existence de structures et de cycles pansystémiques. Il propose plutôt une combinaison kaléidoscopique de quatre réseaux de pouvoir social formellement distincts et non congruents : le pouvoir idéologique, le pouvoir économique, le pouvoir militaire et le pouvoir politique. Acceptant par principe une certaine sous-détermination de son pronostic, Mann s'abstient de faire des prévisions précises mais considère que le capitalisme a de bonnes chances de survie, surtout s'il s'oriente vers un modèle plus progressiste ou social-démocrate pragmatique.

Quoi qu'il en soit, Mann exerce sa réflexion théorique à partir d'un point de vue structuré qui s'inspire des travaux de Max Weber. S'appuyant sur son modèle quadridimensionnel du pouvoir, il montre que les grands tournants historiques correspondent à des moments d'intersection des différentes sources de pouvoir. Au début du XXe siècle, on avait la combinaison d'une guerre mondiale et d'une crise capitaliste, le tout exacerbé par l'idéologie et la politique. Au XXIe siècle, la combinaison de l'expansion du capitalisme sauvage, de l'impasse de la politique pluraliste et des égocentrismes nationaux débouche tendanciellement sur une crise écologique. Il existe toujours un certain degré de contingence, mais celle-ci s'inscrit dans le cadre des tendances structurelles engendrées par le développement historique des quatre sources du pouvoir. C'est justement parce que les causes sont multiples que des moments d'intersection imprévisibles se produisent. Ici, Mann est en désaccord avec Collins et Wallerstein sur l'importance des crises pour les institutions économiques du capitalisme. Il met en revanche l'accent sur les conséquences potentiellement catastrophiques de l'augmentation des pressions environnementales, à moins que la mobilisation politique réussisse à prévenir ce danger. Par conséquent, de son point de vue, le grand facteur de contingence se trouve à l'intersection de la sphère environnementale (qui est aussi économique au sens large) et de la sphère politique.

Craig Calhoun est d'accord avec Mann sur la centralité des facteurs externes, en particulier environnementaux, qui menacent le capitalisme. Comme nous tous, Calhoun soutient que l'avenir n'est pas entièrement déterminé et qu'il est donc ouvert à l'action politique. Il défend toutefois l'idée que les risques systémiques internes représentent pour le capitalisme un défi plus important que ce que suggère Mann. Il estime aussi que, pour que le capitalisme survive, il faudra une rénovation des institutions sociales qui, d'une part, favorise l'accumulation du capital et, de l'autre, compense les coûts et les dommages externes de cette accumulation, lesquels constituent pour l'instant un fardeau pour la société tout entière. Pour Wallerstein et Collins, la question est donc de savoir si le capitalisme peut vraiment affronter ces coûts croissants à l'échelle mondiale. Il ne s'agit pas d'une question purement rhétorique. Il revient aux chercheurs en sciences sociales d'observer et de mesurer les capacités dynamiques du capitalisme et de voir si ces coûts sont couverts par la production de nouvelles richesses. Ils devront aussi analyser la croissance ou le déclin des mécanismes politiques de redistribution des bénéfices dans le cadre de structures sociales interconnectées à l'échelle mondiale.

Mann et Calhoun entrevoient tous les deux l'avènement prochain d'une profonde crise environnementale qui représentera un défi pour un capitalisme par ailleurs encore économiquement viable. Pour leur part, Collins et Wallerstein perçoivent le risque environnemental comme plus lointain et la crise capitaliste comme plus imminente. Pour Collins, les projections les plus consensuelles faites par les scientifiques suggèrent une crise écologique majeure autour de l'année 2100. Mann affirme en revanche que de graves désastres environnementaux pourraient menacer la survie de certains pays dès les années 2030-2050. Quant à la crise majeure du capitalisme, Collins et Wallerstein la prévoient pour les décennies voisines de 2040 ; elle aura donc lieu d'après eux avant que les limites écologiques du développement soient définitivement atteintes. Si l'on partage le point de vue de Collins et Wallerstein, il est tentant d'envisager qu'une solution socialiste à la crise capitaliste entraînera une transformation tellement profonde des structures politiques qu'elle permettra d'affronter et de maîtriser la crise écologique, ce qui ne serait pas le cas si le capitalisme poursuivait sa trajectoire normale. Mann a une perspective différente sur la question. D'après lui, toute crise capitaliste majeure aura pour effet de réduire considérablement le niveau du PIB, faisant ainsi diminuer la pression sur l'environnement (à supposer que le réchauffement climatique n'ait pas atteint un point de non-retour). Il perçoit trois facteurs négatifs responsables du changement climatique : non seulement le capitalisme en lui-même, mais aussi l'État-nation et les citoyens-consommateurs ordinaires. Pour résoudre la crise écologique, il faudrait intervenir à ces trois niveaux. Que de la crise émerge une forme de capitalisme ou une forme de socialisme (ou quoi que ce soit d'autre), il faudra que ce système mette en place des cadres radicalement nouveaux pour être viable.

En second lieu, tant Mann que Calhoun insistent davantage sur le dynamisme des capitalismes non occidentaux. En effet, pour Mann, ce n'est pas le déclin du capitalisme, mais plutôt la crise écologique qui a une dimension planétaire. S'il est vrai que les capitalismes américain et européen et l'hégémonie géopolitique de ces régions sont sur le déclin, on ne peut pas nier que le leadership mondial passera à d'autres régions du globe en plein essor, comme l'Asie de l'Est ou un ensemble de pays similaire à celui qu'on désigne actuellement par l'acronyme de BRICS. Cependant, les spécialistes de l'environnement considèrent aujourd'hui que les pires catastrophes écologiques auront d'abord lieu en Chine, en Asie du Sud et en Afrique, ce qui remet en question la perspective d'une hégémonie planétaire émergente alternative à celle de l'Occident. La crise environnementale pourrait donc, selon Mann, sonner le glas pour tout le monde. De façon moins rhétorique, il nous faut considérer non pas deux mais trois alternatives : une crise terminale du capitalisme en tant que système-monde ; un déclin des puissances capitalistes traditionnelles et leur remplacement par de nouveaux acteurs hégémoniques ; un choc écologique d'envergure mondiale, avec une série d'effets encore imprévisibles. Collins et Wallerstein défendent le premier de ces scénarios ; Mann le troisième.

Immanuel Wallerstein et Randall Collins interprètent le panorama existant de façon différente mais pas incompatible. Ils perçoivent le capitalisme comme un système global ou, si l'on veut, une écologie hiérarchisée de réseaux trophiques et de niches de marché. Comme tout système complexe, il se compose de structures interconnectées et de tendances dynamiques et possède des limites intrinsèques. Même si les frontières du système peuvent être repoussées grâce à l'expansion vers de nouvelles zones géographiques ou l'introduction de nouvelles technologies de production, elles ne peuvent pas être complètement éliminées. Pour l'instant, personne ne peut décrire les institutions et les paramètres susceptibles de régir un monde postcapitaliste. Craig Calhoun observe à ce propos à quel point le contenu de ces phases de transition planétaire dépend de choix politiques conflictuels. Néanmoins, Collins et Wallerstein insistent sur le fait que le capitalisme s'approche de ses limites et ils formulent un pronostic d'envergure : il y aura une transition mondiale. Tous deux décrivent avec précision les processus structurels qui tendent vers cette transition, mettant ainsi leurs hypothèses à l'épreuve d'un possible examen critique et d'éventuels tests empiriques. Georgi Derluguian présente justement l'exemple soviétique comme un test théorique et empirique permettant de savoir ce qui s'est révélé juste ou pas dans les pronostics antérieurs formulés par Collins et Wallerstein. La trajectoire du bloc soviétique montre comment une vaste unité systémique se heurte aux limites de son propre succès et périt d'une combinaison de contraintes structurelles et de facteurs purement contingents.

La différence entre les prédictions (ou approximations futurologiques) de Mann et celles de Collins et Wallerstein correspond aux deux dimensions du modèle dynamique des sociétés humaines développé par les anthropologues évolutionnistes. En termes techniques, il s'agit de la « capacité de charge » de l'écologie humaine par rapport à son « intensification productive ». D'après ce modèle, toutes les sociétés humaines ayant existé jusqu'à aujourd'hui ont eu tendance à finir par saturer leur environnement, outrepassant les limites de leur capacité de charge. De telles crises donnaient lieu à trois possibilités radicalement différentes. La première était tout simplement la mort. On enregistre de façon récurrente au cours de l'histoire des catastrophes similaires, se traduisant par une extermination partielle ou totale de groupes humains entiers sous l'effet de famines, d'épidémies ou de guerres génocidaires. C'est le cycle tragique des ajustements démographiques malthusiens, indexés sur le nombre d'êtres humains à nourrir. Les phases de déclin démographique créent les conditions de la relance des activités productives sur une base inchangée jusqu'au moment où les limites de la capacité de charge environnementale sont de nouveau atteintes, déclenchant une nouvelle phase de troubles. La deuxième possibilité est celle de la diversification. Elle a conduit nos ancêtres à la découverte et à la colonisation adaptative de nouvelles frontières géographiques, de la toundra nordique aux îles tropicales en passant par les steppes, les déserts, les montagnes et les forêts, jusqu'à ce que la race humaine ait peuplé toute la surface de la planète. Enfin, la troisième possibilité est généralement connue sous le nom de progrès (à savoir l'intensification qualitative de toute notre panoplie technologique), qui permet à l'être humain de tirer un bénéfice de plus en plus grand de ses ressources. Cette dernière issue a été la principale force motrice de l'innovation évolutive au sein des sociétés humaines.

Les premiers États et les sociétés de classe complexes ont surgi sur des sites trop avantageux sur le plan productif pour être abandonnés. C'est le cas des vallées fluviales fertiles flanquées par des déserts et des montagnes. De fait, l'expression fameuse d'« effet de cage » a été inventée par Michael Mann à l'occasion de son étude sur les empires, les marchés et les religions de l'Antiquité [3]. Elle décrit une situation où la migration devient impossible. Historiquement, c'est dans ce type de contexte que des groupes humains ont été contraints de créer des formes qualitativement inédites, plus vastes et plus complexes d'organisation sociale (soit de nouvelles civilisations) susceptibles de permettre une intensification de l'exploitation et des échanges des excédents prélevés sur un site déjà occupé. Quand nous disons « ont été contraints », cela vise à souligner le fait que

3 Michael MANN, *The Sources of Social Power, vol. 1 : A History of Power from the Beginning to a. d. 1760*, Cambridge University Press, New York, 1986. Voir également l'essai synthétique de Randall COLLINS, « Market dynamics as the engine of historical change », *Sociological Theory*, vol. 8, 1990, p. 111-135.

nombre d'êtres humains auraient préféré ne pas devenir esclaves, serfs, ou être forcés de payer tribut aux puissants, mais que, en l'absence de possibilité de fuite et sous l'effet d'une coercition active, ils étaient structurellement prisonniers (d'où l'« effet de cage ») des élites guerrières et sacerdotales. Au cours de l'histoire, l'intensification des techniques de production ne s'est jamais produite de façon isolée ; elle a été accompagnée par des formes massives de réorganisation politique et idéologique. Ces processus de transformation ont toujours été fortement conflictuels.

Dans le présent ouvrage, Michael Mann défend l'idée que le système capitaliste possède toujours une certaine capacité de résilience. Là aussi, Calhoun est globalement d'accord avec lui, mais il met davantage l'accent sur l'idée que le capitalisme doit changer pour se renouveler. Calhoun souligne également la différence entre le capitalisme en général et le capitalisme excessivement financiarisé qui a récemment exacerbé les risques systémiques. Pour Mann, le système capitaliste a un potentiel d'auto-intensification pratiquement inépuisable grâce à l'innovation productive, ainsi que par le biais de la mondialisation des marchés et de l'intensification de la consommation. Si l'on doit jamais assister à la fin du capitalisme, ce sera sous l'effet d'un conflit armé menant à une escalade nucléaire, ou bien d'une crise planétaire de l'environnement naturel. Dans le premier cas, ce sont des chaînes causales largement indépendantes de la dynamique propre du capitalisme, et donc contingentes (c'est-à-dire imprévisibles du point de vue d'une analyse interne du capitalisme), qui entreraient en jeu. Sur le fond, c'est là ce qui sépare les positions de Mann et Calhoun des projections de Wallerstein et Collins. En revanche, la crise de l'environnement est une des conséquences du développement capitaliste, en interaction avec des facteurs politiques et culturels. C'est ainsi que, par une voie détournée, le capitalisme peut provoquer son propre effondrement, même si, en vertu de l'interaction de causalités multiples, il ne s'agit pas d'une issue nécessaire.

D'après Randall Collins et Immanuel Wallerstein, le système capitaliste est en train d'approcher de ses limites structurelles. Tous deux reconnaissent certes l'extraordinaire capacité d'expansion et d'intensification de l'économie politique du capitalisme. Il s'agit du premier véritable système-monde qui englobe la totalité de la planète, de ses populations et de ses ressources productives. Le remplacement des emplois agricoles et industriels par des machines au cours du XIXe siècle n'a pas entraîné la paupérisation du prolétariat et la révolution en Occident, comme l'avait prédit Karl Marx à l'époque. Le développement des emplois modernes à caractère technique et administratif a créé un confortable coussin de classes moyennes, tant dans le secteur privé que dans le secteur public. Néanmoins, au cours du XXIe siècle, ces réserves intrinsèques et extrinsèques finiront par s'épuiser. Si l'on considère comme pertinent pour diverses époques historiques un modèle conçu en termes de suraccumulation oligarchique et de crise des classes moyennes, on peut concevoir la crise terminale du capitalisme comme une succession de plusieurs crises au cours d'une longue période de déclin.

Mais, en fin de compte, nous sommes tous d'accord pour estimer que Michael Mann nous oblige à considérer trois impondérables : le changement climatique, les pandémies et la guerre nucléaire. Ce n'est pas à cause de la gravité du danger qu'elles représentent pour l'humanité que ces catastrophes sont impondérables, mais en raison des incertitudes concernant leur échéance. Même si nous en savons beaucoup sur chacun de ces phénomènes, il reste suffisamment d'incertitudes et de divergences de vues entre les spécialistes pour que nous ne sachions pas exactement ce qui peut se passer. Le changement climatique semble être une réalité incontestable, même s'il est nié par certains pour des raisons politiques ou idéologiques. Qui plus est, toutes les dynamiques qui sont à l'origine du changement climatique ont tendance à s'accélérer plutôt qu'à ralentir. Les divergences politiques entre pays pauvres et pays riches au sujet des mesures à prendre pour affronter le changement climatique font qu'une action concertée permettant d'en atténuer les risques semble exclue, du moins pour l'instant.

Cependant, l'écologie de la planète est d'une si grande complexité et ces transformations sont si amples que nous ne pouvons pas savoir sur quels types de réajustements elles déboucheront. Il semble clair que le niveau des eaux marines va augmenter et que c'est même déjà le cas, avec le danger d'inondation que cela implique pour de vastes superficies terrestres. Il semble également clair que, dans diverses régions du monde, les températures moyennes vont évoluer et ont déjà commencé à le faire. Mais le déplacement de la production agricole et des sources d'énergie qui en résultera peut aussi se produire sous une forme qui compensera les dégâts provoqués dans les zones sinistrées.

Le même type de raisonnement vaut pour les pandémies. Les énormes progrès de la médecine internationale depuis un siècle ont sans doute permis de contrôler nombre de maladies, mais ils ont aussi créé une situation dans laquelle ces vieux ennemis de l'humanité, les microbes, ont acquis de nouvelles résistances. Là encore, l'ampleur de nos connaissances est bien plus modeste qu'il n'y paraît. Dans cette course contre la montre, combien de temps prendra notre apprentissage ? Et combien nous faudra-t-il désapprendre pour pouvoir survivre ?

Reste le spectre de l'extermination nucléaire. Depuis la fin de la guerre froide et la tentative arrogante d'imposer un monde unipolaire sous domination américaine, la prolifération nucléaire est devenue pratiquement inéluctable. Cela ne représente pas nécessairement un danger imminent en termes de conflit interétatique, c'est même sans doute le contraire qui est vrai. Les armes nucléaires sont essentiellement des armes défensives et contribuent donc à réduire, et non pas à augmenter, la probabilité des guerres entre États. Reste toutefois une série d'impondérables. Les motivations des acteurs non étatiques ne sont pas nécessairement les mêmes que celles des fonctionnaires publics responsables. Certains d'entre eux seraient certainement fort désireux de mettre la main sur des armes nucléaires (ainsi que sur des armes chimiques et biologiques) et de les utiliser. Vu la capacité limitée de nombreux États d'empêcher que ces armes soient dérobées ou vendues au plus offrant, leur acquisition par des acteurs non étatiques n'est pas à exclure. Pas plus que ne l'est la possibilité qu'elles tombent entre les mains d'un fou dangereux, tel le Dr Folamour de Kubrick.

Il est fort possible que le monde vive cette phase de transition mondiale en évitant toutes ces catastrophes. Mais il est également possible qu'il n'y échappe pas. Cela dépendra beaucoup de la nature des structures politiques émergentes et du temps qu'elles mettront à se consolider. On peut espérer que ces nouvelles structures sauront susciter le type de mesures susceptible de réduire, voire d'éliminer, la menace de désastres planétaires mondiaux. Et nous ne parlons pas ici seulement des catastrophes naturelles. Famines, épidémies, terrorisme nucléaire sont autant de défis de nature nettement politique pour l'humanité, c'est pourquoi nous les désignons comme des impondérables. Pour élaborer des contre-mesures efficaces, il faudra faire des choix politiques. Une des réactions fréquentes à ce type de menace est le choix du repli hyperprotectionniste et xénophobe. Cette tendance se manifeste déjà presque partout. Cela signifie que tous ceux qui sont en quête d'un système relativement démocratique et relativement égalitaire devront déployer d'autant plus d'efforts pour élaborer des stratégies politiques allant à l'encontre de ladite tendance.

Transitions

Il est au moins une chose importante sur laquelle nous sommes tous d'accord : dans les prochaines décennies, les configurations de l'économie politique mondiale auxquelles nous sommes habitués vont connaître des transformations significatives dont les modalités ne seront pas immédiatement évidentes. Politiciens, mouvements sociaux et médias auront beaucoup de mal à s'orienter s'ils s'en tiennent aux schémas conventionnels. Les États et les entreprises jadis dominants verront s'affaiblir les leviers de leur puissance, tandis que les tactiques éprouvées de leur répertoire idéologique et politique seront frappées d'inutilité ou engendreront de nouveaux problèmes. L'indignation des mouvements protestataires sera probablement aussi vive que jamais, mais ceux-ci auront souvent des problèmes pour savoir contre qui se tourner, quelles revendications formuler, comment s'organiser et avec qui s'allier. Notre connaissance des précédentes transitions historiques ne nous sera pas d'un grand secours et, dans les années qui viennent, nos théories devront subir des corrections et des additions importantes. (Mais n'est-ce pas là la nature même de la connaissance scientifique ?) C'est en partie parce que nombre des problèmes et des perspectives qui se présentent à nous semblent ne pas avoir de précédents dans l'histoire humaine. Mais, surtout, nous savons que les grandes transitions historiques se déploient simultanément sur plusieurs plans différents et que, dans une époque de transition, les routines éprouvées et les habitudes acquises ne fonctionnent plus. L'hégémonie impériale américaine est en train de décliner, ce que la théorie géopolitique avait prédit depuis longtemps. Tout ce que les États-Unis possédaient de réserves en matière de productivité, de finances et de relative docilité politique de ses rivaux – la Chine et l'Union européenne – est en train de s'épuiser. La grande question est de savoir à quel rythme, lent ou précipité, se fera le déclin de l'Occident. Notre meilleur espoir est peut-être une mise à niveau progressive négociée (c'est-à-dire non destructive) du pouvoir et de la richesse entre l'Occident et le reste du monde aujourd'hui émergent.

Soulignons encore un point d'accord fondamental entre nous : l'avenir n'est pas écrit à l'avance dans tous ses détails. Des luttes politiques à l'issue indéterminée joueront un rôle crucial dans la définition des trajectoires et des points d'arrivée des diverses sociétés. En outre, dans les années qui viennent, les sciences sociales peuvent avoir une certaine influence. Les théories macrohistoriques nous mettent en garde contre de possibles désastres futurs. Une dynamique intermédiaire possible serait une forme d'involution par fragmentation, à savoir une perpétuation des mêmes tendances mais sous une forme de plus en plus déficiente et négative. Le sort de l'ex-Union soviétique en est l'exemple le plus récent. Une autre éventualité néfaste serait l'instauration d'une dictature fasciste soutenue par des mouvements sociaux xénophobes d'autochtones frustrés et qui s'appuierait sur un État policier militariste et omniprésent. Malheureusement, le bilan du fascisme au XXe siècle montre qu'il est capable d'engendrer pendant au moins quelques décennies un système politico-économique viable au sein duquel des secteurs importants de la population bénéficient de l'oppression d'autres secteurs importants. La dictature nazie en Allemagne, un régime exceptionnellement néfaste et mégalomane, a succombé à un conflit externe, pas à une transformation ou une révolution politique interne.

Pourtant, on trouve dans ces mêmes théories des indications qui nous permettent d'entrevoir la possibilité de trajectoires plus prometteuses à travers les années chaotiques qui se profilent à l'horizon. Nos espoirs découlent de l'observation théoriquement fondée que la réaction de l'humanité aux grandes crises structurelles du passé est souvent passée par la construction d'institutions collectives plus amples et qualitativement nouvelles. Il s'agit là d'une tendance qui s'est déployée à travers une succession de crises périodiques et d'explosions d'inventivité humaine (souvent loin d'adopter une forme pacifique) ouvrant la voie à de nouvelles phases de stabilisation et de prospérité.

C'est à une telle séquence que s'affronte aujourd'hui de nouveau l'espèce humaine et, cette fois, elle concerne vraiment tous les habitants de la planète. Notre regretté collègue et ami Giovanni Arrighi avait coutume de dire que les problèmes systémiques appellent des solutions systémiques. Dans son modèle analytique, la trajectoire du capitalisme historique traversait plusieurs pics d'expansion et de restructuration spatiale [4]. Au départ, les capitalistes européens avaient garanti la sécurité et le succès de leurs entreprises en construisant leurs propres États-nations – chacun avec son armée, sa marine et son système tributaire – au milieu du chaos créatif du XVIe siècle. En termes plus analytiques, on peut dire que la percée historique du capitalisme est passée par l'internalisation de ses coûts de sécurité. La vague suivante a été marquée par un approfondissement du système capitaliste et de son énorme expansion coloniale fondé sur l'internalisation des coûts de production, à savoir ce qu'on

---

4 Giovanni Arrighi, *The Long Twentieth Century*, *op. cit.*

appelle communément la révolution industrielle. La Grande-Bretagne en fut la pionnière entre les années 1780 et les années 1840. Mais cette deuxième vague a aussi débouché sur une série de crises liées au cycle des affaires, à l'institutionnalisation des mouvements réformistes et révolutionnaires et aux rivalités géopolitiques entre puissances industrielles impérialistes, qui ont failli détruire le capitalisme en 1914. L'hégémonie américaine du XXe siècle a contribué à domestiquer ces crises en ajoutant une nouvelle strate de complexité : l'internalisation des coûts de transaction. C'est la nécessité urgente de stabiliser le système capitaliste face à de multiples dangers qui, à partir de 1945, a donné naissance à l'architecture complexe et imposante des États, des entreprises et des organisations internationales modernes.

Par conséquent, logiquement, la grande œuvre historique du XXIe siècle devrait être l'internalisation des coûts de reproduction sociale et environnementale à une échelle véritablement planétaire. Considérons par exemple une réalité qui semble trop formidable pour être mentionnée dans les discussions politiques habituelles. Pendant la majeure partie des dix derniers millénaires, la majorité de l'humanité a vécu dans des villages. L'invention (ou, plutôt, les inventions répétées) de la communauté villageoise s'est traduite par une réorganisation de grande envergure des compétences collectives du genre humain. Elle est au fondement de ce que les archéologues désignent comme la révolution néolithique et a engendré les sociétés agraires. La structure villageoise a permis à des groupes de taille moyenne non liés par des liens de parenté d'organiser leur existence commune de manière stable et intégrée. Elle embrassait tous les vecteurs de la reproduction sociale : division du travail, gestion traditionnelle des ressources, tensions et conflits de la vie quotidienne, transmission de la culture et des savoir-faire, rites idéologiques (ou même cosmologiques) de solidarité groupale, des fonctions les plus mystiques aux danses folkloriques. Pour résumer, la communauté villageoise organisait tous les aspects fonctionnels et émotionnels du cycle de l'existence humaine, de la naissance à la mort. Et les villages auto-organisés formaient la base tributaire de toutes les sociétés complexes ultérieures, des chefferies tribales aux cités-États et aux empires.

À l'origine, le capitalisme est né dans ce qui était encore un monde de villages. Les rapports marchands et le dynamisme géopolitique de ce nouveau système ont bientôt commencé à miner les communautés villageoises en déracinant leurs habitants désormais exploités en tant que travailleurs, colons ou soldats. De leur côté, les villageois eux-mêmes ont été parfois contraints d'abandonner leurs terroirs misérables et oppressifs. On peut désigner les causes de l'extinction des villages par bien des noms tels que modernisation, urbanisation, industrialisation, surpopulation agraire, alphabétisation, ou encore impérialisme et révolution militaire. Mais le résultat a fini par être partout le même, d'abord en Occident, ensuite au Japon, puis dans le bloc soviétique, et enfin partout ailleurs : un exode rural massif et une explosion de la population urbaine, et en particulier de celle des taudis et des bidonvilles.

La transition du village à la ville en tant que principal foyer organisateur de l'existence humaine semble irréversible. Avec tout ce qu'elle implique, elle contribue à expliquer pourquoi la crise du capitalisme est si difficile à résoudre. En termes d'ordre moral, de régulation sociale, de sécurité et de bien-être quotidiens, les nouveaux centres de peuplement massif ont besoin d'un nouvel ancrage global. Toutes ces fonctions doivent être aujourd'hui accomplies non seulement à une échelle bien plus vaste, mais aussi de meilleure façon que dans les villages d'hier. Il ne faut pas oublier que la douillette intimité protectrice de l'univers villageois se payait au prix d'un contrôle social omniprésent et de l'étouffement de l'individualité. L'inertie protectrice des traditions, les inégalités d'âge et de genre inhérentes à la famille patriarcale, le comportement dénigrant et parfois violemment vindicatif envers les allogènes et les étrangers faisaient eux aussi partie intégrante de l'existence villageoise.

L'histoire moderne des grandes migrations, de la transition démographique et de l'émergence de nouvelles communautés politiques a comporté des coûts majeurs et engendré bien des traumatismes. Si l'émigration outre-mer des colons européens a permis d'alléger la pression démographique sur les ressources, ce n'est qu'au prix de l'expulsion et de l'asservissement, voire de l'extermination, des peuples autochtones dans des régions du monde dont les populations étaient sans défense face aux armes à feu et aux virus apportés par les envahisseurs. Bien souvent, l'émergence des nations modernes a impliqué l'oppression et l'expulsion des minorités « étrangères à la nation ». Après 1914, la métamorphose radicale du nationalisme en une forme de populisme militariste virulent, le fascisme, a poussé ces tendances historiques à leur paroxysme, débouchant sur la Shoah. On peut considérer comme un autre type d'escalade radicale la collectivisation de l'agriculture soviétique, qui a coûté plusieurs millions de vies humaines, sacrifiées sur l'autel de l'industrialisation et d'une modernité dont étaient censés bénéficier les enfants des survivants. Ce n'est qu'après 1945 que les anciens paysans et les classes ouvrières d'Occident et du bloc soviétique ont commencé à être pris en compte par les autorités de leurs États-nations en termes de prospérité et de protection sociale. Ce sont des centaines de millions de personnes qui furent ainsi intégrées à la société. Mais possède-t-on aujourd'hui les ressources, sans parler de la volonté politique, pour intégrer des milliards d'individus dans les pays du Sud ?

Les adeptes enthousiastes de la mondialisation font l'éloge du village planétaire. Leur optimisme mérite d'être évalué sobrement. Le cosmopolitisme est un projet de longue date, tant dans sa version libérale que dans sa version socialiste [5], mais, dans un monde d'États stables, il prend un sens nouveau. Il existe en outre d'autres visions plus conservatrices de la mondialisation qui s'alimentent à une série d'aspirations impérialistes, nationalistes, fondamentalistes religieuses ou de rejet des immigrants, avec toutes les combinaisons possibles entre elles. Il est fort plausible qu'au cours des prochaines décennies la possibilité même de l'émergence d'un espace de gouvernance mondiale et d'une identité humaine commune soit l'un des principaux motifs de conflit politique. Il est trop tôt pour en prédire l'issue finale. La crise systémique planétaire va semer le chaos, la panique et entraîner les réactions les plus néfastes. Mais elle engendrera aussi des stratégies collectives d'adaptation allant dans le sens d'une gouvernance mondiale plus compétente, plus démocratique et plus flexible. L'humanité peut encore éviter une régression catastrophique de la complexité et de l'amplitude de son niveau d'organisation collective. Peut-être les acquis des mouvements révolutionnaires et réformistes du XXe siècle n'ont-ils pas tous succombé aux ravages néoconservateurs de ces dernières décennies ? Ou peut-être même peut-on imaginer un changement profond de l'architecture institutionnelle complexe et contradictoire des États modernes eux-mêmes ? En tout cas, voilà un thème de recherche supplémentaire intéressant pour les sciences sociales.

---

5 Pour une plus ample analyse de ce thème, voir Craig CALHOUN, *Nations Matter. Culture, History and the Cosmopolitan Dream*, Routledge, New York, 2007.

Quelle sera la structure politique susceptible de garantir un avenir meilleur ? Nous hésitons à invoquer l'« État », et encore moins un « État mondial ». Cette question est de fait la plus grande source d'incertitude. Faisons juste deux observations sur les possibles configurations du politique dans un avenir plus prometteur. Nous doutons presque tous que les organisations internationales actuellement existantes offrent un modèle viable. L'Organisation des Nations unies, l'Union européenne, le FMI, Davos, le G-8, le G-20 et d'autres clubs de ce type appartiennent à l'époque de l'intégration capitaliste et de l'hégémonie américaine. Actuellement, ces institutions sont affaiblies ou compromises par un mélange de manipulation politique et d'insensibilité technocratique. Une partie d'entre nous estiment que la seule solution à la crise de l'environnement serait l'émergence d'un réseau beaucoup plus dense de relation entre États, une sorte de super-ONU. D'autres doutent que cette intégration politique puisse se faire dans un délai satisfaisant et considèrent en outre qu'elle n'est pas sans poser ses propres problèmes. Pourtant, les décennies de paix relative et de prospérité mondiale qui ont suivi la Seconde Guerre mondiale offrent un précédent notable qui pourrait se révéler plus durable que les institutions politiques spécifiques de cette époque.

L'évolution des structures et des orientations de la politique de demain nous réserve certainement de grandes surprises. La plupart des gens considèrent que l'avenir le plus plausible ressemblera à une simple extension de l'expérience du passé. Il est certain que l'essor inexorable des États-nations est un phénomène majeur qui a marqué toute la période moderne. Mais que se passera-t-il si une combinaison inédite de facteurs apparemment familiers au niveau planétaire engendre un résultat complètement différent ? Après tout, c'est exactement ce que soutient Randall Collins à propos des innovations technologiques les plus récentes. Même si aucun d'entre nous ne considère l'anarchisme comme une stratégie très réaliste, nous devons admettre que l'esprit contestataire est sans doute un des legs les plus durables de 1968, dans ses versions de gauche comme de droite. Cela devrait peut-être nous inciter à prendre plus au sérieux les valeurs et les options organisationnelles des mouvements antiétatistes qui survivent opiniâtrement dans les marges du système. À l'époque moderne, les grandes mobilisations transformatrices des États et des peuples ont été associées à des conflits armés et des révolutions violentes, soit un type de contexte dans lequel une vision anarchiste ou libertaire a peu de chances d'être politiquement efficace. Mais supposons que ce qui se profile à l'horizon soit un état d'urgence sans caractère militaire, qu'il s'agisse de l'extinction massive d'espèces biologiques ou de la disparition des emplois de la classe moyenne. Qu'est-ce qui nous fait croire que les États ou bien des alliances interétatiques se montreront à la hauteur de la tâche d'organiser des milliards de personnes au service d'initiatives altruistes telles que la reforestation, le développement de nouvelles technologies, l'éducation des enfants, les soins aux personnes âgées et, en général, la lutte pour un mode de vie soutenable ? Il est fort possible que tous ces objectifs soient mieux servis par une dynamique d'auto-organisation. Et qui sait si une telle dynamique n'offrirait pas aussi un terrain d'entente entre des mouvements populaires idéologiquement hostiles, qu'ils soient de droite ou de gauche ? Voilà un autre horizon d'enquête possible pour les sciences sociales qui s'intéressent à la dynamique de l'idéologie et des mouvements sociaux contemporains.

Les sciences sociales face aux transformations à venir

Nos espérances politiques sont-elles susceptibles de brouiller notre vision théorique ? Notre réponse est la suivante : poser de façon réflexive qu'il existe un lien entre nos espoirs et nos hypothèses est une composante nécessaire de l'honnêteté théorique dans les sciences sociales, surtout lorsque nous étudions notre propre époque. On compare souvent la théorie sociale à une série de lentilles optiques de différentes épaisseurs qui nous permettent de discerner certaines configurations de l'action humaine. Lorsque ces lentilles sont taillées dans l'unique but de confirmer des croyances préexistantes et de dénoncer tout ce qui s'y oppose, la vision qui en résulte est strictement idéologique. C'est généralement ce qui se passe dans la vie politique et dans les débats publics, où les lunettes idéologiques fonctionnent comme des œillères. Il en va différemment dans le monde de la théorie, où l'on doit pouvoir tester les hypothèses avancées. Mais qu'est-ce qu'un test en sciences sociales ? C'est là l'objet de bien des controverses. Dans la mesure où nous considérons avec scepticisme toute tentative de dicter la façon correcte de faire de la science sociale, nous sommes partisans du pluralisme méthodologique. Pour autant, nous ne défendons pas un relativisme intégral. Les chercheurs doivent pouvoir choisir leurs techniques d'enquête en fonction de différents types de problèmes et d'échelles d'analyse. L'expérimentation et les corrélations statistiques ont une place importante dans la boîte à outils des sciences sociales, mais elles ne constituent pas une solution universelle. Pour étudier des environnements sociaux de petite taille, une forme d'observation ethnographique disciplinée est souvent plus fructueuse. Au niveau macrohistorique, qui est l'échelle à laquelle nous travaillons, la principale méthode ressemble un peu au jeu des points à relier.

Nos théories cherchent à identifier et à relier entre eux les principaux points saillants d'une réalité historique chaotique pour en faire un tableau doté de sens. En premier lieu, pour qu'une théorie soit utile, elle doit nous révéler quelque chose qui ne soit pas trivial. Car pourquoi perdre son temps à répéter des évidences, quelle que soit la sophistication du discours qui maquille ces évidences ? Le test le plus immédiat de la validité d'une théorie est sa capacité à argumenter de façon raisonnée quels sont les « points » empiriques qui comptent pour construire une explication, pourquoi et comment ils peuvent être reliés entre eux, et quels sont l'intérêt et la nouveauté du tableau qui en émerge. On peut aussi recourir à des tests contre-factuels en analysant les trajectoires alternatives qui semblaient possibles à tel ou tel moment historique, mais qui n'ont pas été empruntées. En d'autres termes, nous devons expliquer tout à la fois comment on passe d'une situation historique à la suivante et quelle est la gamme réelle des possibilités structurelles et des facteurs autour desquels s'articulent les événements concrets. Dans des disciplines comme les nôtres, c'est là ce qui se rapproche le plus d'une méthode expérimentale.

La nécessaire étape suivante est la confrontation avec d'autres théories pour identifier les aspects de nos hypothèses qui peuvent éventuellement se révéler dépassés ou invalidés, mais aussi pour repérer les aperçus susceptibles de compléter ou renforcer notre propre théorie et arriver ainsi à un panorama plus ample et plus solide. L'ambition cumulative du savoir théorique est un objectif noble et nécessaire même si, dans les sciences sociales, elle se heurte à des obstacles particulièrement dissuasifs. Les chercheurs en sciences sociales ne se distinguent pas seulement par les diverses écoles intellectuelles et les différents départements d'université auxquels ils appartiennent. Notre métier possède des dimensions éminemment politiques, qu'il s'agisse de la petite politique de la concurrence académique ou de la grande politique des élites au pouvoir, des mouvements sociaux et des luttes incessantes pour la définition du contenu du débat public. Ce qui nous ramène à la relation entre théorie et affinités politiques. Chacun des cinq auteurs de cet ouvrage chausse des lunettes théoriques légèrement différentes, et c'est d'ailleurs un des objectifs principaux de notre collaboration : offrir des points de vue différents sur cet enchevêtrement de processus et de perspectives. Ces différences de focale reflètent nos positions et nos choix fondamentaux par rapport aux réalités du monde et aux possibilités auxquelles nous sommes tous confrontés. Bien entendu, comme tout être humain doté de conscience sociale, nous avons des peurs et des espoirs distincts, qui découlent de la position que nous occupons dans la structure sociale et des trajectoires biographiques spécifiques qui nous ont amenés à être ce que nous sommes. Cette affirmation théorique est d'ailleurs valable pour tous les chercheurs en sciences sociales. Elle met au défi nos lecteurs comme nos critiques de rendre leurs choix plus explicites et plus raisonnés dans les débats sur les problèmes globaux et les avenirs possibles. Et nous invitons en outre ceux qui souhaitent débattre avec nous à s'appuyer sur la considérable masse de savoir accumulé autour des processus conflictuels et multidirectionnels qui gouvernent l'évolution des sociétés humaines. Plus généralement, ce livre a été conçu pour démontrer les avantages d'un discours raisonné sur l'avenir qui prenne appui sur des perspectives macrohistoriques. Les approches non conventionnelles et les vues panoramiques que nous proposons nous permettent de mieux percevoir les problèmes et les possibilités émergents qui sont généralement ignorés ou sous-estimés par les discours dominants. En outre, nos différences de perspective font que nos théories sont ouvertes à l'examen réciproque de leurs points aveugles (et nous avons certainement tous des points aveugles) et des possibles éléments de convergence susceptibles de renforcer réciproquement nos conclusions. C'est exactement pour cette raison que nous avons choisi de travailler ensemble tout en présentant chacune de nos théories séparément, mais dans une relation dialogique.

Rien n'est plus pratique qu'une bonne théorie. Mais qu'y a-t-il aujourd'hui derrière cette sagesse proverbiale ? Qu'est-ce qui caractérise une bonne théorie dans les sciences sociales ? Malgré nos approches intellectuelles distinctes, nous nous accordons tous à dire que l'utilité d'une bonne étude sur les relations entre les êtres humains consiste dans sa capacité à les cartographier. À tous les niveaux, des petits groupes aux marchés, aux nations et au système-monde, les relations entre les êtres humains sont toujours des réseaux de connexions mutuelles situées quelque part dans l'espace social et géographique. C'est cette réalité spatiale qui peut être cartographiée et, tout comme les cartes géographiques traditionnelles, les cartes de l'espace social devraient pouvoir servir à la navigation. Loin des classifications abstraites qui rangent les choses dans des catégories étanches et bien définies, cette cartographie sociale nous décrit le positionnement et les modes de regroupement des individus, les connexions qui existent entre eux et le type de relations qui a engendré ces regroupements sociaux et ces connexions. Si la controverse déjà ancienne sur les mérites respectifs de l'analyse micro et de l'analyse macro est tout à la fois aussi acharnée et aussi peu concluante, c'est parce qu'il s'agit là d'une opposition fallacieuse. Le débat micro/macro s'enracine dans la division disciplinaire du travail académique et les idéologies professionnelles défendues par des courants de recherche concurrents plutôt que dans des réalités fondamentales qui existeraient « dans le monde ». La perspective cartographique indique la voie menant hors de ce labyrinthe. Elle suggère que les topographies locales sont essentielles pour la composition d'un panorama global, au même titre que les cartes de régions et d'échelles différentes rassemblées dans un atlas. Inversement, aucune tendance lourde au niveau mondial ne peut se concrétiser si elle n'est pas observée dans une variété de contextes locaux.

L'approche d'un sujet à la mode comme celui de la « mondialisation » illustre parfaitement cette problématique. Cette expression à la fois chic et un peu vague recouvre une série de tendances bien réelles et d'autres moins vérifiables. En fait, elle est beaucoup trop polysémique. Si nous commençons à dénouer cet écheveau de significations, nous verrons se dégager des croyances déjà anciennes qui remontent au XIXe siècle, comme la foi dans une modernité reposant sur un progrès nécessaire et une marche de l'humanité vers un grand *happy end* de l'histoire. Pour autant, ce n'est pas la notion de modernité en elle-même qui nous gêne. Certes, elle est sans doute trop lâche et trop chargée idéologiquement, mais du moins décrit-elle *grosso modo* la réorganisation majeure qu'a connue le système-monde occidental aux XVIIIe et XIXe siècles. Cette série de transformations historiques – soit tout à la fois la consolidation de l'État-nation et du capitalisme industriel et les résistances populaires inédites qu'elle a entraînées dans les sociétés occidentales – est au centre des théories formulées par des pionniers de l'analyse sociale tels qu'Adam Smith, Karl Marx, Émile Durkheim ou Max Weber. De nos jours, les transformations et les conflits analysés pour la première fois par ces penseurs occidentaux se reproduisent à une échelle véritablement planétaire. C'est avant tout ce phénomène qui garantit la pertinence actuelle de ces théories classiques.

Dès l'origine, les sciences sociales qui étudient l'histoire se sont intéressées aux conflits, aux transitions et aux mutations. D'où la principale question que pose ce livre : que se passera-t-il si l'avenir nous réserve des crises majeures ? Les paysages sociaux sont fluides et souvent turbulents, ils évoquent sans doute plus des cartes météorologiques que des cartes géographiques. Les phénomènes locaux sont intrinsèquement contingents, même si nous pouvons les expliquer *a posteriori* en identifiant des évolutions ou des ruptures au sein des tendances structurelles et en montrant comment, par leurs actions et dans des contextes spécifiques, les êtres humains ont pu saisir les opportunités émergentes. Il est futile d'essayer de prévoir le cours des événements à long terme, mais on peut prédire l'évolution des configurations structurelles. Là aussi, on peut faire une analogie avec la météo. Il serait irresponsable de prédire que l'année prochaine, disons le 13 janvier, il va neiger à Chicago. On est là dans le temps « court » des événements contingents. Toutefois, on ne prend guère de risques à prédire qu'il va neiger à Chicago en janvier prochain. On est là dans le temps « long » des tendances structurelles. Mais que se passera-t-il si, dans quelques décennies, le climat de Chicago commence à ressembler à celui d'une Floride assaillie par les ouragans, ou bien au contraire à celui de la toundra sibérienne ?

Les lecteurs qui attendent de nous que nous décrivions avec la plus grande précision des scénarios d'avenir risquent d'être déçus. Ils auraient pourtant tort de l'être. Ce manque de précision de la prévision sociale signifie que, collectivement, nous jouissons d'une certaine liberté d'action malgré une gamme limitée d'options structurelles. Ces options sont plutôt limitées en temps normal, mais même dans ce cas il est possible de choisir politiquement entre des alternatives plus ou moins satisfaisantes. En période de crise, en revanche, la gamme des options s'élargit considérablement dans la mesure où les mécanismes habituels qui garantissent le *statu quo* sont en panne. C'est dans ce type de circonstances qu'une stratégie délibérée de transformation systémique est possible. Les êtres humains construisent bien leur avenir, en conflit et en association avec d'autres êtres humains, même si ce n'est pas dans des circonstances de leur choix. Il revient aux sciences sociales d'élucider la nature de ces circonstances ainsi que les possibilités émergentes, en particulier lorsque les fenêtres d'opportunité offertes par ces dernières ont tendance à s'ouvrir et à se refermer rapidement.

C'est d'ailleurs sur ce point que nous critiquons les sciences sociales contemporaines, dans la mesure où elles font délibérément abstraction des possibilités structurelles de changement historique. Nous avons aussi de fortes objections contre deux tendances très différentes, le postmodernisme et l'économie néoclassique, qui en sont venus à dominer les sciences sociales universitaires depuis les années 1980. À leur manière, toutes deux sont le reflet de la période qui a succédé à la décennie de crise des années 1970, au déclin des mouvements de gauche et au nouvel essor des ambitions hégémoniques américaines dans le cadre du projet de mondialisation néoconservatrice.

Ce qu'on appelle de façon générique le postmodernisme recouvre toute une série de courants intellectuels, généralement plus présents au sein des sciences humaines, qui manifestent un extrême scepticisme à l'égard de toutes les grandes théories, ou encore de ce qu'ils appellent les « grands récits ». Ces courants célèbrent au contraire le doute, l'ironie, le vécu, la déconstruction des croyances et l'interprétation fine des pratiques culturelles. Il s'agit d'un mouvement intellectuel directement lié à la révolte de 1968 et aux transformations de la composition démographique du milieu universitaire, désormais plus ouvert aux femmes et aux minorités. En déplaçant l'attention des chercheurs vers la façon dont les êtres humains imaginent leur identité et perçoivent leurs univers sociaux, cette tendance a contribué à faire surgir une prise de conscience critique de convictions et de préjugés qui échappaient jusque-là à l'analyse et à la critique. Mais si le mouvement postmoderniste a agité bien des eaux stagnantes, il ne les a pas rendues moins troubles pour autant.

À l'opposé, une bonne partie du champ des sciences sociales est tombé sous la domination de l'économie néoclassique et de ses imitateurs formalistes dans d'autres disciplines. Les causes structurelles de cette situation ne sont guère différentes de celles qui expliquent l'influence qu'a pu jadis avoir l'astrologie, et on pourrait sans doute les traiter par une bonne dose de parodie à la Swift. L'astrologie était alors, tout comme l'économie de nos jours, une forme d'expertise reconnue. Elle jouissait de la confiance des élites dirigeantes dans pratiquement toutes les civilisations, en Occident comme en Orient. Les astrologues étaient très bien payés précisément parce que les experts qui interviennent dans les domaines marqués par le plus haut degré d'incertitude et d'anxiété humaines sont souvent les mieux rémunérés. Au sein de structures politiques impériales et féodales fondées sur le contrôle familial de la rente, les élites étaient particulièrement obsédées par le problème de la succession dynastique et par de possibles revers de fortune sur les champs de bataille. De façon similaire, les angoisses des capitalistes sont liées au caractère incertain des décisions d'investissement, à la volatilité des marchés et à l'hostilité sociale que leurs activités sont susceptibles d'engendrer. Tout comme l'économie néoclassique, l'astrologie fonctionnait comme une discipline idéologique conforme au sens commun des classes dominantes de son époque. Mais à son apogée, elle était plus qu'un simple reflet de l'idéologie des élites : elle se présentait comme une discipline hautement mathématisée reposant sur une accumulation séculaire d'observations empiriques qui deviendront la base de l'astronomie moderne. Étant donné que ses prévisions concrètes ne tombaient juste qu'à peu près une fois sur deux, elles étaient subtilement corrigées par l'intuition et le flair politique de ses praticiens. Pour réussir, un astrologue devait aussi être un courtisan habile. Il en va largement de même aujourd'hui des conseillers économiques et des économistes qui travaillent pour les gouvernements.

En temps de crise et de polarisation politique, les économistes et les politologues auront de nombreuses occasions d'innover. Il y aura de nouveaux terrains de recherche inédits, portant par exemple sur la possibilité de formes alternatives d'organisation des marchés. Le mépris des potentialités du marché est une erreur théorique et pratique majeure des mouvements de gauche du XXe siècle. Pour notre part, nous avons un profond respect pour l'héritage intellectuel de Joseph Schumpeter. Mais comment se concrétisera dans le futur sa théorie du dynamisme entrepreneurial ? Quelle couche ou quelle fonction sociale assumera le rôle de l'innovation entrepreneuriale, y compris au-delà de la crise du capitalisme ? Est-il possible d'exploiter les énergies entrepreneuriales de façon moins destructrice et dans le sens d'une plus grande créativité ?

Nous prenons également très au sérieux l'idée chère à Karl Polanyi de « marchandises fictives », à savoir la terre, l'argent et la vie humaine, qui ne peuvent pas être échangées sur le marché. Au XXIe siècle, la notion de « terre » recouvre globalement celle d'environnement naturel, celle d'« argent » désigne la finance mondiale et celle de « vie humaine » évoque l'internationalisation des coûts de reproduction sociale par le biais d'un financement public de prestations sociales abordables et de bonne qualité en matière de santé, d'éducation, de logement et de retraite, sans parler de la sécurité matérielle de la vie urbaine. Est-il possible d'imaginer une économie postcapitaliste mondiale articulée en divers secteurs fonctionnant sur la base de principes différents : priorité à la reproduction sociale dans le secteur des services publics au sens large et priorité à l'efficacité marchande dans le secteur des biens et services de consommation ? En outre, il n'y a pas de raison pour qu'un système économique postcapitaliste soit statique. Il est possible qu'on assiste à l'avenir à des retours périodiques à une économie de marché avec un degré plus ou moins grand de propriété privée. On peut imaginer un mouvement de balancier entre dispositifs capitalistes et non capitalistes de gestion de l'économie. C'est quelque chose qu'il faudra prendre en compte.

L'aversion envers le pouvoir de contrôle de l'État n'est pas moins nuisible politiquement que l'aversion envers les rapports marchands. Ce n'est pas un hasard si la restauration néoconservatrice des dernières décennies du XXe siècle, dans le sillage de la crise des gauches politiques, a reposé sur une érosion permanente du pouvoir de l'État sous l'effet de la dérégulation et de la mondialisation. Les capitalistes ont manifesté une méfiance de plus en plus grande à l'égard du « Big Government », craignant à juste titre que l'État moderne tombe entre les mains des classes populaires – que ce soit par le biais d'élections démocratiques, de mouvements insurrectionnels, ou d'une combinaison des deux – et qu'il soit utilisé à des fins non capitalistes de régulation du marché et de redistribution sociale. Dans la période immédiatement postérieure à la guerre, un État-providence de grande envergure pouvait plus ou moins être toléré au bénéfice du maintien de la paix. Mais, à partir des années 1970, nombreux sont les capitalistes, en particulier aux États-Unis, qui se sont sentis aiguillonnés par la perspective de vaincre la gauche et de revenir sur les compromis d'après guerre. Reste une question théorique majeure : l'État bureaucratique moderne est-il susceptible de jouer un rôle positif, négatif, ou nul, dans la conduite des affaires publiques en pleine phase de crise et de transformation systémique imminente ? Cette inconnue se subdivise elle-même en de nombreuses questions subalternes, problèmes pratiques et paradoxes théoriques qui restent à analyser. Seul un effort intellectuel considérable des sciences sociales permettra de relever ces défis.

Coda

Les cinq auteurs de ce livre se sont réunis pour esquisser la gamme des trajectoires possibles de notre monde. Nous avons résumé et orienté vers l'avenir nombre d'arguments de nos travaux précédents. Si nos points de vue ne sont pas toujours unanimes, c'est volontaire. Nous avons privilégié une construction contrapuntique, cherchant à nous inciter mutuellement à explorer toutes les implications de nos différents thèmes personnels, incluant dans ce schéma complexités, réserves et divergences. Si la tonalité de cet ouvrage est parfois sombre, voire dramatique, cela semble justifié par l'ampleur et la gravité des principaux thèmes qu'il aborde. Les décennies à venir seront tout sauf ordinaires, ou du moins pas au sens du cours « ordinaire » des 500 dernières années. La trajectoire collective de l'humanité connaît aujourd'hui un grand tournant, même si ce n'est pas nécessairement pour le pire.

Nous souhaitons conclure sur une note optimiste. L'idée de crise majeure et de grande transformation, quel qu'en soit le déroulement concret, ne signifie pas que nous assistons à la fin du monde. Si l'on s'en tient à l'acquis des connaissances accumulées par la sociologie, il n'y a aucune raison de croire à une quelconque fin de l'histoire, du moins aussi longtemps qu'il y aura des êtres humains interconnectés par une forme d'organisation sociale. S'il semble heureusement possible d'échapper aux scénarios les plus sombres, qu'il s'agisse d'une guerre nucléaire mondiale ou d'une catastrophe écologique, c'est précisément parce que la possibilité d'une extinction collective est largement perçue comme un danger réel depuis plusieurs décennies. La fin du capitalisme n'est pas une catastrophe de ce type. Une crise des structures fondamentales de l'économie politique du monde moderne ne se traduira pas nécessairement par un scénario d'apocalypse. Au fond, la fin du capitalisme est aussi porteuse d'espoir. Certes, elle comporte également des dangers. Nous ne devons pas oublier qu'au début du XXe siècle les premières tentatives de promouvoir des alternatives anticapitalistes en réponse à la crise ont engendré des dynamiques totalitaires et sombré dans l'inertie bureaucratique. Il ne faut pas oublier non plus que ces projets anticapitalistes s'appuyaient sur des appareils d'État et sur un capital humain formés au creuset de deux guerres mondiales. Dans les décennies qui viennent, il sera crucial de faire obstacle au militarisme et d'institutionnaliser dans le monde entier les droits de l'homme et les garanties démocratiques. Face à l'impasse dans laquelle se trouve l'économie politique du capitalisme, nous sommes à un carrefour historique où des options longtemps considérées comme utopiques pourront devenir techniquement réalisables dans le cadre d'un nouveau type d'économie politique. Cela peut être l'occasion d'affronter de façon plus efficace les menaces qui pèsent sur la biosphère, ainsi que de nombreux autres défis auxquels l'humanité se verra confrontée tout au long du XXIe siècle.

Ceux qui craignent que le postcapitalisme inaugure une période de stagnation mortelle se trompent certainement. Ceux qui espèrent qu'il débouchera sur un paradis perpétuel préservé de toute crise sont eux aussi probablement dans l'erreur. Au terme de la crise – et, comme certains d'entre nous le prédisent, au terme de la transition postcapitaliste du milieu du XXIe siècle –, l'humanité traversera encore bien des péripéties. Il faut souhaiter qu'elles soient plus souvent positives que négatives. De toute façon, on ne saurait tarder à le savoir.

TABLE

CPI
BUSSIÈRE

Composition Facompo, Lisieux.
Impression réalisée par CPI Bussière
à Saint-Amand-Montrond (Cher)
en avril 2016.
Dépôt légal : mai 2016
Numéro d'imprimeur : 2022667
Imprimé en France